'황용 선생'의 수능기출 영단어 암기사전

'황용 선생'의 수능기출 영단어 암기사전

발행일	2018년 1월 10일

지은이	황 용		
펴낸이	손 형 국		
펴낸곳	(주)북랩		
편집인	선일영	편집	권혁신, 오경진, 최예은, 최승헌
디자인	이현수, 김민하, 한수희, 김윤주	제작	박기성, 황동현, 구성우, 정성배
마케팅	김회란, 박진관, 유한호		
출판등록	2004. 12. 1(제2012-000051호)		
주소	서울시 금천구 가산디지털 1로 168, 우림라이온스밸리 B동 B113, 114호		
홈페이지	www.book.co.kr		
전화번호	(02)2026-5777	팩스	(02)2026-5747

ISBN	979-11-5987-923-4 13740 (종이책)	979-11-5987-924-1 15740(전자책)

이 도서의 국립중앙도서관 출판예정도서목록(CIP)은 서지정보유통지원시스템 홈페이지(http://seoji.nl.go.kr)와
국가자료공동목록시스템(http://www.nl.go.kr/kolisnet)에서 이용하실 수 있습니다.

'황용 선생'의 수능기출 영단어 암기사전

수능 단어는 이 책 한 권으로 충분하다!
안 외워지면 사전처럼 찾아봐라!!

황용(Daniel Hwang) 지음

수능
VOCABULARY
A-Z

- 수능 기출 영단어 사전식 총정리
- 수단과 방법을 가리지 않은 암기법 수록
- 흥미로운 원어민 사용빈도 수록

북랩 book Lab

이 책을
펴내면서

수능영어가 실시된 지 상당히 많은 시간이 지났다. 정말 이해할 수 없는 것은 그 동안 수능 영어의 평가방식이 언어 사용의 본래 목적에서 벗어나 원어민도 잘 모르는 지나치게 추상적 이고 어려운 문장을 이해하는지 측정하는 시험으로 실용영어 측정과는 너무 거리가 먼 시험 이었다는 것이다. 앞으로 수능영어는 추상적이고 고난이도 문장 이해 위주의 평가에서 벗어 나 TOEFL이나 TOEIC처럼 말하기, 듣기, 쓰기, 읽기 능력을 균형 있게 평가할 수 있는 실용영 어 시험이 되어야 한다. 수능영어가 절대평가이든 상대평가이든 영어를 왜 공부해야 하는가? 영어는 세계 공용어이며 한마디로 21세기를 지배하는 언어이다. 수학은 대학 전공과목에서 쓰지 않는 이상 대입시험으로 공부가 끝이지만 영어는 대학원을 진학하든, 기업체 입사시험 을 보든, 공무원 시험을 보든 평생 공부해야할 일종의 생존도구이다. 따라서 사교육 유발 논 리를 벗어나 공부하는 사람이라면 누구나 영어를 상당량 공부해야만 한다.

이 책은 수능을 준비하는 학생들이 부담스러워하는 영단어 암기에 도움을 주고자 만든 책 이다. 암기는 누구나 본인 방식대로 하면 되지만 암기에 걸리는 시간과 기억의 정도를 생각한 다면 짧은 시간에 많이 외우고 오래 기억하는 것이 가장 효율적인 것임은 두 말할 필요가 없 다. 어떤 방식으로 외우든 암기를 하면 그만인데 남의 암기방식을 폄하하고 비판하는 사람들 이 있다. 하지만, 현재의 영단어 서적 중 단연 인기 있는 책들이 여러 방법을 동원하여 암기 하는 방식을 써놓은 책들인 것을 보면 그렇게 외우는 것이 잘 외워진다는 방증이 아닐 수 없 다. 수 많은 시간이 흘러 쌓인 수능 기출 단어의 데이터는 상당히 중요한 의미를 갖는다. 기출 단어로 수능에 출제되는 단어의 수준을 짐작할 수 있다. 그리고 수능영어 시험이 절대평가로 바뀌면서 난이도가 그 전보다 하향되고 있기 때문에 수능에 대비하기 위해서 오랜 기간 출제되었던 단어들은 수능영어를 준비하는데 단연 최적화된 자료라 할 수 있을 것이다. 필자가 학생 때 외웠던 다양한 단어 암기 방식이 이 책을 사용하는 독자들에게도 당연히 유효할 수 있을 것이라 믿는다. 이 책은 필자의 영단어 교육에 대한 20년의 고민이 고스란히 담겨있는 책이다. 어떤 방식으로든 독자들에게 영단어를 쉽게 기억하게 하려는 노력들이 활발하게 이루어지고 있는 것은 바람직하고 환영할 만한 일이다. 이런 노력을 폄하하고 말장난이라고 비난하는 자 들에게 묻고 싶다. 당신이 선생이라면 영단어를 학생보고 알아서 외우라고만 할 것인가? 아니면 학생들이 단어를 잘 외울 수 있도록 도움을 줄만한 특별한 교수법을 가지고 있는가? 책 판매량과 관계없이 필자는 '황용 선생다운 책'을 쓰기 위해 늘 고민하고 있다. 여러 독자들의 수능 고득점 획득에 이 책이 조금이라도 기여할 수 있다면 더 바랄 것이 없겠다. '고통 없이는 얻는 것이 없다'

[이 책의 구성과 일러두기]

1. 단어 선정에 대하여

저자가 미국 유학 시절 전공 담당 교수가 알려주어 사용했던 컴퓨터 프로그램에 수능영어 전체지문을 입력하여 출제 단어와 출제 빈도를 추출하였다. 다만, 아주 쉬운 단어와 수능 문제지 밑에 해석을 붙인 단어는 제외하였다. 예를 들어 return(돌아오다),technology(기술), taste(맛), spend(보내다), rat(쥐), rock(바위), rival(경쟁상대), rich(부유한), right(오른쪽, 옳은, 권리), report(보고서)등은 고등학생이나 N수생이면 다 아는 쉬운 단어이다. 또 *status quo(현재 상태)* delegation(위임) 등의 단어는 수능 시험지 밑에 아예 해석을 붙여놓은 것이다. 아주 쉬운 단어와 해석을 붙여준 것을 제외하고 나머지 기출 단어는 이 책에 전부 수록하였다. 번호가 붙은 단어와 진하게 표시한 단어는 수능에 실제 출제된 단어이다.

2. 원어민 빈출 순위에 대하여

영단어를 신문, 잡지, 영화, 책, 각종 매체에서 추출하여 컴퓨터가 분류한 86,800개의 영단어 순위를 제공한다. 이 교재에서 제공하는 데이터는 현재 영어 사용법의 정확한 단면을 나타내기 위해 작성된 광범위한 출처의 서면 및 구어로 된 샘플의 1억 단어 모음인 British National Corpus에서 가져온 것이고 저자가 미국 유학시절에 수강한 세계적인 언어학자 Rui Chaves 교수가 제공한 것이다. 빈출 순위가 앞에 있는 것은 그 만큼 사용 빈도가 높은 것이라 할 수 있다. 예를 들어 어떤 단어가 1020/86800으로 순위가 매겨져 있다면 원어민이 상당히 자주 쓰는 단어라 할 수 있다. 만 등 이내의 단어들은 자주 쓰는 어휘라고 생각하면 된다. 절대적인 것은 아니지만 상당히 의미 있는 자료이니 참고하기 바란다.

3. 단어 암기 Tip에 대하여

요즘에 남의 단어 책을 보고 창작 방식을 짜깁기하여 강의를 하는 사람들도 보았는데 남이 창작한 것을 자기가 만든 것처럼 사용하는 것은 교육자의 양심을 저버린 것이다. 이 책은 어느 책도 참고하거나 암기 방법을 표절하지 않았고 정말 오랜 기간 고민한 순수한 저자의 창작물임을 밝힌다.

이 책의 암기방식은 1. 어원을 통해 암기하기 2. 영어와 우리말의 비슷한 발음을 이용하여 암기하기 3. 발음을 가지고 문장 만들어 외우기. 4. 어원과 발음을 혼합하여 암기하기 등등 온갖 방법을 다 동원하였다. 여러 방법을 사용하여 말을 만드는 목적은 단 하나, 단어를 암기하기 위한 것이다. 만일 자신만의 암기 방법이 있고 그것이 더 효율적이라면 자신 만의 방식으로 외우면 된다. 하지만 안 외워지는 단어를 저자가 제시한 방법대로 외우면 분명히 시간이 단축되고 오래 기억에 남을 것이다. 원래 단어는 예문을 보면서 기억하는 것이 가장 바람직하지만 예문을 싣게 될 경우 책의 분량이 엄청나게 많아지기 때문에 무척 아쉽지만 예문을 생략하였다. 단어의 뜻이 이해가 안가거나 용례를 보고 싶은 단어는 꼭 예문을 찾아볼 것을 권한다. 파생어를 포함하여 이 책에 등장하는 모든 단어는 반드시 정확하게 암기해야 한다.

4. 어원 정리표에 대하여

영어는 라틴어와, 그리스어의 영향이 가장 지대하고 불어, 스칸디나비아어, 그 밖에 전 세계 언어의 영향을 받아 탄생하였다. 아래에 제시한 어원은 반드시 익혀두는 것이 앞으로 단어 실력을 향상 시키는데 좋다. 다만, 수능을 공부하는 고등학생이나 N수생 입장에서는 외우기 어려운 어원도 있으므로 이 책에 등장하는 etymology(어원) 암기 방법으로 제시된 수능 단어 수준의 어원을 먼저 공부하는 것이 좋다.

5. 약어

㊀-유의어(비슷한 말)

㊀-반의어(반대말)

㈐-대명사

㈅-명사

㈐-동사

㈒-형용사

㈒-부사

㈐-전치사

㈒-접속사

6. 이 책의 띄어쓰기에 대하여

이 책에 등장하는 암기 Tip에서 단어 암기를 돕기 위해 말을 만드는 과정에서 일부러 띄어쓰기에 맞지 않게 쓴 것들이 많이 있으니 이해해 주시기 바란다.

*반드시 공부해야 할 어원 정리

어근	뜻	보기
A		
a	~위(안)에, ~로부터	aside(옆에), aboard(배위에), akin(동족의)
a, ab, ap	분리, 이탈, 아래	abate(빼다)
a(an)	無(없는), 反(반대되는), 非(아닌)	apathy(무관심), atheist(무신론자)
ac(ad, af, ag, al, ap), ob	~쪽으로, ~에 대항하여	appease(진정시키다), oppose(반대하다)
acr	쓴, 날카로운, 신	acrimony(신랄함)
aero, air, avi	공기, 분위기, 비행기	aerohydroplane(수상비행기), aviator(비행사)
ag	움직이다, 행동하다	agitate(움직이다), agile(민첩한)
agog	선동가	demagogue(대중선동가)
agr(i)	농사짓다, 경작하다	agronomy(농경법)
alb, cand	하얗다	album(앨범이 하얀색), candid(솔직한)
ali, allo, alter, ater, hetero	다른	alibi(현장부재 증명 *bi는 다른 장소), allonym(가명), alteration(변경)
ambi, amphi	둘 다, 여기저기	ambidextrous(양손을 다 쓰는)
amor	사랑, 친목, 우호	amity(친목), amiable(상냥한)
amphi, circum, peri	둘레, 여기저기	periscope(잠망경)
ann	1년 이하(enn:1년 이상)	anniversary(기념식)
ant, anti	반대	antipathy(반감), antonym(반대말)
an, ante, anti, ant, ex, fore, pr	前(앞)	anticipate(예상하다), ex-wife(전처), ancestor(조상)
aqua	물	aquarium(수족관)
arch	우두머리 ,활모양의	anarchy(무정부상태), archery(궁술)
arch, prim, prin, proto	우두머리, 첫째	primordial(최초의)
ard, ter	사람	youngster(젊은이)
arm	무기	armory(무기고)

어근	뜻	보기
aster, astro	별	astrology(점성술), disaster(재앙)
aud, aus	듣다	auditorium(강당, 관람석)
auto, aut	스스로	autonomy(자치)

B

어근	뜻	보기
band, bond, bund	묶다	contraband(밀수품), bandage(속박), bandage(붕대)
bar	막대, 장애물	embarrass(당황하게하다), barrier(장애물)
baro	압력	barometer(기압계)
be, en, em, fic, fac, ~ify, ~ize, ~feit	만들다	enlighten(계몽하다)
bell	아름다운, 전쟁	belvedere(전망대), embellish(과장하다)
bene, bon	좋은	beneficial(이득이 있는)
bibli	책	bibliomania(독서광)
bio	살아있는	antibiotic(항생물질), biography(전기), biology(생물학)
bi, di, du, diplo	둘(2)	bilingual(2개 국어의)
~bird,~box,~bug	~에 몰두한 사람	jailbird(죄수)
by	옆	by-product(부산물)

C

어근	뜻	보기
caco	나쁜	cacophony(음치)
calor	열	calorification(발열)
camera	방	bicameral(양원제의)
cant, chant	노래하다	chant(노래하다)
cap	머리, 중요한, 잡다	cabbage(양배추), capture(포획)
cap, ceive, cept, cip	잡다	anticipate(예상하다)
car, carn	살	carnival(사육제), carnivorous(육식성의)
cata	아래, 부정	catastrophe(파국)

어근	뜻	보기
cede, ceed, cess, vent, it, gress, amb	가다	antecede(선행하다), amble(걷다), process(과정)
celer	속도	decelerate(감속하다)
cent, hect, hecato	백(100)	hectogram(백그램)
cept	받다, 잡다	accept(받아들이다), reception(수용)
chrom	색깔	chromosome(염색체)
chron	시간	chronology(연대기)
cide	죽이다	homicide(살인범), insecticide(살충제)
cise, sec, tomy	자르다	excision(삭제), pneumectomty(폐절제술)
civ	시민	decivilize(비문명화하다)
claim, clam, clum	선언하다	exclamation(외침)
clus	포함하다, 범위	inclusive(포함하는), conclusion(결론)
co(m, n, l, r)	함께, 서로, 같은	coworker(동료), common(공통의)
cogn, gn	알다	prognosis(예감)
coni, koni	먼지	pneumonoconiosis(진폐증)
contra	반대, 대항	contradict(반박하다), conterattack(반격)
corp	신체, 단체	incorporate(합병하다)
cosmo	세계, 조화	cosmonaut(우주비행사)
counter, countra	반대	counterattack(반격)
cracy	지배하다, 다스리다	autocracy(독재정치)
cred	믿다	accreditation(신뢰, 신임장), credible(믿을만한)
cross	교차된	crosswalk(횡단보도)
cur, course, flu	흐르다	curriculum(교육과정)
cycl, cyclo, circle	원, 순환하는	encyclopedia(백과사전)

어근	뜻	보기
D		
de	아래로, 철저히, 떨어져서, 부정, 단순강조	detour(우회하다), epress(낙담시키다), descendant(자손)
dec	열(10)	Decalogue(십계명)
dent, don't	이빨	denture(의치), trident(삼지창)
derm, dermato	피부	dermatology(피부학)
dia, di	통하여, 사이에, 가로질러	diameter(직경), dialogue(대화), diagram(도표)
di, du, bi(twi-twist)	둘(2)	dual(이중의), bicycle(자전거)
dic	말	abdicate(퇴위하다, 포위하다)
dis, dif	반대, 떨어져서	disappear(사라지다)
doc, tui	가르치다	doctrine(학설), intuition(직관)
dodeca, duodec	열둘(12)	duodecimal system(십이진법)
dol	슬픔	condolence(애도)
dom	지위, 상태, 영역	kingdom(왕국)
dorm	잠자다	dormitive(최면성의)
dors	뒤	endorse(이서하다)
drome	달리다	hippodrome(마차 경주장)
duc	이끌다	educe(추론하다), deduct(공제하다)
dyna	권력	dynasty(왕조)
dys	나쁜	dyspepsia(소화불량)
E		
e(ex)	바깥의	emit(내뿜다), exclaim(외치다), exceed(초과하다), export(수출하다)
endo, in, intra, intro	이내, 안쪽에	endoparasites(기생충), ndoscope(내시경)
eo	아래	eolith(원시석기시대)
epi, ecto	~사이에, ~위	epidemic(전염병)

어근	뜻	보기
equi, par, sym(n)	같은	equanimity(고요), synonym(동의어) parity (동등, 같은 값어치)
~esque, ~oid	~같은	picturesque(그림 같은), hemoid(피 같은)
eu	좋은	euphony(좋은 소리)
ex~, former	~前(전)	ex-wife(前부인), former president(전 대통령)
exter, extra, extro	바깥의, 넘어선	extrovert(외향적인), xtraordinary(이상한), extroverted(외향적인)

F

fac, fec, fic	만들다	magnificent(웅장한)
fer	나르다, 지니다	circumference(둘레), transfer(갈아타다)
fer, lat	가져오다, 낳다	fertilization(비옥화)
fide, feal, ferder	믿음, 신뢰	infidel(이교도, 회의론자)
fila, fili	실, 선	filature(실 잣는 기구)
fin, term	끝	definition(정의), determine(정의하다)
fix	고정시키다, 붙이다	suffix(접미어)
flex	구부러진	circumflex(굴절의)
for	반대하는	forbade(금지하다)
forc, fort,	힘	fortify(강화하다)
fore	앞에	foresee(예견하다), forehead(이마)
fortuna	운, 기회	unfortunate(불운한)
frac, frag, fring	깨다	fragile(부숴지기 쉬운)
frater	형제	fraternity(협동단체), fraternal(형제의)
ful	꽉 찬	artful(기교를 부린, 인위적인)
fum	연기	fumiduct(굴뚝)
fus	붓다, 녹이다	confuse(뒤섞다, 혼동하다), fusion(용해)

어근	뜻	보기

G

어근	뜻	보기
gamos, gamy	결혼	endogamy(동족결혼)
gen	생산하다	progenitor(조상, 원조)
germ	싹, 씨앗, 원천, 세균	germinate(싹이 트다)
gest	나르다, 띠다	digestion(소화)
graph, gram	쓰다, 그리다	biography(전기)
grat	만족, 감사	gratification(만족)
grav	무거운	gravitation(중력)
greg, mob, flock	무리	congregation(모임), gregarious(떼지어 사는)
gyno	여자	gynous(여성미)

H

어근	뜻	보기
hal, spir	숨 쉬다	inhale(숨을 들이쉬다)
hav, habit	살다	habitat(서식지)
helio	태양	heliocentric(태양중심의), heliofugal(태양에서 멀어지는)
hema, hemo	피	hemophilia(혈우병)
hemi, semi, demi, med	중간,반	hemisphere(반 구체)
hepta, sept	일곱(7)	heptachord(7음계)
her, hes	붙다	adhere(부착하다)
hexa, sex	여섯(6)	sexcentenary(600년제)
holo	큰	holocaust(대학살)
homo	같은 성질	homogenize(동질화하다)
hum, hom, anthrop	흙, 사람	homicide(살인)
hydr	물	dehydrate(탈수하다)
hypno	최면, 잠자다	hypnosis(최면상태)

어근	뜻	보기
I		
in, im	안에	indoor(실내의), influence(영향), insert(삽입하다)
infer, infra	아래	infrared ray(적외선)
intel	알고 생각하는 힘	intellectual(지적인)
inter, intra, intro	안에, 사이에	international(국제인), introvert(내향적인사람), interrupt(방해하다)
im, il, in, ir	부정의 뜻	illegal(비합법적인), inevitable(피할 수 없는), inconvenient(불편한)
ine	화학성분, 추상, 성질, 과학용어, 여성형어미	caffeine(카페인), doctrine(교리), feminine(여자의), alkaline(알카린) heroine(여성영웅)
~ile	~하기 쉬운	docile(가르치기 쉬운), ductile(유순한)
it	가다	circuit(순회하다), exit(출구)
~itis	질병	appendicitis(맹장염)
J		
jec,	던지다, 놓다	rejection(거절), subject(주제), injection(주사)
join, jug, junct	참여하다, 결혼하다	conjugal(혼인의)
jud, jur, jus	판단하다, 올바른	jurisdiction(재판), justify(정당화하다), injury(부상)
junct	결합하다	disjunctive(분리하는)
K		
kilo, milli	천	kilowatt(천 와트)
L		
lapse	실수	collapse(붕괴하다)
lateral	면, 변	equilateral(등변의)

어근	뜻	보기
league, feder	연맹	colleague(동료)
leg	법	legal(합법적인), legitimate(합법적인)
lev	가볍게하다, 들어올리다	elevate(들어올리다), relieve(경감하다)
liber, liver	자유로운	equilibrium(균형)
lic	허용하다	license(면허증)
lig	묶다	oblige(의무를 지우다)
~ling, ~oid, ~let, ~le, ~kin, ~ele	'작다'는 뜻	sparkle(작은 불꽃), princekin(소공자) duckling(새끼오리)
liter, lit	글자, 쓰다	literal(글자 그대로)
lith	돌	lithograph(석판화)
loc	장소, 위치	locate(위치시키다)
loc, loq, log	말	soliloquy(독백), logical(논리적인)
logos	이성	illogical(비논리적인)
logy	연구, 학문, 말	anthropology(인류학)
luc, lum, lus, lun, photo, radio	빛	elucidate(설명하다)
lude	극, 曲	interlude(막간-극 사이)
lunar	달	lunatic(미치광이)

M

어근	뜻	보기
macro, mag	크다	macroeconomy(거시경제)
mal, mis	나쁜, 부정의 뜻	malfunction(기능장애), alefactor(행악자)
mand	명령하다	countermand(반대하다, 취소하다)
mania	증세, 정신이상	megalomania(과대망상증)
manu, mana, mani	손	manuscript(사본)
mari, mer	바다, 웅덩이	submarine(잠수함)
mass	덩어리	mass production(대량생산)
mater, matri, matro	어머니, 결혼	matrimony(결혼)

어근	뜻	보기
med, mid	중간	mediterranean(지중해)
mega, magn	백만, 큰	megavolt(백만 볼트), megalophonous(큰소리 내는)
melan	검은	melancholy(우울한)
mem	기억하다	commemoration(기념물, 기념식)
meta	변화	metamorphosis(변화)
meter	측정하다	thermometer(온도계)
micro, min	작다.	microcosm(소우주)
migra	이동하다	immigration(들어오는 이민)
mini	줄이다	diminish(줄이다)
mis	잘못된, 나쁜, 부정	misbehavior(그릇된 행위)
miss, mit	보내다	transmit(전도하다)
mob, mot, mov	움직이다	promote(증진시키다)
mon	경고하다, 알려주다	admonish(충고하다)
monger	장사꾼	ironmonger(철물상)
~mony	결과, 상태, 동작	testimony(증언), ceremony(의식)
mono, sol, uni	하나	solitude(고독)
monster, must	보여주다, 귀신	remonstrate(충고하다)
mor	죽음	moribund(죽을 정도의)
morph	형태	amorphous(형태가 없는)
multi, poly, myria	많은	multifarious(다방면의), polyglot(여러 언어를 사용하는)
mut	변화하다	commutate(전환하다)
myria	만	myriapod(다족류)

N

어근	뜻	보기
nasc, nat	태어나다	naturalization(귀화)
neur	신경	neuritis(신경염) *itis(질병)

어근	뜻	보기
new, nov, neo, nova	새로운	novice(초보자), neoclassic(신고전의)
nic, nec, nox	해로운	obnoxious(불쾌한)
noc, nox	밤	noctograph(맹인용 필기구)
nom, norm, nem	자, 기준, 규칙	enormous(엄청난)
non, un	부정의뜻	nonquenchable(억제할 수 없는, quench-구별하다)
nona, novem, ennea	아홉(9)	nonary(구진법)
noun, nunci	선언하다, 경고하다	denunciation(공공연한 비난)
number	수	innumerability(무수히 많음, 셀 수 없음)
nym	이름	synonym(동의어), antonym(반의어)

O

어근	뜻	보기
oct	여덟(8)	octagon(8각형)
odo	길	odometer(차의 주행거리계)
onym, nom, onomato	이름	nomination(지명)
oligo, pauci	적은	oligocarpous(열매가 적은)
omni, pan	모든	omnivorous(잡식의), pan-American(항공사 이름)
op, ob, oc, of	대항하다	offensive(공격적인), oppose(반대하다)
oper	작동하다	operative(작전상의)
orth	옳은, 똑바른	orthopedist(정형외과 의사)
oss, osteo	뼈	ossification(골 화)
out	바깥, 보다 우세한	outwit(재치가 뛰어나다) outdo(~보다 뛰어나다)
over	과도한, ~위의	overhear(엿듣다), overwhelm(압도하다), overwork(과로하다)

어근	뜻	보기

P

어근	뜻	보기
pac, plais	기쁘게 하다	implacable(달랠 수 없는)
pan, panto, omni	전체적인	pansophism(박식)
para, par	옆, 변화, 막아줌	parasol(파라솔)
pater, patri	아버지	patricide(부친살해)
part	나누다	depart(떠나다), partial(편파적인)
pathy, cord, cardio, cour	마음, 심장	apathy(무관심)
ped, pod	발, 어린이	pedestrian(보행자)
pel, puls	밀다	compel(강요하다)
pen	지불하다, 매달리다	compensation(보상), pendulum(추), dependent(의존하는), expense(비용)
penta, quint, quinque	다섯(5)	pentagon(오각형)
per	완전히, 계속적인	person(완전한소리), perennial(영구적인)
petro	돌, 바위	petroleum(석유)
phil	좋아하다	philander(여자 꽁무니를 쫓아다니다)
phone, phon(y), son(y)	소리	homophone(같은 발음), microphone(마이크)
phobia	두려움	gynephobia(여성공포증)
pict	그리다	picturesque(그림 같이 생생한), depict(묘사하다)
plex, ply, plic	접다, 겹치다	explicit(명백한), multiply(늘리다, 곱하다) complicated(복잡한)
plu, plur , plus	많은	plurality(대다수)
pneuma	숨, 폐, 성령	pneumoconiosis(진폐증), pneumonia(폐렴)
pop, dem	사람들	populicide(대량학살), epidemic(전염병)
port	나르다	report(보고하다), transport(수송하다)
portion	부분, 몫	apportion(배분)

어근	뜻	보기
pose, pon	놓다, 자세를 취하다	dispose(배열하다), deposit(예금하다), depose(퇴위시키다)
post	後(나중에), 뒤에	posthumous(사후의), postpone(연기하다)
poten, potes, posse	힘	potentiality(잠재력)
prehen, pris	붙잡다, 받다	misapprehend(오해하다)
prim, prin, proto, prior	첫 번째, 원시의	primitive(원시적인)
pro	앞, 좋아하는	proclivity(취향)
~proof	~을 막아주는	soundproof(방음의)
pseudo, quasi	가짜	pseudonym(가명)
psych	정신	psycho analyst(정신분석학자)
punct	점	punctographic(점자의)
pyr, volcan, vulcan	불	pyromania(방화광)

Q

quadr, tetr	넷	quadruple(네 배)

R

rad	뿌리	radicle(작은 뿌리)
re, retro, ano, ana	다시, 뒤로, 위	retrospect(회고하다), anastrophe(도치법), recede(물러가다)
rect	똑바른, 옳은, 규칙	direction(방향)
ridi, risi	웃다	ridicule(비웃음)
roga, rog	요구하다	rogation(기도회, 법률초안)
rupt	깨지다	corrupt(타락한)

S

sacr	신성한	desecrate(신성을 더럽히다)

어근	뜻	보기
sang, sangui	피	consanguinity(혈족)
sat	충분함	satisfaction(만족)
scend	오르다	descendant(후손)
scope, vis, vid, opti, ocul	보다	periscope(잠망경), oculist(안과의사)
scrib, scrip	쓰다	post script(추신)
script, scribe	쓰다	manuscript(원고)
se, apo	떨어져서(분리, 이탈)	separate(분리하다), apostate(변절한), secure(안전한)
sect	자르다	dissect(해부하다), section(절개)
sens sent	느끼다	sentiment(감상)
sign	표시하다	insignificant(중요하지 않은)
simil, simul, semble, seem	비슷하다	assimilate(동화하다)
soph	지혜	sophist(지혜로운 자), sophistication(세련, 정교, 궤변)
spec, spic, vi	보다	introspect(반성하다)
sphere	둥근 모양	hemisphere(半球)
spir,hale	숨 쉬다	conspire(공모하다), exhale(숨을 내쉬다)
spond, spons	맹세하다, 대답하다	respond(응답하다)
sta, sti, sist	서있다	subsistence(존재)
stereo	고체, 입체	stereotype(정형)
struc	건설하다	reconstruction(재건)
sub. sus, hypo	아래	suffix(접미어), submarine(잠수함), hypotension(저혈압)
sui	스스로	suicide(자살하다)
sum	쓰다	consumption(소비)
super, over, hyper, ultra	上, 최고의, 지나친, 표면의(super)	hypertension(고혈압)
sur, super, ultra	위, ~보다 더, 초월하여	surrealism(초현실주의), superiority(우수함), survive(살아남다)
syn, sym	함께, 동시에, 같은, 합성의	symphony(교향곡)

어근	뜻	보기
T		
tang, ting, tact, tig	만지다	semidetached(반쯤 떨어진)
tail	자르다, 붙잡다	tailor(재단사), maintenance(유지)
taxi	순서, 배열	taxidermist(박제사)
thermo	열	thermometry(온도측정)
tech	기술, 예술	technicality(전문성)
tele	멀리 있는	telescope(망원경)
tempo	박자, 속도, 시간	contemporary(동시대사람), temporary(일시적인)
ten, tin, tain, tent	유지하다	retain(계속하다)
tend, tens, tent	쭉 펴다, 당기다	superintend(감독하다), tendon(힘줄), contend(겨루다)
ter, tri	셋	trivium(삼학-논리, 문법, 수사학)
terra, terri, geo	땅	territory(영토), geometry(기하학)
the, theo	神(신)	monotheism(유일신교)
~tive	~이 가득한	talkative(말 많은)
tor	비틀다	tortoise(거북이-다리가 뒤틀려있음)
tom	쪼개다	atom(원자)
tox	독	antitoxin(항독소), intoxicated(술에 취한)
tract	끌다, 뽑다	attract(끌어당기다)
tract, trah	끌다, 당기다	extraction(뽑아내기, 적출)
trans, tra	횡단, 관통, 변화	transplant(이식하다), transport(운송하다)
tri	셋(3)	triangle(삼각형), trivial(사소한)
trib	지불하다, 기부하다	retribution(보복, 징벌)
typo	활자	typography(인쇄술)
U		
und, unda	넘치다	abound(풍부하다), surround(포위하다)
under	아래에, 열등한, 덜	underbody(하부), underestimate(과소평가하다)
uni	하나(1)	unification(통일), uniform(제복)

어근	뜻	보기
up	위로	upright(직립의), uphold(지지하다)
ultim	마지막	ultimately(궁극적으로)
ultra	초(超), 과(過), 외(外)	ultraviolet rays(자외선)

V

verse	돌다	universe(우주, 세계)
va(c)	비어있다	vanish(사라지다), vacuum(진공의)
vag	떠돌아다니다, 방황하다	vagabond(방랑자)
vale, vali, valu	용기, 힘	valedictory(작별인사)
ver, vera, veri	진리, 사실	verdict(판결)
ver, veri	진짜	averment(주장, 단언), verdict(평결)
vers, vert	반대로 돌다	controversy(논쟁), convert(바꾸다)
vest	옷 입다	vesture(의복)
via	길	trivial(사소한)
vic	변화하다	vicissitude(변화)
vice	대신에, 副(부)	vicegerent(대리인)
vis	보다	vision(시각), television(텔리비죤)
vita, viv, bio, eco	살아있음, 생활	vitality(활력)
viv, vit	살아있는, 생생한	vivid(생생한), vital(생명의)
voc, vok	목소리	vocation(직업), vocal(목소리의)
vol, rot	감다, 빙빙 돌다	rotate(회전하다), revolver(연발권총)
vor, vour	먹다	voracious(식욕이 왕성한)

W

with, re, retro, palin	뒤로, 대항하여, 다시	withhold(보류하다), withstand(견디다)
wri, wro, wry	잘못된, 굽은	writhe(몸을 뒤틀다)
wright	세밀한 작업하는 사람	playwright(극작가)

'황용 선생'의
수능기출
영단어 암기사전

VOCABULARY

VOCA	뜻 / 기출 파생어	암기 🅣ip	원어민 사용빈도 (🅡 / 86800)
0001. abandon	동포기하다 abandoned -버려진	도박으로 없앤돈(abndon)을 포기하다	🅡 5863
0002. aboard	부,전비행기나 배에 탑승한	a(airplane, 비행기)+b(배)+oard(발음하면 오르다)	🅡 7255
0003. aboriginal	형원래의, 원주민의 명토착, 오스트레일리아 원주민	a(알파)+b(베타)+original(원래의) ⇨ 알파 베타가 알파벳의 오리지날▶원래의	🅡 순위 외
0004. abroad	부해외로	ab(어원상 '이탈'의 뜻)+road(도로)-우리 집 앞 도로에서 이탈된▶해외로	🅡 2542
0005. abruptly	부갑자기	갑자기 너 로또 당첨. 아! 부럽다리(abruptly, 부럽구나)	🅡 6123
0006. absence	명부재	왜 어제 학교에 없었어(absence)?	🅡 1785
0007. absolute	형절대적인 absolutely-절대적으로	(이 길 밖에는) 없어! 루트(absolute) (루트는 route-길 로 이해) 길이 없다는 것은?▶절대적인	🅡 2813
0008. absorb	동흡수하다	아빠술봐(absorb)! 아빠가 술 보고 좋아서 흡수하다	🅡 8165
0009. abstract	형추상적인	사전에도 없었더래(abstract). 사전에도 없다면?▶추상적인	🅡 3977
0010. absurd	형터무니없는	나보다 공부 못했던 놈이 나를 앞서다(absurd)니▶터무니 없는	🅡 7262

VOCA	뜻 / 기출 파생어	암기 [T]ip	원어민 사용빈도 ([R] / 86800)
0011. **abundance**	[명]풍부함	아빠돈써(abundance) ▶돈쓰기 엔 아빠가 경제사정이 풍부함	[R] 9690
0012. **abuse**	[명]남용, 학대 [동]남용하다. 학대하다 **abusing**-남용하는	ab(이탈)+use(사용)-사용을 잘 못한 것이므로 ▶남용. 오용, 학대	[R] 2733
0013. **academic**	[형]학구적인, 대학의	아까(aca) 배운건데(de) (성적이) 미?(mic)-성적을 반성하는 것으로 보아▶학구적인	[R] 2093
0014. **accelerate**	[동]가속하다	가속 페달 (액서레이터) 생각하면 됨	[R] 12535
0015. **accent**	[명]억양, 사투리 [동]강조하다	저 사람 억양이 억센데(accent), 혹은 강조하려고 악쓴다(accent)▶억양, 강조하다	[R] 5497
0016. **accept**	[동]받아들이다, 인정하다, 입학시키다 **acceptance**-수용 **accepted**-수용된, 합격한	ac(~로,~에.~을)+cept(받아들이다) 혹은 어서 오셉(accept)하며 손님을 받아들이다.	[R] 1046
0017. **access**	[명]접근	ac(~로)+cess(가다)▶접근, 혹은 보검오빠가 나타나자 팬들이 악써서 (access)접근	[R] 921
0018. **accident**	[명]사고 **accidental**-사고의, 우발적인	희생자들이 아악(ac)+쓰던(cident)사고	[R] 1607
0019. **accomodate**	[동]수용(숙박)하다, 조절(화해)하다, 편의를 도모하다 **accommodation**-수용, 숙박	범죄자는? 어! 감옥에다(accomodate)수용한대. 혹은 싸우던 연인들은? 아까 뭐 데이트(accomodate)하던데? ▶화해하다	[R] 5646
0020. **accompany**	[동]반주하다, 동반하다 **accompanied**- 동반된, 혹은 과거	ac(~에)+com(함께)+pan(빵)+y(무리)-빵을 먹는 무리와 함께하다▶동반하다	[R] 7605

VOCA	뜻 / 기출 파생어	암기 **T**ip	원어민 사용빈도 (**®** / 86800)
0021. **accomplish**	동성취하다	문제풀기가 아깜깜 (accom)했는데 풀어서(plish)목표 달성했어▶성취하다	**®** 16976
0022. **accord**	동일치하다 명조화 **according to**-~에 따르면 **accordingly**-따라서	ac(~에, ~로)+cord(마음) -~에 마음을 주다▶(마음이)일치하다	**®** 6427
0023. **account**	명계산(회계), 계좌, 이야기 동차지하다, 설명하다, 책임지다 **accountable**-설명할 수 있는 **accounting**-회계, 차지하는, 해당되는	ac(억)+count(세다)▶억까지 세다 (계산하다)	**®** 613
0024. **accumulate**	동축적하다 **accumulation**-축적	ac(~에,~로,~을)+cum(어원상 쌓다. 어원표 참조)+ate(동사, 형용사어미)▶~을 쌓다	**®**13480
0025. **accuracy**	명정확성 **accurate**-정확한 **accurately**-정확하게	그 해적은 애꾸라서(accuracy)시야의 정확성이 떨어져!	**®** 4864
0026. **accuse**	동고소하다, 비난하다.	폭력 쓰면 억(ac)하고 비명 지르고 고소(cuse)할거야	**®** 13871
0027. **accustomed**	형익숙한 **be accustomed to**~: ~에 익숙하다	아까(ac) 갔었담(customed)▶아까 가본 적 있어서 익숙한	**®** 7381
0028. **ache**	동아프다, 쑤시다 명아픔, 통증 **stomach ache**-복통	아이쿠(ache)! 아프다	**®** 12797
0029. **achieve**	동달성하다, 성취하다. **achievement**-성취, 업적	내가 수능에서 꼭 1등급 얻지(achie) (두고) 봐(ve)▶1등급 달성하다	**®** 1515
0030. **acid**	형맛이 신	아(a)! 시다(cid)	**®** 2051

VOCA	뜻 / 기출 파생어	암기 Tip	원어민 사용빈도 ([R] / 86800)
0031. **acknowledge**	[동]인정하다, 알다, 감사하다	ac(~을)+knowledge(알다) 혹은 인정해주니까 애가 (좋다고)난리지(acknowledge)	[R] 5355
0032. **acoustic**	[형]청각의, 전자장치를 안 쓴	어쿠스틱(acoustic)기타 하면 금방 생각날 듯▸전자장치를 안 쓴	[R] 9395
0033. **acquaintance**	[명]아는사람 **acquaintanceship** -아는 사이, 지식	아끄이턴써(acquaintance)-천천히 발음하면 알고 있었어▸아는 사이	[R] 38654
0034. **acquire**	[동]얻다	얻고요(acquire)▸얻다	[R] 4305
0035. **active**	[형]능동(활동)적인 **act**-행동하다, **action**-행동 **activity**-움직임, **actor**-배우 **actively**-활발하게	act(행동하다)+ive(형용사형어미) ▸행동하는, 활동하는	[R] 1411
0036. **actually**	[부]실제로, 사실 **actual**-실제의 **actuality**-현실	act(행동하다)+ual(형용사어미)+ly(부사어미)-행동으로 ▸실제로	[R] 338
0037. **adapt**	[동]적응시키다, 적응하다, 개작하다 **adaptability**-적응성 **adaptation**-적응, 각색 **adaptive**-적응할 수 있는 **adaptively**-순응적으로	나는 성격 좋아서 어디에 붙어(adapt)도 적응을 잘한다	[R] 7054
0038. **add**	[동]더하다 **addition**-추가,덧셈 **additional**-추가의	옛다(add)! 하면서 돈을 보태주시다	[R] 1250
0039. **addictive**	[형]중독된 **addict**-중독되다	ad(~을)+dict(말하다)+ive(형용사어미)-맨날 ~을 말하다▸~에 중독되다	[R] 10577
0040. **address**	[명]연설, 주소 이야기하다, 부르다	내 연설 애 도 들었어(address)? 혹은 받을 주소는 어디로 써?(address)	[R] 1459

VOCA	뜻 / 기출 파생어	암기 ⓣip	원어민 사용빈도 (ⓡ / 86800)
0041. **adequate**	휑적당한, 충분한, 부족하지 않은	쓸 돈 충분한데 어데(어디서)꿨데?(adequate)	ⓡ 2754
0042. **adjust**	동조절하다, ~에 맞추다. **adjustment**-적응, 조정	ad(~에)+just(바르게)▶~에 바르게 맞추다	ⓡ 6631
0043. **administer**	동다스리다, 관리하다 **administered**-과거, 과거분사 **administrative**-행정의	어디(ad)민(백성民)이 있었다 (minister)면 행정이 필요하고 다스려야하고 관리해야 함	ⓡ10744
0044. **admire**	동존경하다. 칭찬하다, 감탄하다	아들말이여(admire)! 하며 아들 칭찬하다	ⓡ 8320
0045. **admit**	동인정하다, 허가하다, **admission**-인정, 입학, 입장 **admitted**-과거(분)	어디민(admit)어 보자며 허가하다 혹은 ad(~에)+mit(보내다)▶입장을 허용하다	ⓡ 2630
0046. **adopt**	동채택하다. 입양하다	고아원에서 아이를 채택하여 입양하니 애닯다(adopt)	ⓡ3654
0047. **adrift**	휑표류한, 방황하는 뮈표류하여	안 좋은 애들과 아들이붙어(adrift) 방황하는	ⓡ 18750
0048. **adult**	명어른 **adulthood**-성인기	어(른)덜(adult)	ⓡ 2010
0049. **advance**	명발전 동발전하다, 나아가다 **advantage**-이로움	얘두밴츠?(advance)-잘 나가나 보네▶발전	ⓡ 2023
0050. **advent**	명출현, 재림	어디빈터(advent)가 있어야 예수님이 재림하시지?	ⓡ 8200

VOCA	뜻 / 기출 파생어	암기 Tip	원어민 사용빈도 ([R] / 86800)
0051. **adventure**	[명]모험 **adventurous**-모험을 좋아하는	ad(~에)+vent(오다)+ure(추상형접미사)-~에 오다▶모험	[R] 5270
0052. **adversity**	[명]역경, 재난	나 때문에 애두 벌섰지(adversity)▶역경, 고난	[R] 22210
0053. **advertise**	[동]광고하다 **ad(s)**-광고 **advertisement**-광고 **advertising**-광고업	광고해서 애두 (돈)벌었다지?(advertise)▶광고	[R] 11166
0054. **advocate**	[동]옹호하다, 주장하다 [명]지지자 **advocacy**-옹호, 지지, 변호	ad(~에)+voc(목소리)+ate(형용사, 동사 접미사): ~에 목소리를 내다▶옹호하다	[R] 7853
0055. **aerial**	[형]공기의, 공중의, 항공기의	aer(air-공기)+ial(형용사어미)	[R] 9170
0056. **affair**	[명]일, 문제, 사건	앞에 일 (affair)▶(앞에 놓인) 일	[R] 2937
0057. **affect**	[동]영향을 끼치다 **affection**-애정	af(~에)+fect(fac-만들다)▶~에 영향을 끼치다	[R] 2042
0058. **affirm**	[동]확언하다	af(~에, ~로, ~을)+firm(확고히 하다)▶확언하다	[R] 20883
0059. **afflict**	[동]괴롭히다, 고통을 주다 **afflicted**-괴로워하는	아프리(afflict)!-고통을 주니까 아프지	[R] 39727
0060. **afford**	[동]~할 여유가 있다 **affordable**-알맞은, 저렴한	앞으로(af) 포드(ford-미국산)차 살 여유가 생길거야▶~할 여유가 있게 하다	[R] 2225

VOCA	뜻 / 기출 파생어	암기 ⓣip	원어민 사용빈도 (ⓡ / 86800)
0061. afraid	휑두려워하는 be afraid of~: ~을 두려워하는	겁쟁이가 아들이 아프러이다 (afraid)라는 말에 두려워하는	ⓡ 1716
0062. afterward	閉뒤에. 나중에	after(뒤)+ward(~쪽으로)-뒤 쪽으로▶차후에	ⓡ 45762
0063. against	쩐,閉~에 반대하여, ~에 대항하여	again(다시)+st(stand=일어서다)-한 대 팼는데 저항하느라 다시 일어서다	ⓡ 156
0064. agent	뗑대리인 agencies-기관, 대행사	ag(act=move, 움직이다)+ent(사람)-나 대신 움직이는 사람▶대리인	ⓡ 2327
0065. aggressive	휑공격적인 aggress-공세를 취하다, 시비를 걸다	싸움할 때 보면 다른 사람 말 공격을 듣다가 아 그래서 (aggress)어쩌라고? 하며 공세를 취하는	ⓡ 4425
0066. aging	뗑숙성, 노화	age(나이)+ing(명사어미)▶노화	ⓡ 30105
0067. agreement	뗑합의, 협정 agree-동의하다	agree(동의하다)+ment(명사형어미)	ⓡ 736
0068. agriculture	뗑농업 agricultural-농업의 agrarian-농업의, 토지의 agriculturalist-농업 전문가	agr(땅)+culture(개간)▶땅을 개간하는 것이 농업	ⓡ 2580
0069. ahead	閉앞에, 앞서	a(방향을 나타내는~에)+head(머리). 머리 쪽으로▶앞에, 앞서	ⓡ 1633
0070. aid	뗑도움, 원조 똥돕다	그 아이는 아직 도움이 필요한 애이다(aid)	ⓡ 1202

VOCA	뜻 / 기출 파생어	암기 ⓣip	원어민 사용빈도 (ⓡ / 86800)
0071. **aim**	몡목표 동겨누다, 노리다(aim at)	내 성적의 목표는 A임(aim)	ⓡ 1601
0072. **aircraft**	몡항공기 **air**-공기, 공중 **airplane**-비행기 **airline**-항공사 **airport**-공항 **airborne**-비행중인	에어(air)그립다(aircraft)-공중이 그리운 건 비행기	ⓡ 1669
0073. **aisle**	몡통로	aisle seat(통로 쪽 좌석)과 window seat(창가 쪽 좌석)를 생 각할 것	ⓡ 11791
0074. **alarm**	몡경보 동경보하다 **alert**-깨어있는	알람(alarm)시계 생각하면 될 듯	ⓡ 3823
0075. **algebra**	몡대수학 **algebraic**-대수의	대수만 나오면 난 잊어버려(algebra)	ⓡ 20250
0076. **alien**	몡외계인, 외국인 **alienation**-소외감	외(국인)일리언(alien)	ⓡ 6067
0077. **adolescence**	몡청소년기 **adolescent**-청년, 청년기의	청소년기이면 학원다니며 애도 레슨(adolesence) 쟤도 레슨	ⓡ 11921
0078. **alike**	부똑같이 형비슷한	a(~에, 강조)+like(같은)-같은 상태 에▶비슷한, 똑같이	ⓡ 5439
0079. **alive**	형살아있는	a(~상태에)+live(살아있는)-살아있 는 상태의	ⓡ 2368
0080. **ally**	몡동맹국, 협력자 **allies**-복수형 **alliance**-동맹	올아이(ally)=모두-(all) 너(y-you)가 되는 것▶모두 너를 중심으로 연합	ⓡ 7825

VOCA	뜻 / 기출 파생어	암기 Tip	원어민 사용빈도 ([R] / 86800)
0081. **allocate**	[동]할당하다. 배분하다	예산이 다 얼로갔데(allocate)?- 어디로 할당된 거야?	[R]11699
0082. **allow**	[동]허락하다	하라우(allow)▶하라고 허용하다	[R] 876
0083. **alone**	[형]혼자뿐인 [부]홀로	all(완전히)+one(한 사람)-완전히 한 사람▶홀로	[R]739
0084. **along**	[전]~을 따라서 [부]나란히, 함께 **alongside**-옆에,~와 함께	싱어롱(sing along, 노래 함께 부르기)을 생각할것	[R] 489
0085. **aloud**	[부]소리 내어	a(강조)+loud(시끄러운)▶소리내어	[R] 7074
0086. **alter**	[동]바꾸다 **alternative** -바꿀 수 있는, 대체할 수 있는 **alternatively** -그 대신에. 양자택일로	고민하다가 상대방 조언을 듣고 옳다(alter)!하면서 바꾸다	[R] 4457
0087. **altitude**	[명]고도	alto(높은)+tude(명사어미)-성악의 높은 음 '알토' 생각	[R] 11386
0088. **altogether**	[부]전부, 완전히	all(전부)+together(함께)	[R] 3006
0089. **amaze**	[동]놀라게 하다 **amazing**-놀라운	놀라서 하는 말- 어메이제(amaze) 큰일났네!!	[R] 29829
0090. **ambiguity**	[명]애매함 **ambiguous**-애매한 **ambivalent**-불확실한	ambi(양쪽)+guity(명사어미)-양쪽 다 인 것 같음▶애매함	[R] 7892

VOCA	뜻 / 기출 파생어	암기 ⓣip	원어민 사용빈도 (ⓡ / 86800)
0091. **ambition**	몡야심 **ambitious**-야심있는	MB(이명박)에선(ambition) 대통령 되려는 야심	ⓡ 5783
0092. **amend**	통개정하다, 수정하다	a(~에서)+mend(바로잡다)	ⓡ12822
0093. **amongst**	전~가운데서, ~사이에서 **among**-~중에서	among(중에서)+st(최상급 est)	ⓡ 2220
0094. **amount**	몡총계, 총액, 양 통합계가 ~에 이르다, 결국~이 되다	a(~에)+mount(오르다. mountain 생각할 것)▶~에 이르다	ⓡ 634
0095. **amuse**	통즐겁게 하다	a(아)+muse(뮤직) ▶(아! 뮤직으로)즐겁게 해주다	ⓡ18306
0096. **analogy**	몡비유, 유사 **analogies**-복수	아나로그(analogy)시계 볼 때는 대충, 비슷하게 시간을 봄▶비슷함	ⓡ7389
0097. **analysis**	몡분석, 분해 **analyze**-분석하다	어 (칼)날을 썼어서(analysis) 생선을 분해, 분석	ⓡ 740
0098. **anatomy**	몡해부학	(이구) 아나 토막(anatomy)-이구 아나 토막내서 해부	ⓡ11658
0099. **ancestor**	몡조상 **ancient**-고대의, 오래된	an(=ante=앞서)+cess(가다)+or(사람)-앞서간 사람▶조상	ⓡ14064
0100. **anecdote**	몡일화	아내가 도운(anecdote) 이야기 ▶아내가 도운 일화	ⓡ20297

VOCA	뜻 / 기출 파생어	암기 Tip	원어민 사용빈도 ([R] / 86800)
0101. **angle**	[명]각도	트라이앵글(angle,삼각형)▶각도	[R]3666
0102. **angler**	[명]낚시꾼, (어류-아귀)	고기 안걸려(anglaer)?▶낚시꾼	[R]20030
0103. **ankle**	[명]발목 sprain one's ankle-발목을 삐다	발목 안 크면 키가 안커(ankle) *anke(joint=관절)	[R] 7245
0104. **anniversary**	[명]주년, 기념일 **annual**-해마다의 annually-매년	anni(1년)+vers(돌다)+ary(명사,형용사어미)-1년마다 돌아오는 것▶기념일	[R] 4212
0105. **announce**	[동]발표하다	아나운서(announcer)가 뉴스를 발표하다	[R]6576
0106. **annoy**	[동]괴롭히다 **annoyed**-과거, 과거분사	어느놈이(annoy) 우리 아이를 괴롭히니?▶괴롭히다	[R]17775
0107. **anthropology**	[명]인류학 **anthropologist**-인류학자	인류가 산다는 것 이 안쓰럽고 그러지?(anthropology)	[R]9111
0108. **anticipate**	[동]예상하다	anti(미리)+cip(=잡다=take)+ate(형용사, 동사어미)-미리 잡아내다-예상하다	[R]8749
0109. **antique**	[형]고대의, 옛날의 [명]골동품	한태고(antique)-한나라 태고(아주 옛날)시대	[R] 3472
0110. **anxiety**	[명]걱정, 불안 **anxious**-걱정하는 갈망하는	앉아있지(anxiety) 못할 정도로 불안	[R] 3472

VOCA	뜻 / 기출 파생어	암기 Tip	원어민 사용빈도 (ⓡ / 86800)
0111. apart	倶따로 떨어져서 **apartment**-아파트	a(~에, ~로)+part(부분)-한 부분에 ▶한 부분만 따로 떨어져서	ⓡ 2805
0112. apology	名사과 **apologize**-사과하다 **apologetically**-변명하여	apo(떨어져)+logy(말하는 것)-상 대에게 떨어져 말하는 것▶사과	ⓡ 9220
0113. apparent	形명백한	유전자 검사해보니 확실한 너 의 아빠란다 (apparent)	ⓡ 1928
0114. appeal	動호소하다 **appealing**-현분	축구선수가 반칙 아니라고 어 필(appeal)하다(많이 쓰는 말)	ⓡ 918
0115. appear	動나타나다 **appearance**-출현	너희 집 앞이여(appear)하며 나 타나다	ⓡ 924
0116. appetite	名식욕	입에다엿(appetite)-식욕이 없어 입에 엿 넣고 다니다	ⓡ 7675
0117. applaud	動박수치다	앞으로도(applaude) 잘하길 바 라며 박수치다	ⓡ20466
0118. application	名지원, 지원서 **apply**-적용하다, 지원하다, 약바 르다 **applicable**-적용할 수 있는	지원서 쓰실 분은 앞으로가이 소(application)!	ⓡ1021
0119. appointment	名임명, 약속	ap(~로)+point(가리키다)+ ment(명사형어미)-회장은 네가 해 하며 손으로 가리키다▶임명	ⓡ 2272
0120. appreciate	動감사하다, 감상하다. 진가를 인 정하다 **appreciation**-감사. 감상. 이해	내 성적이 에이 뿔(A+)이셨대 (appreciate) 그래서 교수님께 감 사해	ⓡ 3487

VOCA	뜻 / 기출 파생어	암기 Ⓣip	원어민 사용빈도 (Ⓡ / 86800)
0121. **approach**	[동]접근하다 [명]접근법	기차가 앞으로 취(approach)! 소리내며 접근하다	Ⓡ 601
0122. **appropriate**	[형]적절한	ap(~에)+proper(적절한)+ate(형용사, 동사어미)▶적절한	Ⓡ 871
0123. **approve**	[동]승인하다, 허가하다, 동의하다 **approval**-승인	ap(~에 대해)+prove(인정하다)▶동의하다, 승인하다	Ⓡ 6797
0124. **approximate**	[부]가까운, 대강의 **approximately**-대략	아빠라서 메이트(approximate)-아빠라서 친구에 가까운	Ⓡ10735
0125. **aptitude**	[명]적성, 소질	apt(적합한)+tude(명사접미사)-적합한 상태▶적성	Ⓡ20298
0126. **aquarium**	[명]수족관	aqua(물)+um(장소)-물이 있는 장소▶수족관	Ⓡ7881
0127. **arbitrary**	[형]임의적인, 무작위의, 제멋대로의	가정에서는 가장인 아비들이(arbitrary) 제멋대로 한다	Ⓡ6688
0128. **arcade**	[명]아케이드(기둥으로 받쳐진 연속아치)	한글로도 아케이드	Ⓡ14115
0129. **archaeology**	[명]고고학 **archeological**-고고학적인 **archaeologist**-고고학자	archaeo(오래된)+logy(지식)-오래된 것에 대한 지식▶고고학	Ⓡ 8962
0130. **architecture**	[명]건축, 구조물 **architect**-건축가 **architectural**-건축의	archi(아치형)+tec(宅-한자로 집택)+ture(지어)-아치형 집지어(건축)	Ⓡ 3315

VOCA	뜻 / 기출 파생어	암기 Tip	원어민 사용빈도 (ℝ / 86800)
0131. **archives**	몡기록보관소	후손들이 우리 생활상을 알까여?(archives)-기록 보면 알겠지	ℝ 8645
0132. **arctic**	혱북극의 antarctic-남극의	북극이 추운 것을 사람들이 알까틱(arctic)?	ℝ 7797
0133. **area**	몡지역, 분야	축구에서 골 에어리어(area) 생각	ℝ 243
0134. **argue**	동논쟁하다 argument-논쟁, 주장	토론 주제를 알구(argue) 논쟁하는거니?	ℝ 2363
0135. **arise**	동일어나다, 발생하다 **arose**-과거	a(강조)+rise(일어나다)	ℝ 2941
0136. **armrest**	몡팔걸이 **arm**-팔 **army**-군대 **arms**-팔, 무기	arm(팔)+rest(쉼) -팔이 쉬는 곳▶팔걸이	ℝ 77186
0137. **aroma**	몡향기=odor, fragrance aromatic-향기로운	사랑하는 여인 '아롬이'의 향기로 암기-라틴어 aroma(=향기)	ℝ 14271
0138. **arouse**	동불러일으키다. 일깨우다. 자극하다	a(강조)+rouse(깨우다)▶일깨우다 혹은 어라?·우제(울지?,arouse)감정자극해서	ℝ 1492
0139. **arrange**	동배치하다, 정리하다	애들아인제(arrange)정리 좀하자!	ℝ 3915
0140. **arrogance**	혱거만 arrogant-거만한	이 자식들 얼로갔스?(arrogance)-벌써 말하는 게 거만	ℝ11342

VOCA	뜻 / 기출 파생어	암기 **T**ip	원어민 사용빈도 (**R** / 86800)
0141. **arrow**	명화살	Time flies like an arrow(시간은 쏜살같다)격언을 생각 해 볼 것	**R** 6892
0142. **article**	명기사. 조항, 물품	arti(artus에서 나온말로 관절)+cle(지소사-작은 것을 지칭하는 명사)작은 관절▶조금씩 쓴 글	**R** 1514
0143. **artifact**	명공예품 **artificial**-인공적인 **art**-예술, 미술 **artist**-예술가	art(기술,예술)+fact(만듦)-예술품 만듦▶공예품	**R** 44614
0144. **ashamed**	형부끄러운 be ashamed of~: ~을 부끄러워 하다	선생님이 칭찬해주니까 아! 샘도(ashamed)하면서 부끄러워하는	**R** 6643
0145. **aside**	부곁에,~은 별도로 하고	a(~에)+side(옆)▶옆에	**R** 2723
0146. **aspect**	명측면. 관점	a(~에)+spect(보다) ~에서 보는 것▶측면	**R** 2321
0147. **aspiration**	명열망 aspire-열망하다	아이들이 어서 파이내이소(aspiration) 하면서 사과 파이 달라고 간절히 열망	**R** 15770
0148. **assemble**	동모으다, 모이다, 조립하다 **assembly**-국회, 조립	어서센불(assemble)때려면 장작 모아야 해▶모으다	**R**12413
0149. **assert**	동강력히 주장하다 **a ssertive**-자기주장이 강한 **assertiveness**-단호한 태도	빨리 해! 어섯!(assert)하며 강하게 주장하다	**R** 9066
0150. **assess**	동평가하다 **assessment**-평가	어서(as)세어서(sess)가치를 평가해보자	**R** 3457

VOCA	뜻 / 기출 파생어	암기 ⓣip	원어민 사용빈도 (Ⓡ / 86800)
0151. **asset**	몡자산, 재산	AS 받을 것이 set로 있는 것 보니 재산이 꽤 많은가 보군	Ⓡ 4235
0152. **assign**	통할당하다, 배정하다, 부여하다 **assignment**-과제. 임무	임금이 (암행) 어사임(assign)무를 부여하다	Ⓡ 13394
0153. **assimilation**	몡동화 assimilate-동화시키다. 동화되다	as(~에)+similar(same에서 나온 말로 '같은')+tion(명사어미): ~에 비슷해짐▶동화	Ⓡ 15959
0154. **assist**	몡돕다 몡도움 **assistant**-조수, 도움이 되는	축구나 농구에서 어시스트 (assist-도움)생각하면 됨	Ⓡ 3604
0155. **associate**	통연관시키다. 몡동료 **association**-협회, 연합	어서오시엇(associate)-동료가 오니 반가워서	Ⓡ 6235
0156. **assume**	통추정하다, 가정하다, 떠맡다 몡assumption-가정	아저씨 아니고 아줌(assume) 일 것으로 추정하다	Ⓡ 2246
0157. **assure**	통확신시키다	as(~에)+sure(확실히 하다)-뒷 단어만 보면 됨▶확실하게하다	Ⓡ 7234
0158. **asthma**	몡천식	천식은 아주마(asthma)니(아주 많이) 기침한다	Ⓡ 9481
0159. **astonish**	통깜짝 놀라게하다 **astounding**-몹시 놀라게 하는	어? 스타니(astonish)?-스타라는 사실이 깜짝 놀라게 하다	Ⓡ 54989
0160. **astronaut**	몡우주비행사	astro(별)+naut(선원)▶우주비행사	Ⓡ 29914

39

VOCA	뜻 / 기출 파생어	암기 Tip	원어민 사용빈도 (® / 86800)
0161. astronomy	몡천문학 astrology-점성술 astronomer-천문	astro(별)+nomy(학문)-별을 연구하는 학문▶천문학	®13927
0162. attention	몡관심, 주목, 주의 attentive-주의깊은 attentively-주의깊게	건강은 어떠션?(attention)▶관심	® 715
0163. attic	몡다락방 톙고전적인	천장과 지붕 사이에 틱(attic)하고 붙어 있는 다락방	® 9530
0164. attitude	몡태도, 자세	우리 아들 태도가 어때?튜터?(attitude)-우리 아들 태도가 어때요 선생님 ?	®1706
0165. attract	동끌어당기다, 매혹되다 attractive-매력적인 attraction-관광지, 명소, 매력 attractiveness-매력적인 것	at(~로)+tract(끌다, 트랙터를 생각)▶~로 끌어 당기다	®3590
0166. attribute	동~으로 원인을 돌리다 몡속성 *attribute A to B-A를 B의 탓으로 돌리다	물을 누가 부은거야? 애들이 부었대(attribute)▶(애들) 탓으로 돌리다. 혹은 애들이 뷰티(attribute)▶예쁜 것은 애들의 속성	®8803
0167. audience	몡청중, 관객 audio-음성의 auditory-청각의 aural-청각의	aud(듣다)+ence(명사어미)-듣는 것▶청중	®1859
0168. asymmetry	몡불균형, 비대칭	a(반대)+sym(=same=같은)+metry(측정)-측정해보니 같지 않음▶불균형	®18966
0169. athenian	톙아테네의	athene(아테네)+ian(형용사어미)▶아테네의	®14943
0170. athlete	몡운동선수 athletic-운동의	(힘)애쓰리 (athlete)-힘 기르는데 애 쓰리▶운동선수가 하는 말	®13726

VOCA	뜻 / 기출 파생어	암기 Tip	원어민 사용빈도 ([R] / 86800)
0171. **atmosphere**	[명]분위기, 대기	atmos(증기,공기)+sphere(지구=공)-지구 공기▸대기, 분위기	[R] 2092
0172. **atom**	[명]원자 atomic-원자의	a(반대)+tom(쪼개다)-더 이상 쪼갤 수 없는▸원자	[R]10642
0173. **attach**	[동]붙이다, 결합시키다 detach-떼다 **attachment**-부착	at(~에)+stach(=stake=말뚝)-~에 말뚝을박아 고정시키다	[R] 8168
0174. **attack**	[명]공격	배구 경기의 백어택(back attack =후위공격) 들어봤죠?	[R]1072
0175. **attain**	[동]얻다, 성취하다	얻데인(attain)▸얻다	[R]11951
0176. **attempt**	[동]시도하다 [명]시도	(시도) 해보니 어땜?(attempt)-시도해 보다	[R]882
0177. **attend**	[동]참석하다, 돌보다, 시중들다 **attending**-수반하는, 담당하는 **attention**-주의	at(~)+tend(=stretch)-~에 까지 뻗고 다니다▸참석하다	[R]2740
0178. **aura**	[명]아우라, 전조, 분위기	어라(aura)! 이거봐라-안 좋은 분위기를 느낄 때 하는 말▸전조	[R] 12634
0179. **austerity**	[명]엄격함	어서 뛰랬지?(austerity)▸(코치의) 엄격함	[R] 12481
0180. **authentic**	[형]진짜의 **authenticity**-진짜임	(비싼) 옷에는 틱(authentic)하고 진짜 로고가 박혀있지▸진짜의	[R] 7994

VOCA	뜻 / 기출 파생어	암기 ⓣip	원어민 사용빈도 (ⓡ / 86800)
0181. **author**	똉저자	au(폼-오, 한문으로 나 오))thir(써) 내가 썼어▶저자	ⓡ 2323
0182. **authority**	똉권한 **authoritative**-권위있는	오 (폼 = 내 가) (맘 대 로) 쓰 랬지?(authority)-내가 권한이 있으니 써도 된다고	ⓡ 525
0183. **autobiography**	똉자서전	auto(스스로)+bio(삶)+graphy (씀)-자기 스스로 삶에 관해 씀▶자서전	ⓡ12332
0184. **autograph**	똉서명하다	auto(스스로)+graph(쓰다)-▶스스로 사인하다	ⓡ21099
0185. **automotive**	똉자동(차)의 **automatic**-자동의 **automatically**-자동으로 **automobile**-자동차	auto(스스로)+motive(움직이는)-스스로 움직이는▶자동의	ⓡ23892
0186. **available**	똉이용 가능한, 쓸모 있는 avail-소용되다. 쓸모 있다	avail(5배일)+able(할 수 있는)-지금 보다 다섯 배 일의 가치가 있는▶쓸모있는, 이용 가능한	ⓡ 319
0187. **avalanche**	똉눈사태 똉쇄도하다	프랑스어 avalanche (=decent=하강)에서 유래한 말—눈사태 나면 막 내려 오자나요?▶하강	ⓡ20865
0188. **avenger**	똉복수하는 사람 **avenge**-복수하다	영화 어벤져스(avengers) 모르는 학생 손들어 봐요? 더 설명안 해요	ⓡ47677
0189. **average**	똉평균 똉평균의 똉평균내다	평균 몇 점 맞았니? 하고 성적으로만 평가하니까 애버리지 (average)	ⓡ1032
0190. **avoid**	똉피하다, 꺼리다 **avoiding**-현분 **avoidance**-회피	a(=반대=이탈하여)+void(텅빈)-~를 벗어나 텅비게 하다▶피하다	ⓡ1298

VOCA	뜻 / 기출 파생어	암기 [T]ip	원어민 사용빈도 ([R] / 86800)
0191. **await**	[동]기다리다 =wait for	a(~을)+wait(기다리다)-뒷 단어만 알아도 됨	[R]11020
0192. **awake**	[동]깨우다, 깨다 [형]깨어있는(서술적 용법에 쓰임) **awaken**-깨다, 각성하다, 깨닫다	a(에서)+wake(깨다) 역시 뒷 단어만 보면 됨	[R] 5580
0193. **award**	[명]상 [동]수여하다	아카데미 어워드(academy award) 생각하면 금방 아실 듯	[R] 649
0194. **aware**	[형]알고 있는 **awareness**-인식 **be aware of**~:~을 인식하다	그거 알아? 그럼! 다 외워(aware)!-외운다는 것은 알고 있다는 뜻	[R] 938
0195. **awesome**	[형]멋진 **awe**-경외감 **awfully**-정말,몹시 **awful**-끔찍한	옷쌈(awesome)-옷이 쌈빡하고 멋진	[R]13052
0196. **awkward**	[형]서툰, 어색한, 거북한, 곤란한	맞선 본 남자 옷 꼴도(awkward) 거북하고 어색한	[R] 5141
0197. **awry**	[형]빗나간, 엉망인. [부]비스듬히, 구부려져, 삐뚤어져	구부러진 길을 조수가 오라이(awry) 하면서 차를 바로잡아주는 모습을 연상	[R] 29010
0198. **backfire**	[동]역효과를 낳다, 역화하다	back(뒤로)+fire(발화되다)	[R]39851
0199. **background**	[명]배경	back(뒤)+ground(땅)-뒷 배경	[R]1672
0200. **backpack**	[명]배낭 **backstage**-무대 뒤, 무대 뒤에서	back(뒤)+pack(짐) -뒤로 짐 싸는 것▸배낭	[R]45864

VOCA	뜻 / 기출 파생어	암기 Tip	원어민 사용빈도 ([R] / 86800)
0201. **backspin**	[명]역회전	back(뒤)+spin(회전)▶역회전	**[R]순위 외**
0202. **backward**	[부]뒤쪽으로	back(뒤)+ward(쪽으로) *~ward는 무조건 ~쪽으로	**[R]9447**
0203. **backyard**	[명]뒤 뜰	back(뒤)+yard(마당)	**[R]25952**
0204. **ballet**	[명]발레, 무용극	모르는 사람 없죠?	**[R]6050**
0205. **ballpark**	[명]야구장 [형]대강의 **a ballpark figure**:어림잡은 수치	ball(공)+park(공원)-야구공 있는 공원▶야구장	**[R]순위 외**
0206. **banging**	[형]신이 나는, 쾅하고 치는	head banging하면 금방 생각 날 듯	**[R]11345**
0207. **bankrupt**	[형]파산한, 파산자 **bankruptcy**-파산	bank(은행)+rupt(=break=깨진)-은행이 깨진▶지불 불능의	**[R] 8666**
0208. **banner**	[명]현수막. 깃발	배너(banner)광고 한다고 하죠? 그것 연상하시면 될 듯	**[R]10385**
0209. **baptise**	[동]세례를 베풀다	bapt(물에 담그다)+ise(동사어미) ※침례교회를 baptist church 라고 합니다	**[R]46750**
0210. **barbarism**	[명]야만. 미개 행위 **barbarous**-야만적인	저 원시인들 봐봐! (barbar) 문명이 아직 미개하네	**[R]29035**

VOCA	뜻 / 기출 파생어	암기 ⓣip	원어민 사용빈도 (ⓡ / 86800)
0211. **barber**	똉이발사 똉이발하다 **barbershop**-이발소	barb(자르다)+er(사람)-자르는 사람	ⓡ12365
0212. **bare**	똉노출된, 벌거벗은 똉드러내다 **barely**-거의~않다, 간신히	나무를 베어(bare)속살이 노출된	ⓡ3772
0213. **bargain**	똉매매계약, 싸게 파는 것 똉흥정하다 **bargaining**-교섭, 거래	바겐(bargain)세일 들어 보셨을 듯	ⓡ6439
0214. **bark**	똉나무껍질 똉개가 짖다 **barking**-미친 듯한	나무껍질 벗겨(bark)! 또, 도둑 발커(bark)개가 짖다	ⓡ10107
0215. **barn**	똉헛간	bar(보리)+n(놓는 곳)▶헛간	ⓡ 5806
0216. **barrel**	똉배럴 (양의 단위)	국제유가가 배럴(barrel)당 얼마다	ⓡ7747
0217. **barren**	똉불모의, 불임의 **fertile**-비옥한	배란(barren)이 안 되면 불임의	ⓡ12486
0218. **barrier**	똉장벽, 장애물	바(bar-막대기)가 리어(rier)져 있음-막대기가 이어져 있으면 장애물	ⓡ 5086
0219. **barrow**	똉손수레	손수레가 있으면 물건을 몇 배로(barrow) 나를 수 있음	ⓡ10413
0220. **bar**	똉막대, 술집, 변호사업	bar는 우리말처럼 쓰이므로 설명은 생략	ⓡ 1293

VOCA	뜻 / 기출 파생어	암기 Tip	원어민 사용빈도 ([R] / 86800)
0221. **barter**	[명]물물교환	주고 받다(barter) -주고 받으며 물물교환	[R] 21862
0222. **base**	[명]기반, 기초, 근거지 [형]기본의 [동]기초를 쌓다 **baseball**-야구, **basement**-지하 **basic**-기본적인, 기초 **basis**-기초	야구의 1루 베이스(base)가 바닥(토대)에 딱 붙어있는 것을 생각	[R] 1115
0223. **basin**	[명]물 대접 모양의 그릇(대야),유역, 분지	배 있은 (basin, 배가 있는) 강 유역	[R] 6205
0224. **bath**	[명]목욕 [동]목욕하다 **bathtub**-욕조	목욕하려면 벗어(bath)!	[R] 2555
0225. **batter**	[명]타자 [동]때려 부수다 **bat**-방망이, 박쥐	bat(방망이)+er(사람)-방망이 휘두르는 사람▶타자	[R] 23057
0226. **battlefield**	[명]싸움터, 전쟁터 **battle**-전투, 싸움	battle(싸움)+field(들판)-싸움하는 들판▶전쟁터	[R]14191
0227. **beach**	[명]해안 c.f) **bay**-만(灣)	물속이 비치(beach)는 해안	[R]2587
0228. **beam**	[명]광선, 대들보 [동]광선을 발사하다 **beamed**-빛나는, 들보를 댄	H빔, 레이저 빔등 일상생활에서 쓰이는 단어	[R]6396
0229. **bean**	[명]콩	빈(bean, 비+ㄴ), 여기서 비+ㄴ은 '콩비지는?' 을 줄인 '비+ㄴ'	[R]10861
0230. **bear**	[명]곰 [동]낳다, 참다, 나르다. ~상태를 띠다 **bearable**-견딜 수 있는	애를 배어(bear)낳다. 또, 나무를 베어(bear)나르다, 또. 공부하는 자세가 베어(bear)있다	[R]1772

VOCA	뜻 / 기출 파생어	암기 🅣ip	원어민 사용빈도 (🅡 / 86800)
0231. **beard**	몡턱수염	면도하다 턱수염을 베었다 (beard)	🅡7422
0232. **beast**	몡짐승, 동물	사람 비슷한(beast) 동물 ▶야수, 짐승	🅡7565
0233. **beat**	동때리다, 이기다	비트(beat)가 강한 음악 생각하 면 되실 듯	🅡1808
0234. **bedded**	혱층상의 **bed**-침대. 층 **bedroom**-침실 **bedtime**-취침시간	bed(침대)가 층으로 되어 있으 므로 층으로 되어 있는	🅡22439
0235. **bee**	몡벌	곤충 중에서 바쁜 애가 비(bee-벌)지?	🅡11006
0236. **beetle**	몡딱정벌레	딱딱한 날개를 가진 곤충이라 비틀 (beetle)수 없는 딱정벌레	🅡16618
0237. **behalf**	몡이익, 원조, 측 (편들기) **on behalf of**~: ~을 대신하여	be(있다)+half(절반): 내가 너의 절반이므로 너의 편 이야. Old English 'be healfe'에서 나온 말로 "by (his) side"(그의 편에)	🅡5817
0238. **behave**	동행동하다, 처신하다 **behavior**-행동	행동을 보여 봐(behave)	🅡4763
0239. **belly**	몡배, 복부 동부풀다	벨리(belly) 댄스 혹은 이렇게 부풀어 오른 곳이 설마 배 일리(belly) 가?	🅡7887
0240. **belong**	동속하다. 소유하다 *belong to~:~에 속하다	임신한 어머니가 아이를 배롱 (배로, belong)소유하고 있다	🅡4149

VOCA	뜻 / 기출 파생어	암기 Tip	원어민 사용빈도 ([R] / 86800)
0241. **beloved**	[형]가장 사랑하는, 소중한 [명]애인	be(이다)+loved(사랑받는)-사랑받는 사람이다▶애인	[R]8215
0242. **below**	[부]아래에 [전]~보다 아래에 =**beneath** below zero-영하	be(있다)+low(낮은)-낮은 곳에 있는	[R]690
0243. **benchmark**	[명]기준점, 측정지표 **bench**-의자	bench(의자)+mark(기록, 표시)-의자에 앉아서 롤 모델이 뭘 잘하는지 기록	[R]19905
0244. **bend**	[동]구부리다, 숙이다 **bending**-구부리고 있는	좋은 벼는 다(bend)고개를 숙인다	[R]5763
0245. **benefit**	[명]이익, 수익 [동]이득이 되다 beneficial-이로운 **beneficiary**-수혜자. 수령인	bene,bon(좋은)+fit(행위-facere에서 유래)-좋은 행위 베네통, 카페베네 등등 bene는 '좋은'이라는 의미	[R]936
0246. **beside**	[전]옆에 [부]옆에 **besides**-~외에 ,게다가	be(있다)+side(옆)-옆에 있는	[R]1778
0247. **besiege**	[동]포위하다	비계가 배싸줘?(besiege)-뚱뚱하니 비계가 배를 포위하지?	[R]58367
0248. **bet**	[동]내기를 걸다 [명]내기	도박에서 베팅(betting)한다는 말 생각	[R]3339
0249. **beverage**	[명]음료수	밥 먹고 배부르지(beverage)?이제 음료수 좀 마셔봐	[R]27831
0250. **beyond**	[전]~의 너머에, ~지나서, ~이상으로 [부]저 너머에	비온 뒤(beyond)-비온 뒤 저 너머에 겨울이	[R]837

VOCA	뜻 / 기출 파생어	암기 Tip	원어민 사용빈도 ([R] / 86800)
0251. **bias**	[명]편견 =**prejudice**	내가 본건 'by'였는데 너가 본건 'bias' 였어?-편견을 가졌구만	[R]5549
0252. **bike**	[명]자전거, 오토바이 [동]자전거를 타다 **biker**-자전거, 오토바이 타는 사람	바이크(bike)는 일상에서 많이 쓰는 말	[R]4655
0253. **bilingual**	[형]두 언어를 사용하는 [명]두 언어에 통달한 사람	bi(둘-영어에 나오는 di,du,bi는 둘)+lingua(라틴어로 혀, 언어라는 뜻)	[R]14551
0254. **bill**	[명]청구서, 지폐, 법안, 부리 [동]청구하다 billed-과거, 과분	청구한 요금 빌(bill)려서 라도 갚아	[R]711
0255. **billion**	[명]10억 [형]10억의	10억 빌리어(billion) 고급아파트 사다	[R]2130
0256. **bin**	[명]통 trash bin-쓰레기 통	빈(bin) 통	[R]7022
0257. **bind**	[동]결합하다, 묶다 **bound**-과거, 과분	바인드(bind)노트 들어보셨죠? 묶은 노트라는 뜻인데요 개폐식 링에 의해 낱장을 추가 또는 제거가 가능한 노트를 말합니다	[R]8690
0258. **biography**	[명]전기 **biology**-생물학 **biologic**-생물학적인 **biologically**-생물학적으로 **biologist**-생물학자	bio(살아있음)+graphy(쓰다, 그리다)-삶을 쓴 것▶전기	[R]8109
0259. **biomechanical**	[형]신체역학의 **bioaccumulated**-생체 내에 축적된	bio(살아있는)+mechanic(역학)	[R]76853
0260. **biotechnology**	[명]생물 공학	bio(살아있는, 생물)+technology(기술, 공학)	[R]14218

B

VOCA	뜻 / 기출 파생어	암기 Tip	원어민 사용빈도 (® / 86800)
0261. bit	몡소량 동'물어뜯다'의 과거(bite-bit-bitten)	회화에서 많이 쓰이는 말. Are you hungry? a little bit(약간요)	®761
0262. bite	몡한입 동물어뜯다	빠잇(bite)-빻다 이(빨)로▶물어뜯다	®5922
0263. bitter	형쓴 몡쓴맛 뿌몹시 동맛이 쓰게 하다	먹지 말고 뱉어(bitter)!▶맛이 쓴	®3629
0264. blame	동비난하다	천벌 받아 '불이 임(blame)할 것이다' 라고 비난하다	®3061
0265. blank	형비어있는. 백지의 blank application form-빈 서식	불난 (blank)-불 나서 텅빈 *blank(흰, 텅빈=alp, cand)	®4596
0266. blanket	몡담요	추우면 불나게(blanket)팔리는 담요	®6517
0267. blend	몡혼합 동혼합하다 blended-혼합된	기름과 불이 혼합되면 불 낸다 (blend)	®7693
0268. bless	동축복하다 blessed-과거, 과분	God bless you!(신의 축복이) 자주 쓰는 말 임	®10341
0269. blow	몡타격 동바람이 불다 blew-과거 blown-과.분	복싱에서 레프트 블로우(blow)로 '타격'을 기억하고 바람이 불어와(blow) 로 '불다' 기억	®2945
0270. blind	몡햇빛 가리개 동눈멀게 하다 형눈이 먼 blindness-무지	브라인드(blind)라는 말은 일상에서 많이 쓰는 말	®3077

VOCA	뜻 / 기출 파생어	암기 ⓣip	원어민 사용빈도 (ⓡ / 86800)
0271. **bliss**	몡더 없는 행복, 기쁨	욕심을 버려서(bliss) 더 없는 행복과 기쁨이	ⓡ13185
0272. **block**	몡덩어리. 구획, 차단 동막다	몇 블록(block, 구획) 더 가세요. 배구의 블로킹(blocking) 등을 생각	ⓡ2301
0273. **blog**	몡블로그-자유롭게 글 쓰는 웹페이지 **web+log**의 합성어	블로그(blog)도 워낙 많이 쓰는 말이라 설명 생략	ⓡ순위 외
0274. **blood**	몡피. 혈통 **bleed**-피 흘리다	피가 붉었다(blood)	ⓡ1003
0275. **blossom**	몡꽃 동꽃을 피우다	꽃이 부풀었음(blossom)▶개화	ⓡ13694
0276. **blueprint**	몡청사진, 상세한 계획	blue(파란, 靑)+print(사진인화)-청사진	ⓡ14923
0277. **blunder**	몡큰 실수 동허둥거리다. 큰 실수를 저지르다	불 난다(blund)+er(사람)-불나게 한 사람 이면 큰 실수	ⓡ19448
0278. **blunt**	형무딘, 무뚝뚝한 동무디게 하다, 둔해지다	무딘 사람 만나니 속에서 불난다(blunt)	ⓡ10078
0279. **blur**	동흐리게 하다. 흐릿해지다 형희미한 몡더러움, 흐릿함 *blurred-흐릿한	뿌럴(blur)-뿌옇더럴▶뿌옇게 되어 희미한	ⓡ14389
0280. **board**	몡위원회, 판 동탈 것에 타다, 하숙(기숙)하다	스노우보드(board)라는 말을 통해 '판'이라는 뜻 기억하고 보딩(boarding)스쿨을 통해 '기숙하다'의 뜻 기억	ⓡ707

VOCA	뜻 / 기출 파생어	암기 ⓣip	원어민 사용빈도 (ⓡ / 86800)
0281. **boatman**	몡뱃사공 **boat**-보트	boat(보트)+man(사람)	ⓡ31765
0282. **bodied**	혱몸이 있는, 몸이~한 **body**-몸 **bodily**-신체상의	바디(body) 빌딩-몸 만들기	ⓡ37316
0283. **boil**	통끓다. 끓이다	보일(boil)러로 차가운 방을 끓 이다	ⓡ8249
0284. **bomb**	통폭격하다	폭격기가 부암(bomb)소리 내며 폭격하다	ⓡ3155
0285. **bond**	몡결속, 유대, 채권	본드(bond)는 달라붙는 것▶결 속	ⓡ3259
0286. **bone**	몡뼈, 골격	본(bone-골격)을 뜨다	ⓡ3726
0287. **bookcase**	몡책장 **book**-책, 예약하다 **bookstore**-책가게 **booking**-예약, 장부기입	book(책)+case(우리)-책을 담는 것▶책장	ⓡ22838
0288. **boom**	몡경기 호전, 굉음, 인기 통알리다, 붐을 일으키다	요즘은 전기차가 붐(boom)이야. boom은 일상생활에서 많이 쓰는 단어	ⓡ5050
0289. **bootmaker**	몡구두 만드는 사람	boot(부츠)+maker(만드는 사람)	ⓡ순위 외
0290. **border**	몡국경, 경계 통경계선을 이루다 **borderline**-국경선상의	보라(bor)! 우리 땅(d)+을(er) -경계, 국경	ⓡ2494

VOCA	뜻 / 기출 파생어	암기 Tip	원어민 사용빈도 (R / 86800)
0291. bore	(동)지루하게하다, 구멍을 뚫다, 땅굴을 파다, bear(낳다)의 과거 **boredom**-지루함 **bored**-과거, 과분 **born**-bear의 과분	그 영화를 또 보래(bore)?-그 영화를 또 봐서 지루하게하다	R5235
0292. borrow	(동)빌리다	빌려와(borrow)!	R5470
0293. botany	(명)식물학 **botanic**-식물(학)의 **zoology**-동물학	너희 집은 식물 키우는 밭(농사)하니(botany)?	R18288
0294. bother	(동)괴롭히다. 귀찮게 하다 bothersome-성가신	이것 좀 봐줘(bother)하며 귀찮게 하다	R3730
0295. bottle	(명)병	물을 붓을(bottle) 병	R2423
0296. bottom	(명)바닥	바닥(bottom)과 발음이 비슷	R1366
0297. bough	(명)큰 가지	산수화 바위(bough)위에 가지가 있는 것을 연상	R27275
0298. bounce	(동)튀어 오르다	조용필 노래 심장이 바운스 바운스(bounce)♬-튀어오르다	R11210
0299. bound	(명)한계 (형)묶인, 얽매인, 제본한, ~할 의무가 있는 be bound to+V ~할 의무가 있다 (동)bind의 과거(분), 튀어오르다 (=bounce) **boundary**-경계 **boundless**-한계가 없는	공이 '바운드(bound, 튀어오르다)하다' 로 기억하고.. 또 '바인드(bind, 묶인) 노트'를 사다로 기억	R2037
0300. bowing	(명)현악기 연주법, 절하기 **bow**-활, 인사하다	당신을 우러러 봐유(bow)하며 절을 하다	R18533

53

VOCA	뜻 / 기출 파생어	암기 Tip	원어민 사용빈도 ([R] / 86800)
0301. **bowl**	[명]그릇	움푹 파여진 수퍼볼(super bowl) 경기장 생각하면 되고 강원도 양구의 사발 모양처럼 생긴 펀치볼(punch bowl)마을도 마찬가지	[R]3716
0302. **branch**	[명]가지. 지점	부런지(branch)-부러진 가지	[R]1858
0303. **brave**	[형]용감한	불에입(brave)을 대는 서커스단원은 용감한	[R]4600
0304. **breadfruit**	[명]빵나무	bread(빵)+fruit(열매)	[R]86061
0305. **breakdown**	[명]고장 **breakthrough**-획기적 발전 **breaking**-파괴, 깨트림 **break**-깨다, 휴식, 고장 내다 **broken**-**break**의 과거분사	break(깨져서)+down(넘어짐)▶고장	[R]5396
0306. **breast stroke**	[명]평영	breast(가슴)+stroke(수영법) -개구리헤엄	[R]52374
0307. **breath**	[명]호흡 **breathe**-숨쉬다 **breathing**-호흡 **breathtaking**-가슴을 뛰게 하는	응급환자를 입으로 불어서(breath)호흡 넣어줌	[R]1972
0308. **breeding**	[명]번식, 생식	번식하면 암컷의 배가 부르당(breeding)	[R]4135
0309. **breeze**	[명]산들바람	산들바람이 불었지(breeze)	[R]5672
0310. **brick**	[명]벽돌	불이(brick) 좋아야 잘 구워지는 벽돌	[R]4550

VOCA	뜻 / 기출 파생어	암기 ⓣip	원어민 사용빈도 (Ⓡ / 86800)
0311. **bride**	몡신부 **bridegroom**-신랑	bride=bright(밝은)+dress(드레스)를 입은 신부	Ⓡ6577
0312. **bridging**	몡가교 **bridge**-다리	bridge(다리)+ing(명사형어미)-다리역할하기▶가교	Ⓡ16602
0313. **brief**	혱간결한 몡간결한 성명, 개요	브리핑(brief+ing)은 간결하게	Ⓡ1902
0314. **bright**	혱밝은 **brightly**-밝게, 상냥하게 **brightness**-광도, 밝음, 영리함	불 나잇(bright)-밤에 보는 불은 밝은	Ⓡ1844
0315. **brilliant**	혱빛나는 **brilliance**-빛남	불 일리언(briiliant)-불이 일어나면 빛이 나죠	Ⓡ2814
0316. **bring**	동가져오다 **brought**-과거, 과분	깜빡 잊어버린 것을 차로 부릉(bring)하면서 가져오다	Ⓡ631
0317. **broad**	혱넓은	집이 넓어 애들 불러다(broad) 놀다	Ⓡ1963
0318. **broadcast**	동방송하다	broad(넓게)+cast(던지다)-주파수를 널리 던지다▶방송하다	Ⓡ5331
0319. **broomstick**	몡빗자루, 마누라, 말라깽이	broom(빗자루)+stick(막대기)	Ⓡ38761
0320. **brow**	몡이마	eyebrow가 눈썹이므로 머리 윗 부분에서 eye를 빼면 이마만 남는 것에 착안	Ⓡ8329

VOCA	뜻 / 기출 파생어	암기 Tip	원어민 사용빈도 ([R] / 86800)
0321. **browse**	[동]여기저기 구경하다 **browsed**-과거형, 열람한, 구경한	브라우스(철자는 다르지만-blouse) 사려고 여기저기 구경하다	**[R]19482**
0322. **brush**	[동]닦다. 빗질하다 [명]솔	브러쉬(brush,솔)는 우리말처럼 자주 쓰이는 말	**[R]4366**
0323. **brutal**	[형]잔인한 **brutally**-잔인하게	사람을 불로 탤(brutal)정도로 잔인한	**[R]8563**
0324. **bubble**	[명]거품, 과열	주식, 부동산에 버블(bubble, 거품)이 끼어있어	**[R]10627**
0325. **bud**	[명]싹, 봉오리 [동]싹트다	봉오리가 나오려고 싹을 뻗(bud)다	**[R]12371**
0326. **budget**	[명]예산	생활이 어려워 예산이 빠듯(budget)해요	**[R]1240**
0327. **buffet**	[명]연속적인 타격 뷔페식 식사 [동]연속으로 치다	뷔페(buffet)라는 말은 일상에서 많이 사용	**[R]10347**
0328. **buildup**	[명]강화, 증대 **build**-세우다 **built**-과거, 과분 **building**-건물, 건축	build(쌓아서)+up(위로올림)▶증대	**[R]47281**
0329. **bulb**	[명]전구 **light bulb**-백열전구	전구 불 봐(bulb)!	**[R]12067**
0330. **bull**	[명]황소	뿔(bull)난 황소	**[R]4609**

VOCA	뜻 / 기출 파생어	암기 [T]ip	원어민 사용빈도 ([R] / 86800)
0331. **bump**	[동]충돌하다 [명]충돌, 혹	뻥(bump)하고 충돌하다	**[R]12097**
0332. **bunch**	[명]다발, 무리, 묶음	꽃다발(b)+뭉치(unch)	**[R]6082**
0333. **bundle**	[명]다발, 뭉치	요즘은 물가가 올라서 돈을 다 발로 번들(bundle)	**[R]8605**
0334. **burden**	[명]부담, 짐 **burdensome**-귀찮은, 부담되는	누가 벌든(burden) 한국에서 교육비는 부담!	**[R]3455**
0335. **bury**	[동]땅에 묻다	뿌리(bury)를 땅에 묻다	**[R]7598**
0336. **burr**	[명]일부 영어의 특징적으로 나타나는) r음의 진동음, 기계가 윙윙 하는 소리	burr자체를 발음하면 마지막에 r이 진동함. 또, 벌(burr)이 윙윙거리는 소리	**[R]24872**
0337. **burrow**	[동]굴을 파다	잘못한 벌로(burrow)탄광에서 굴을 파다	**[R]14589**
0338. **burst**	[동]터지다. 폭발하다, 갑자기~하다 burst into tears-울음을 터뜨리다	로켓 발사다(burst)!라고 소리치자 갑자기 폭발하다	**[R]3535**
0339. **bush**	[명]덤불, 수풀	수풀에서 새들이 부쉬(bush)락거림	**[R]2629**
0340. **business**	[명]사업, 기업 **businessman**-사업가, 기업인 **businesslike**-사무적인, 신속한	비즈니스(business)는 누구나 아는 쉬운 단어	**[R]239**

VOCA	뜻 / 기출 파생어	암기 Ⓣip	원어민 사용빈도 (Ⓡ / 86800)
0341. butterfly	몡나비	번데(butter)기 벗어나서 날 아!(fly) 나비야	Ⓡ9583
0342. buyer	몡구매자 buy-사다	buy(사다)+er(행위자)▶사는 사람	Ⓡ3429
0343. cabin	몡오두막	엉클 톰스 캐빈(cabin)-톰 아저씨 오두막	Ⓡ6591
0344. calculate	동계산하다 calculation-계산	칼같이 카레잇(culculate)!-계산 칼 같이 하래이	Ⓡ6902
0345. calm	혱차분한 동진정시키다	낮에는 떠들다가 캄캄(calm)해지면 진정되는	Ⓡ3205
0346. calf	몡송아지 calves-복수	카우(c)어(a)린(l)피(f)-카우(소)의 어린 피▶송아지	Ⓡ9581
0347. canal	몡운하	큰 낼(canal-큰 냇가를) 운하라고 하지	Ⓡ4050
0348. cancel	동취소하다	깬술(cancel-깬 수업을)-깬 수업은 수업 취소하다의 뜻	Ⓡ2397
0349. cancer	몡암	간술(cancer)-간에 술이 가면 암 걸림	Ⓡ2397
0350. candidate	몡후보자	간디(candi)는 위인 후보자 되었대(date) 혹은 어원상으로 cand(하얗다)+ate(사람)-하얀 옷 입은 청렴한 후보자를 상징한 것에서 유래	Ⓡ2530

VOCA	뜻 / 기출 파생어	암기 Tip	원어민 사용빈도 ([R] / 86800)
0351. **candle**	[명]촛불 **candlesticks**-촛대	밤에 촛불을 켠들(candle) 밝아지나?	[R]8219
0352. **capability**	[명]능력 **capable**-능력있는 **capacity**-능력, 용량	내 능력으로 빚을 갚아버렸지(capability)	[R]7530
0353. **capital**	[명]수도, 자본, 대문자 [형]주요한, 자본의 **capitalist**-자본주의자	cap(=cab, 머리)이 우두머리이므로 수도, 대문자, 주요한	[R]718
0354. **capture**	[명]포획, 체포 [동]붙잡다	범인보고 이게 깝쳐(capture)? 하면서 형사가 붙잡다	[R]5615
0355. **carbon**	[명]탄소	카 본(carbon,차를 본) 사람은 탄소 배출의 심각성을 잘 안다	[R]3686
0356. **care**	[명]돌봄 **carefree**-걱정없는 **careful**-조심스러운 **carefully**-조심스럽게 **careless**-부주의한	선생님이 너를 케어(care)해줄게. 워낙 우리말로도 많이 쓰는 말	[R]355
0357. **career**	[명]직업, 경력, 생애	새로운 커리어(career-경력)를 쌓다. 또, 요즘 애들은 직업을 너무 가리어(career)로 '직업'의 뜻 암기	[R]1327
0358. **cargo**	[명]화물, 짐	여행은 짐도 가고(cargo)사람도 가고(cargo)	[R]7780
0359. **carpenter**	[명]목수	car(갈)+pen(판)+ter(사람)-판을 연장으로 가는 사람▶목수	[R]11679
0360. **carry**	[동]운반하다 **carrier**-나르는 것, 나르는 사람 **cart**-수레	영화배우 짐캐리(carry)는 짐을 나르나봐	[R]1009

VOCA	뜻 / 기출 파생어	암기 Tip	원어민 사용빈도 ([R] / 86800)
0361. **cartographic**	[형]지도 제작의 **cartography**-지도제작	cart(=라틴어carte=종이)+graph(=writing=쓰기, 그리기)-종이에 지도 그리기	[R]33432
0362. **carton**	[명]종이 그릇(용기). 단위로 쓰임(예: 우유 한 팩) *__cartooning__-만화제작 *__cartoonist__-만화가	cart(수레)에서 유래한 말-어차피 우유나 담배도 수레에 담아서 보관하니까	[R]22901
0363. **carve**	[동]새기다, 조각하다 **carving**-조각(물)	칼로베(carve)서 조각품 새기다	[R]17450
0364. **case**	[명]경우, 사건, 상자, 사실, 문법의 격	이 케이스(case)는 좀 다른 경우인데요. 이 물건 케이스에 담아주세요 등등 흔히 사용하는 단어	[R]195
0365. **cash**	[명]현금 [동]현금으로 바꾸다 **cashier**-계산원	수표 좀 깨서!(cash)-현금으로 바꾸라는 말이지	[R]1204
0366. **cast**	[명]던지기. 주조 [동]던지다, 배역하다, 주조되다 [형]말이 드러누운, 배역이 끝난	수류탄 까서(cast)던지다	[R]2360
0367. **catapult**	[명]투석기 [동]투석기를 발사하다	돌멩이를 갖다부었다(catapult)-투석기	[R]22922
0368. **category**	[명]카테고리, 범주, 분류 **categorize**-분류하다 **categorization**-분류	카테고리(category)는 우리말로도 많이 사용하는 말	[R]2909
0369. **caterpillar**	[명]애벌레	애벌레 징그럽다 갖다버려라(caterpillar)	[R]21510
0370. **catch**	[명]붙잡기, 좋은 상대 [동]붙잡다 **caught**-과거,과분	우리말처럼 많이 사용하는 말	[R]3562

VOCA	뜻 / 기출 파생어	암기 Tip	원어민 사용빈도 ([R] / 86800)
0371. **cattle**	[명]소떼	cattle(카우들-소들=소떼)	[R]3562
0372. **casualty**	[명]사상자	사고로 개 죽었지?(casualty)-사상자	[R]8591
0373. **cause**	[명]원인 [동]초래하다	꼬신(cause)결과 사고를 초래하다. 꼬신 것은 원인(꼬시면 결과가 있으므로)	[R]754
0374. **caution**	[명]주의, 조심, 경고 [동]조심시키다	사기꾼이 사람을 꼬션(caution) 그러니 조심!	[R]5802
0375. **cave**	[명]동굴 [동]굴을 파다	동굴은 갑갑해(cave)	[R]6004
0376. **cease**	[동]그만두다	나쁜 짓 손 씻어(cease)그만두다	[R]6990
0377. **celebrate**	[동]축하하다 **celebration**-축하연, 축하 **celebrity**-유명인, 연예인	지방 작가 서울로 불러(celebrate) 상 주고 축하하다	[R]5593
0378. **cell**	[명]세포, 전지, 독방 **cellular**-세포의, 휴대전화 **celluloid**-셀룰로이드(합성프라스틱물질)	cell(셀=세포를), 또, 건전지 듀라셀(cell), 또, 내가 날 샐(cell) 교도소 독방 등으로 기억	[R]1852
0379. **center**	[명]중심 [동]집중시키다, 중심을 놓다 **central**-중심의 **cent**-돈 단위 **centimeter**-길이 단위	삼성동 무역 센터(center)-센터는 우리말처럼 많이 사용되는 말	[R]11154
0380. **century**	[명]100년	century는 100이라는 뜻의 centum에서 나온 말	[R]477

C

VOCA	뜻 / 기출 파생어	암기 ⓣip	원어민 사용빈도 (ⓡ / 86800)
0381. **ceramic**	몡도자기	세라믹도 우리말처럼 많이 사용. 그리스어 keramos(흙으로 빚은 그릇)에서 유래	ⓡ13310
0382. **cereal**	몡시리얼, 곡물	역시 우리말처럼 많이 사용. 풍작의 여신 ceres(케레스)에서 유래	ⓡ11674
0383. **ceremony**	몡의식, 의례	축구 선수가 골 넣으면 세레모니(ceremony) 많이 하지요. 라틴어 caerimonia(성스러운 의식)에서 유래	ⓡ4729
0384. **certain**	혱어떤(뒤에 명사수식하면) 확실한(be동사 뒤에서) **certainly**-확실히 **certainty**-확실함	C자를 빼고 읽으면 ertain(어떤), 혹은 확실탄(certain-발음이 실탄). 라틴어. certus(확실한, 고정된)에서 유래	ⓡ430
0385. **certificate**	몡증명서	cert(확실한,certain과 같은 어원)+fic(=fac,만들다)+ate(명사, 형용사어미)-확실하게 만들어주는 것▶증명서	ⓡ3286
0386. **challenge**	몡도전, 문제	도전자가 하는 말 "나는 언제 챔피언 벨트를 찰 런지(challenge)"??	ⓡ1502
0387. **championship**	몡선수권, 우승	챔피언 되는 것이므로 선수권	ⓡ2889
0388. **chanting**	몡성가, 구호 **chant**-성가, 노래, 구호, 찬송하다	발음해보면 채링(chanting)-찬양과 발음이 비슷함	ⓡ15585
0389. **chaos**	몡혼돈, 무질서	천지창조로 혼돈에서 깨었어(chaos)	ⓡ5000
0390. **character**	몡특성, 문자, 등장인물 **characteristics**-특성	캐릭터는 우리말처럼 사용	ⓡ1196

VOCA	뜻 / 기출 파생어	암기 Tip	원어민 사용빈도 ([R] / 86800)
0391. **charge**	[명]요금, 기소, 책임, 부담 [동]요금 청구하다, 기소하다, 부담 지우다, 충전하다	무거우니 당신이 대신 허리에 보따리 차지(charge)?-남에게 부담지우다	[R]990
0392. **charisma**	[명]사람을 끄는 매력	카리스마도 우리말처럼 많이 사용	[R]18512
0393. **charity**	[명]자선, 자비심 **charitable**-자선의	자선이 덕목 중 제일이지(charity)	[R]2657
0394. **charm**	[명]매력	참(charm)한 색시-참한 것도 매력	[R]5546
0395. **charter**	[명]선언서, 헌장 the charter of the U.N-유엔 헌장 **chart**-표. 기록	chart(기록)+er(행위자, 혹은 행위물)-기록하게 한 것▶선언서, 헌장	[R]3824
0396. **chase**	[동]쫓아가다, 추구하다 [명]추격 **chasing**-쫓아가는	데이트 신청하자 차여서(chase) 쫓아다니다	[R]5380
0397. **chatty**	[형]수다스러운 chat-이야기하다, 수다 떨다	채팅(chatting)하는 거 생각하면 쉽게 기억하실 듯	[R]33023
0398. **cheap**	[형]값이 싼	값이 싼 집(cheap)-라틴어 caupo에서 나온 말	[R]2550
0399. **cheat**	[동]속이다 cheating-부정행위	범죄자가 판사 앞에서 그 때 술 취했(cheat)다고 속이다	[R]12610
0400. **check**	[동]확인하다, 저지하다, 점검하다 [명]억제, 정지, 확인, 수표	우리말로도 많이 쓰이는 단어	[R]1413

VOCA	뜻 / 기출 파생어	암기 Tip	원어민 사용빈도 (ⓡ / 86800)
0401. cheek	몡뺨	뺨을 착(cheek)때리다	ⓡ4444
0402. cheer	통응원하다. 격려하다. 환호하다 몡갈채, 환호, 격려 **cheerful**-쾌활한	치어(cheer)girl이 야구팀을 응원하다	ⓡ8364
0403. chef	몡요리사	TV에 인기 쉐프(chef)들이 많이 나오므로 아실 듯	ⓡ9055
0404. chemistry	몡화학, 궁합, 공감대 **chemical**-화학적인, 화합물	가만히 있었더니(chemistry)되는 (될 화-化)학문. 요즘, 케미(chemi, 궁합)가 맞는다는 말도 많이하죠	ⓡ4250
0405. cherish	통소중히 여기다	당신이 제일이쥐(cherish)! 하며 소중히 여기다	ⓡ23699
0406. chew	통씹다 몡씹기 **chewy**-잘 씹히지 않는, 충분히 씹을 필요가 있는	츄잉(chewing) 껌 생각하시면 됨	ⓡ14742
0407. chick	몡병아리, 젊은 여자 **chicken**-닭	chicken동생은 chick-chick이 chicken보다 글자 수가 적으므로 동생	ⓡ15281
0408. chief	몡우두머리, 추장 형최고의	치프(chief)는 치일 높프(제일 높아)를 줄인 말로 생각	ⓡ886
0409. childhood	몡어린 시절, 유아기 **childlike**-순진한 **children**-아이들 childish-유치한	child(어린이)+hood(상태, 시기)-어린이 시기	ⓡ3332
0410. chill	몡냉기, 오한 형으스스한 chilly-쌀쌀한	이런 추월(chill) 어찌 건디나?	ⓡ7908

VOCA	뜻 / 기출 파생어	암기 ❶ip	원어민 사용빈도 (ℝ / 86800)
0411. **chin**	몡턱	니가 친(chin) 상대방 턱	ℝ5062
0412. **chop**	통자르다 **chopstick**-젓가락	야채 자르는 소리가 들리는 것 같다, 찹찹찹(chop)	ℝ10512
0413. **chore**	몡허드렛일	더러운 것 치워(chore)!-허드렛 일 하는 모습	ℝ24000
0414. **chronically**	븟만성적으로 **chronic**-만성적인	chron(시간)+ical(형용사어미) +ly(부사어미)-장시간에 걸쳐	ℝ21485
0415. **chronology**	몡연대기 **chronologically**-연대순으로 **chronological**-연대순의	chron(시간)+lógy(이론, 이야기, 인 지)-시간 지나면서 쓴 이야기	ℝ15265
0416. **chubby**	혱살찐	몸에 첩첩이(chubby) 살이 찐	ℝ25233
0417. **chuck**	통아무렇게나 던지다, 그만두다, 어루만지다 몡어루만지기, 휙 던지기	빨래를 던져 놓으면 어머니가 "척척(chuck) 바로 놔두라"고 하 심	ℝ9322
0418. **circulate**	통순환하다 **circle**-원, 에워싸다 **circular**-순환하는. 원형의 **circulation**-순환	circle, cycle(원)+ate(형용사, 동 사어미)-원을 그리는 것이므로 순환하다	ℝ15248
0419. **circumstance**	몡상황, 환경 **circumstantial**-상황에 따른, 부 수적인	circum(주위, 원)+st(stand, 서있 다)+ance(명사형어미)-주변에 둘 러서 있는 것▶환경	ℝ10035
0420. **civil**	혱시민의 **civilian**-민간인, 일반인 **civiliz(s)ation**-문명	ci(시)+vil(빌)리지-시를 빌리지 (villege, 마을)로 하는 사람은 시 민	ℝ1189

VOCA	뜻 / 기출 파생어	암기 Tip	원어민 사용빈도 ([R] / 86800)
0421. **claim**	[동]주장하다, 요구하다 [명]주장, 요구	주장하는 애들 보면 목소리가 크레임(claim)	[R]895
0422. **clam**	[명]조개	잠긴 문을 끄르듯(열 듯)조개 입 닫힌 것 끄럼(clam)	[R]34403
0423. **clap**	[동]박수치다, 찰싹 때리다 [명]박수, 찰싹 때리기	큰랩(clap)소리에 신나 박수치다	[R]20375
0424. **clarify**	[동]명확히 하다 **clarity**-명확성	clear(명확한)+ify(~만들다)-명확하게 하다	[R]7511
0425. **classify**	[동]분류하다 **class**-수업, 등급 **classmate**-반친구 **classroom**-교실 **classic**-고전의, 일류의, 고전 classification-분류, 등급	class(수업, 등급)+ify(~化하다)-등급화하다	[R]14535
0426. **clatter**	[동]덜걱 소리를 내다 **clattering**-덜걱 소리내는	끌렸어(clatter)-질질 끌리면 나는 덜걱 소리를 연상	[R]17616
0427. **clay**	[명]진흙	테니스에서 잔디코트 말고 클레이(clay) 코트 생각	[R]5095
0428. **clearly**	[부]명확하게 **clear**-맑은, 분명한, ~을 깨끗이(분명히)하다 **clearer**-비교급, 정리하는 사람, 제거하는 물체	clear(명확한)+ly(부사형어미)	[R]637
0429. **clerk**	[명]직원, 사무원	글을(clerk)쓰는 사무원	[R]4405
0430. **clever**	[형]영리한 **cleverness**-영리함	영리한 애들아! 머리를 굴려봐(clever)!	[R]3793

VOCA	뜻 / 기출 파생어	암기 Tip	원어민 사용빈도 (ⓡ / 86800)
0431. client	몡소송의뢰인, 고객	제발 이기게 해달라고 크라이 (cli-울면서)하면서 언(ent-몸이 얼은) 사람	ⓡ1685
0432. cliff	몡절벽	절벽 등반가들은 로프를 걸 입 (cliff)을 찾아 설치하지	ⓡ5138
0433. climate	몡기후 climatic-기후의	날씨가 쿨하니(cli) (영하) 밑 (mate)으로 떨어질거 같아	ⓡ3341
0434. climb	동오르다	걸어라(cli)+마운튼(m)+보고(b)- 마운틴 보고 오르다	ⓡ3951
0435. clingy	혱붙어서 떨어지지 않는 cling-매달다	얼마나 그 사람이 끌린지 (clingy) 붙어서 떨어지지 않는	ⓡ54307
0436. clinic	몡병원, 진료소	당뇨클리닉(clinic), writing clinic 등등 한국말처럼 많이 사용	ⓡ5393
0437. clip	몡동영상, 집게 동자르다 clipping-오려내기, 자르기	동영상 클립(clip) 이란 말 많이 사용 혹은 칼입(clip)으로 자르다	ⓡ11882
0438. closet	몡벽장, 작은방	water closet(WC)-화장실 이라는 단어 생각해 볼 것	ⓡ18479
0439. clue	몡단서	닫힌 문을 끄르(clue)는 단서	ⓡ6592
0440. clumsy	혱서투른, 볼품없는 clumsier-비교급	꼬라지(clumsy)봐!-볼품없는	ⓡ11581

C

VOCA	뜻 / 기출 파생어	암기 Tip	원어민 사용빈도 ([R] / 86800)
0441. **coal**	[명]석탄	광부가 케올(coal) 석탄	[R]2002
0442. **cocoon**	[명]누에고치	엊그제 누에고치였는데 많이 컸군(cocoon)	[R]29437
0443. **cod**	[명]대구(물고기) *COD=chemical oxygen demand=화학적 산소요구량	대구 크다(cod)	[R]13381
0444. **coexistence**	[명]공존 **coexist**-공존하다	co(함께)+existence(존재 *com, con, col, cor, co=함께, 모두, 같이	[R]29352
0445. **cognitive**	[형]인지의, 인식의	cogn(알게되다)+tive(형용사어미) 예)recognize-깨닫다	[R]6267
0446. **cohesion**	[명]접착, 결합 **coherent**-착 달라붙은, 긴밀히 연결된	코헤젼?(cohesion)-코가 헤어(닳아) 없어지기 전에 접착해야지	[R]11730
0447. **coincidence**	[명]동시발생, 우연 **coincidental**-동시에 발생한	co(함께, 동시에)+incidence(발생)	[R]7612
0448. **colleague**	[명]동료	col(함께)+league(부류)-동료	[R]4929
0449. **collect**	[동]모으다 **collection**-수집 **collective**-공동의 **collector**-수집가	이 것 저 것 골랐다(collect)-우표를 모으려고	[R]3317
0450. **colony**	[명]식민지, 집단, 개체군 **colonize**-식민지로 만들다	식민지 삼으러 남북한 갈렀니(colony)?	[R]6559

C

VOCA	뜻 / 기출 파생어	암기 Tip	원어민 사용빈도 ([R] / 86800)
0451. **combat**	[명]전투, 싸우다	껌 뱉(combat) 고 싸울 준비!	[R]5132
0452. **combination**	[명]조합, 결합 **combine**-조합하다, 결합하다	콤비(combi)도 우리말로 많이 사용 com(함께)+bine(두 개)-두 개를 함께 사용하다	[R]2273
0453. **comb**	[명]빗 [동]빗질하다	c(깨끗이)+o(옷입고)+m(머리)+b(빗고)-빗질하다	[R]12586
0454. **combustion**	[명]불이 탐(=연소)	com(함께)+bus(=burere=burn=타다)-같이 타고 있음(=연소)	[R]14902
0455. **comfort**	[명]위로, 위안 **comfortable**-편안한	com(함께)+fort(강한=strong)-마음이 강해짐(=위안)	[R]2880
0456. **command**	[동]명령하다, 지시하다 *commend-칭찬하다(의사가 잘 꿰멘다=commend고 칭찬하다)	com(모두)+mand(손에 맡기다)-전부 어떤 사람에게 맡기다. 혹은 가만둬(command)! 라고 명령하다	[R]2424
0457. **comment**	[명]말, 논평	노 코멘트!(no comment-논평 안 함)라는 말 많이 들어보셨죠?	[R]1909
0458. **commercial**	[명]상업광고 [형]상업용의	광고방송 할 때 아이들 심부름시키면 엄마 가만있어(commercial)!라고 대꾸. CF찍는다고 할 때 C.F=Commercial, Film	[R]1275
0459. **commitment**	[명]약속, 헌신, 의무 **commit**-(죄를)저지르다, 약속하다	com(함께, 모두)+mit(=mis=보내다)+ment(명사형어미)-내 모든 것을 ~에 보내다(=헌신, 약속)	[R]1811
0460. **committee**	[명]위원회	commit(약속하다, 헌신하다)+ee(사람)-헌신하는 사람이 소속된 위원회	[R]505

VOCA	뜻 / 기출 파생어	암기 Ⓣip	원어민 사용빈도 (Ⓡ / 86800)
0461. **common**	[형]흔한 **commonly**-흔하게 **commonality**-공통성, 평민 **community**-공동체	고만(common) 고만한 사람은 흔한 사람	Ⓡ528
0462. **communicate**	[동]의사소통하다 **communication**-소통	저 사람하고는 커뮤니케이션(communicatio)이 안 돼! 한국말처럼 사용하는 단어	Ⓡ5279
0463. **commute**	[동]통근하다	코밑에(commute)있는(가까운) 직장에 통근하다	Ⓡ30869
0464. **compact**	[형]간결한 [동]압축하다	화장품의 콤팩트, 혹은 콤팩트(compact) 디스크(disc)처럼 우리말로 사용	Ⓡ5025
0465. **companion**	[명]동반자, 친구, 동료 company-회사, 집단	com(함께)+pan(빵)+ion(사람)-함께 빵을 먹는 사람▶동료	Ⓡ4955
0466. **compare**	[동]비교하다 **comparable**-비교할만한 **comparatively**-비교적 **comparison**-비교	씹던 껌 빼어(compare) 누가 길게 늘인 건지 비교하다	Ⓡ3727
0467. **compass**	[명]나침반, 주위, 범위 [동]둘러싸다	컴파스(compass)=나침반. 우리말처럼 씀	Ⓡ9816
0468. **compassion**	[명]동정, 연민	com(함께, 모두, 같이)+passion(열정, 감정)-감정이 똑같으므로 동정	Ⓡ9624
0469. **compatible**	[형]양립할 수 있는, 잘 지낼 수 있는, 호환되는 **compatibility**-호환성, 양립성	com(함께)+patible(파티블-파티할 수 있는)-함께 파티 할 수 있는▶양립할 수 있는, 잘 지낼 수 있는	Ⓡ6410
0470. **compel**	[동]강요하다, 억지로 ~하게 시키다	껌 빼 (compel)! 뭔가 강요하는 분위기구만	Ⓡ18648

VOCA	뜻 / 기출 파생어	암기 Tip	원어민 사용빈도 ([R] / 86800)
0471. **compensate**	[동]보상하다, 갚다 **compensation**-보상 **compensate for**~~을 보충하다	빚을 갚았었데(compensate)-갚다	[R]7799
0472. **compete**	[동]경쟁하다 **competition**-경쟁 **competing**-서로 경쟁하는, 모순된 **competent**-유능한 **competitive**-경쟁의	com(함께)+pete(팼대)-서로 장작을 패며 경쟁하다 competitiveness-경쟁력	[R]4431
0473. **compile**	[동]편집하다, 수집하다	com(함께)+pile(쌓다, 모으다)-함께 모으다	[R]17657
0474. **complain**	[동]불평하다 **complaint**-불평	돈 벌려고 껌팔아 인(complain) 제? 하며 불평하다	[R]5719
0475. **complement**	[동]보충하다 **complementary**-보완적인	com(함께)+ple(풀이)+ment(먼)-함께 풀이해도 답이 먼-보충이 필요	[R]7860
0476. **complete**	[동]완료하다 [형]완전한 **completely**-완전히	com(함께)+plete(풀었대)-문제 풀이를 완료하다	[R]770
0477. **complex**	[형]복잡한 [명]복합 단지, 심리학의 컴플렉스	지하철 타면 '잠실 종합운동장'을 '스포츠 콤플렉스'(complex=단지)라고 하는데'complex'는 건물 여러 개가 모인 곳	[R]1077
0478. **complicated**	[형]복잡한 complicate-복잡하게 하다 **complexities**-복잡함	com(함께)+pli(접다=fold)+ate(형용사, 동사어미)-함께 접으면서 복잡해진	[R]3135
0479. **compliment**	[명]칭찬, 공짜, 증정	어른 앞에서 입에 씹던 껌버리면(compliment) 칭찬 받음	[R]11337
0480. **compose**	[동]구성하다. 작곡하다 **composition**-구성	com(함께)+pose(놓여있다)-함께 놓여있는 것은 어떤 것의 구성물이죠	[R]17604

C

VOCA	뜻 / 기출 파생어	암기 **T**ip	원어민 사용빈도 (ⓡ / 86800)
0481. **compost**	몡퇴비, 혼합물 동비료를 주다	com(함께)+post(붓었다)-함께 부어 혼합물을 만들다	ⓡ10450
0482. **comprehend**	동이해하다 **comprehension**-이해 **comprehensive**-포괄적인	com(함께)+prehend(붙잡다. 파악하다)-이해하다	ⓡ13754
0483. **conceal**	동숨기다 **concealed**-과거, 과분	큰 실(conceal)수 숨기다	ⓡ9165
0484. **conceive**	동상상하다 **conceived**-과거. 과분	큰 집에(conceive)산다고 상상하다	ⓡ12001
0485. **concentrate**	동집중시키다, 집중하다 **concentration**-집중	com(함께)+center(중심)+ate(형용사, 동사어미)-함께 가운데로 집중하다	ⓡ3118
0486. **concept**	명개념. 컨셉	특별한 컨셉(concept)이 있으신가요?	ⓡ1610
0487. **concern**	명걱정, 관련 동걱정하다, 관계하다	관련된 큰손(concern)이 먹튀할까봐 걱정하다	ⓡ981
0488. **conclude**	동포함하다 **conclusion**-결론 **exclude**-제외하다	con(함께)+clude(닫다)-'넌 우리 편이야' 하며 함께 문을 닫다▶포함하다	ⓡ5434
0489. **condition**	명조건, 상태, 상황 **conditionally**-조건부로	컨디션(condition) 굿!	ⓡ1229
0490. **conduct**	명행동, 지도, 운영 동처신(행동)하다 **conductive**-전도력이 있는 **conduction**-전도	큰 덕(conduct) 이 있는 행동	ⓡ2422

VOCA	뜻 / 기출 파생어	암기 Tip	원어민 사용빈도 (R / 86800)
0491. cone	똉원뿔	먹는 콘(cone)의 모양은 원뿔모양	R12313
0492. conference	똉회의, 회견	press conference(기자회견)라는 단어를 생각할 것	R1015
0493. confident	엥자신 있는, 확신하는 **confide**-비밀을 털어놓다 **confidence**-자신감 confidential-비밀의	큰 (꿈) 퍼던(confident)학생-꿈을 이룰 거라 자신하는 학생	R2986
0494. confine	똉제한하다, 가두다	감빵(confine)에 가두다	R15094
0495. confirm	똉확인하다, 확실하게 하다 **confirmation**-확인	con(모두)+firm(단단하게)-전부 단단하게하다▶확실하게 하다	R3517
0496. conflict	똉충돌하다 똉갈등, 충돌	con(함께)+flict(뿔이)나서 충돌하다	R1744
0497. conform	똉따르다, 순응하다 **conformity**-순응	con(함께, 같은)+form(형태, 꼴): 같은 형태를 만들다-순응하다	R8060
0498. confront	똉직면하다, 맞서다	con(함께)+front(정면, 앞)-함께 맨 앞에 있다▶맞서다	R8860
0499. confuse	똉혼란스럽다, 혼동하다	con(함께)+fuse(흘러들어가다)-여러 개가 함께 흘러들어 가므로 혼동하다	R11268
0500. congestion	똉혼잡	노량진 같은 큰 재수촌 (congestion)에 가면 혼잡함	R12020

VOCA	뜻 / 기출 파생어	암기 Tip	원어민 사용빈도 ([R] / 86800)
0501. **congratulate**	[동]축하하다 **congratulation**-축하	우승하면 축하한다고 큰 그릇 주라데(congratulate)! 큰 그릇=우승트로피	[R]12391
0502. **connect**	[동]연결하다 **connection**-연결	줄을 꺼내(connect)연결하다	[R]8610
0503. **conquer**	[동]정복하다	정복하는 사람들의 특징은 간이 큰 것-간커(conquer)!	[R]16649
0504. **conscious**	[형]자각하고 있는, 의식하고 있는 **consciously**-의식적으로 **consciousness**-의식, 인식 conscience-양심	con(함께)+sci(=science, 알다)+ous(형용사어미)-모두 알고 있는	[R]3128
0505. **consequence**	[명]결과, 중요성 **consequently**-결과적으로	건강검진 결과 중요한 간(이) 시커먼(consequence)	[R]2854
0506. **conservation**	[명]보존, 보호, 보전 **conserve**-보존하다	큰 솔 보존(conservation)-큰 소나무 보존	[R]2538
0507. **consider**	[동]여기다, 생각하다, 간주하다 **consideration**-고려 **considerab(ly)**-상당한, 상당히	그 남자 근사하다(consider)고 생각하다	[R]849
0508. **consignment**	[명]위탁	con(함께)+sign(표시)+ment(명사형어미)-마음을 함께 하겠다고 표시해주고 위탁함	[R]16848
0509. **consist**	[동]구성되다 **consistent**-일관된 **consistency**-일관성	con(함께)+sist(서있다)-함께 구성되어 서있다	[R]6132
0510. **constant**	[형]끊임없는, 지속적인	끈(con)이 계속 서있는(stant=stand)-끊임없는	[R]1974

VOCA	뜻 / 기출 파생어	암기 Tip	원어민 사용빈도 (ⓡ / 86800)
0511. **constitute**	동구성하다	con(함께)+stitute(서있다)-함께 서서 구성하고 있다	ⓡ5031
0512. **construct**	동건설하다 **construction**-건설 **constructive**-건설적인	건설트럭들(construct)-건설하는 트럭들 생각	ⓡ5584
0513. **consult**	동전문가에게 상담하다, 컨설팅하다	'컨설팅(consulting) 한다'는 말은 우리말처럼 사용	ⓡ6260
0514. **consume**	동소비하다 **consumer**-소비자 **consumption**-소비	돈 쓰고 나서 큰 숨 (consume) 쉬다	ⓡ11004
0515. **contact**	동접촉시키다 명접촉	컨텍트(contact)렌즈 생각하면 됨	ⓡ987
0516. **contagious**	형전염성의	큰 떼지어서(contagious) 다니면 전염병 옮는다	ⓡ21759
0517. **contain**	동포함하다, 담다 **container**-용기, 그릇	사물을 담고 있는 컨테이너 (container)생각	ⓡ2232
0518. **contaminate**	동오염시키다 **contamination**-오염	큰댐이 나때(contaminate)문에(내가 버린 쓰레기 때문)오염되다	ⓡ36425
0519. **contemporary**	형동시대의 명동시대사람	con(함께, 모두, 완전히)+tempo(시간)+ary(형용사어미)-함께 시간을 보내는▶동시대의	ⓡ2216
0520. **contempt**	명경멸, 모욕	갓댐(goddamn, contempt)하면서 경멸하다	ⓡ6040

VOCA	뜻 / 기출 파생어	암기 Tip	원어민 사용빈도 (ⓡ / 86800)
0521. **contend**	동다투다, 경쟁하다, 논쟁하다	네 말이 맞으면 내가 관둔다 (contend)고 하며 다투다	ⓡ12987
0522. **content**	명내용, 컨텐츠	컨텐츠(content-내용)도 우리말처럼 사용	ⓡ1618
0523. **contest**	명대회	컨테스트(contest)도 우리말처럼 사용	ⓡ4834
0524. **context**	명문맥, 상황 **contextual**-문맥상의	con(모두, 함께. 완전히)+text(글, 원래는 weave의 뜻)-모두 글▶문맥	ⓡ1209
0525. **continent**	명대륙	con(함께)+tinent(떼논)-함께 육지였다가 떼 논 대륙	ⓡ5170
0526. **continue**	동계속하다 **continuously**-계속 해서 **=continually**	근데요(continue)하면서 이야기를 계속하다	ⓡ842
0527. **contract**	명계약, 계약서 동수축하다 **contractor**-계약인, 수축근 **contraction**-수축	con(함께)+tract(뛰라고)-함께 뛰자고 계약서 쓰는 것임	ⓡ833
0528. **contradiction**	명모순, 반박	contra(반대)+dic(말하다)+tion(명사형어미)-반대	ⓡ8308
0529. **contrast**	명대조 **contrary**-반대의	contra(반대)+st(=stand,서있다)-반대편에 서있으므로 대조	ⓡ1574
0530. **contribute**	동기여하다, 공헌하다	내가 환경 보호에 기여하니 컨트리 뷰티(contribute, country beauty=시골이 아름다워 짐)	ⓡ3465

VOCA	뜻 / 기출 파생어	암기 Tip	원어민 사용빈도 ([R] / 86800)
0531. **control**	[동]통제하다, 조절하다 **controllable**-제어할 수 있는 **controller**-관리자, 회계 감사관	'컨트롤(control)을 잘하라'는 말처럼 빈번히 사용	[R]294
0532. **convenience**	[명]편리함 **convenient**-편리한	con(함께)+veni(발음 해보면 편의)+ence(명사어미)-함께 편리함	[R]7534
0533. **convention**	[명]대회, 회의, 관습 **conventional**-전통적인	컨벤션(convention) 센터라는 말 많이 씁니다. 회의하는 곳이죠	[R]2820
0534. **conversation**	[명]대화 **converse**-대화하다	con(함께)+verse(말, 시, 운문)-함께 말하는 것이므로 대화	[R]1864
0535. **convert**	[동]전환하다, 바꾸다	큰 벌(convert) 받고 태도를 바꾸다	[R]6126
0536. **convey**	[동]운반하다 **conveyer**-운반 장치	큰 배에(convey)실어 운반하다	[R]6112
0537. **convince**	[동]납득시키다, 확신시키다	차 사달라고 아들이 조르자, "큰 빚 있어(convince)"하며 납득시키다	[R]6112
0538. **cooperate**	[동]협력하다 **cooperation**-협력 **cooperative**-협력하는 **coordinate**-조직화하다, (옷을)꾸미다	co(함께)+operate(운영하다)-함께 운영하는 것 이므로 협조하다	[R]14958
0539. **cope**	[동]대처하다, 맞서다	코윱(cope)질(갑질)에 대처하고 맞서다	[R]2414
0540. **copper**	[명]구리, 동전	구리 동전으로 빌려간 500원 갚 퍼(copper)!	[R]4502

C

VOCA	뜻 / 기출 파생어	암기 Tip	원어민 사용빈도 ([R] / 86800)
0541. **copyright**	[명]저작권 **copy**-복사하다, 사본	copy(복사하다)+right(권리)-복사할 수 있는 권리	[R]7081
0542. **core**	[명]핵심	얼굴은 코에(core) 핵심이 있음	[R]2884
0543. **corn**	[명]옥수수	팝콘(popcorn) 생각하면 되실 듯	[R]6280
0544. **correct**	[형]옳은 [동]바로잡다 **correction**-교정 **correctly**-바르게	You are correct!(네가 옳아!). cor(완전히)+rect(바르게 하다)	[R]1508
0545. **correlation**	[명]상호관계	cor(함께, 서로)+relation(관계)-서로간의 관계	[R]5671
0546. **correspond**	[동]응답하다, 일치하다 **correspondence**-대응, 일치 **corresponding**-응답하는, 일치하는	cor(서로)+respond(반응하다)	[R]8549
0547. **corrupt**	[형]부패한, 타락한 [동]부패시키다	cor(강조의 뜻으로 '완전히')+rupt(어원상 '깨진')-부패한, 타락한	[R]9906
0548. **cost**	[명]비용 [동]비용이 얼마들다	코세웠지(cost)? 비용 얼마 들었니?	[R]452
0549. **cotton**	[명]면, 목화 **cottonwood**-미루나무	여름에는 면 같은(cotton)것을 입어야 시원해	[R]3711
0550. **couch**	[명]소파 같은 긴 의자 [동]표현하다, 눕다, 몸을 숙이다	코치가 카우치(couch, 긴 의자)에 앉아 생각을 표현하다	[R]10940

VOCA	뜻 / 기출 파생어	암기 Tip	원어민 사용빈도 (® / 86800)
0551. counsel	몡상담 통충고, 조언하다 **counselor**-상담자	카운슬링(counseling) 해준다는 말도 우리말처럼 사용	®5888
0552. counter	몡계산대 휑반대의 **counterintuitive**-반직관적인 **counterproductive**-역효과를 낳는 **countless**-무수한	카운터(counter)에서 계산하세요. 또, 격투기에서 상대방이 공격할 때 맞받아 공격하는 것을 카운터(counter)펀치라고 함	®3657
0553. countryside	몡시골, 지방, 교외	country(시골)+side(옆)-시골 쪽	®2544
0554. coup	몡일격, 쿠데타(coup d'état)	쿠데타(coup) 생각하시면 될 듯	®4869
0555. court	몡법원, 궁정, 뜰	사기로 법원에서 재판 받다니 꼴(court)좋다. 또 테니스 코트(court)를 생각	®298
0556. courtesy	몡정중함, 예의바름 **courteous**-정중한	여기가 코트(court, 궁정) 이지(esy)?왕이 있는 곳인데 예의 갖춰야지	®6781
0557. cousin	몡사촌	어느 새 커진(cousin) 사촌 동생	®4643
0558. cover	통덮다, 취재하다 몡표지 **coverage**-보도	discover가 발견하다 이므로 'dis'를 빼면 반대의 뜻 '덮다'가 됨	®909
0559. coworker	몡동료	co(함께)+worker(일하는 사람)	®순위 외
0560. crab	몡게	킹 크랩(crab)생각하면 될 듯	®14538

C

79

VOCA	뜻 / 기출 파생어	암기 ⓣip	원어민 사용빈도 (ⓡ / 86800)
0561. cradle	몡유아용침대. 어린 시절, 발상지	크래! 아들(cradle)-아들이 어디서 큰 건가?▶유아용 침대(요람)	ⓡ13459
0562. craft	몡공예, 기능, 솜씨, 비행기, 선박 동정교하게 만들다 aircraft-항공기	스타 크래프트(craft)잘 하려면 솜씨와 기능이 뛰어나야 함	ⓡ4177
0563. cramp	몡경련, 쥐 동경련을 일으키다	경련이 일어나면 그래몸펴(cramp)!	ⓡ22362
0564. crane	몡크레인(기중기), 학, 두루미	건설장비 크레인(crane, 기중기) 생각하면 되고 우뚝 서있는 학, 두루미 연상	ⓡ9618
0565. crash	동충돌하다, 추락하다 몡꽝하는 소리, 충돌	cr(car)+ash(잿더미)-차가 충돌하여 잿더미가 됨	ⓡ3630
0566. craving	몡갈망, 열망	끌려입영(craving) 했으면 군 제대하고자 하는 열망	ⓡ21998
0567. craze	몡열광적 대유행 동발광시키다. 미치다	crazy에서 나온 말이라고 생각하면 됨. 한마디로 열광적 유행은 어떤 것이 좋아서 미친 것	ⓡ21738
0568. create	동만들다, 창조하다 creation-창조 creative-창의적인 creativity-창의성 creator-창조자	없던 것을 그렸대(create)-창조하다	ⓡ1260
0569. credit	몡신용, 학점, 공로 credibility-진실성 credible-신용할 수 있는	크레딧(credit-신용) 카드 생각하면 됨. 우리말처럼 쓰는 말	ⓡ1396
0570. creep	동기어가다 creeping-천천히 나아가는, 포복	기어립(creep)-기어가다	ⓡ10524

VOCA	뜻 / 기출 파생어	암기 Tip	원어민 사용빈도 ([R] / 86800)
0571. **criminal**	[형]범죄의, 형사상의 [명]범죄자 **crime**-범죄	10억짜리 그림이 널(criminal)범죄자로 만들었구나!	[R]1994
0572. **crisis**	[명]위기	클 위 싯어(crisis)-식욕이 왕성하여 커지는 위를 억제하여 비만의 위기 넘김	[R]1743
0573. **criterion**	[명]기준, 표준 **criteria**-복수형	한국표준 되길 소망하면 그리되리언(criterion)! kriterion에서 유래	[R]5885
0574. **critic**	[명]비판자 **critical**-비판적인 **criticize**-비난하다 **criticism**-비난	그리(cri)하면 안 된다고 비판하며 틱틱(tic)거림	[R]6446
0575. **crooked**	[형]구부러진	구(부)렁구(crooked)-구부러진	[R]14224
0576. **crop**	[명]농작물 [동]자르다	칼롭(crop) 농작물을 자르다	[R]4937
0577. **cross**	[명]십자로 [동]건너다, 십자를 긋다 **crossing**-횡단, 교배하는, 횡단하는 **crosswalk**-횡단보도	크로스(cross)도 우리말처럼 많이 사용	[R]1365
0578. **crow**	[명]까마귀, 수탉 울음 [동]꼬끼오하고 울다	까로우(crow)-닭은 꼬끼오 하고 우는데 까마귀는 까로우!하고 웁니다	[R]14425
0579. **crowd**	[명]군중 [동]몰려오다	군중들을 끌어왔다(crowd)	[R]2287
0580. **crucial**	[형]결정적인, 중대한 **crucially**-결정적으로	cru(라틴어 crux=cross, 십자가)+cial(형용사어미)-기독교인들에게 십자가는 결정적이고 중대한 것	[R]2259

C

VOCA	뜻 / 기출 파생어	암기 Tip	원어민 사용빈도 ([R] / 86800)
0581. **crude**	[형]천연그대로의 조잡한 **crude oil**-원유	그(대)루다(crude)-있는 그대로 다▶있는 그대로의	[R]5704
0582. **crunchy**	[형]아삭아삭한 소리를 내는 [동]우두둑 깨물다	크런치(crunchy)비스켓 깨물어 먹다. 우리말처럼 쓰임	[R]29791
0583. **crush**	[동]눌러 부수다, 으깨다 [명]부수기	마늘을 칼(등으)루(cru)+부서(sh)	[R]11260
0584. **crutch**	[명]목발 [동]목발로 버티다	목발 짚고 한 발 겨우 걷는 환자 아이에게 하는 소리-그렇지!(crutch)	[R]26990
0585. **crystal**	[명]수정, 크리스탈	우리말처럼 사용	[R]4128
0586. **cuckoo**	[명]뻐꾸기 [동]뻐꾸기가 울다	쿠쿠(cuckoo,뻐꾸기)밥솥도 있으니 외우기 쉽습니다	[R]12693
0587. **cue**	[명]단서, 신호 [동]신호를 주다	영화나 드라마 찍을 때 감독이 큐(cue)! 하면서 신호 주는 것 연상	[R]11952
0588. **cuisine**	[명]음식, 요리 **fusion cuisine**-퓨전요리	요리하다 깨진(cuisine)접시	[R]12292
0589. **cultivate**	[동]경작하다, 재배하다, 배양하다, 발전시키다 **cultivation**-경작, 재배	농사 갈쳐봤대(cultivate)그랬더니 가르친 농사 혼자 경작하고 실력도 발전하고..	[R]15942
0590. **culture**	[명]문화, 문명, 배양, 교양 **cultural**-문화의, 교양의 **culturally**-문화적으로	아무것도 없는 상황에서 누군가 갈쳐(culture, 가르쳐)서 이루어진 것이 문명	[R]1212

VOCA	뜻 / 기출 파생어	암기 🅣ip	원어민 사용빈도 (🅡 / 86800)
0591. cuneiform	몡쐐기문자, 설형문자	꾸니?폼(cuneiform)-문자가 없으니 쐐기형식(form)이라도 꾸어 와야지	🅡71746
0592. cupboard	몡찬장	찬장에서 예쁜 컵 보다 (cupboard)	🅡5514
0593. curb	동억제하다 몡억제, 구속, 재갈, 고삐	뜻은 다르지만 야구의 투수가 던지는 curve(curb)를 생각하면 타자가 치는 것을 억제하기 위한 것	🅡10554
0594. cure	몡치료 동치료하다 curing-치료하는	치료하지 않으면 병을 키워 (cure)!	🅡5328
0595. curious	형호기심 있는 curiosity	호기심이 있어서 남의 말에 귀를 기울였어(curious)	🅡3997
0596. current	형현재의 몡흐름 currency-통화, 화폐 curriculum-교과과정(흘러가므로)	cur(어원-달리다, 흐르다)+ent(형용사어미)-흐르고 있는, 현재의	🅡694
0597. curve	몡곡선 동굽히다, 휘다	운전하다가 곡선으로 된 커브 (curve)길을 생각하시면 됨	🅡3538
0598. custom	몡관습, 습관, 세관, 고객 customary-습관적인. 관습상의 customer-고객	커스텀(custom)-커서 또 함▶커서 또 하면 습관, 관습	🅡5401
0599. cute	형귀여운	귀여웟(cute)!	🅡15489
0600. cyber	형가상의, 컴퓨터와 관계있는	우리말처럼 사용	🅡73975

C

VOCA	뜻 / 기출 파생어	암기 Tip	원어민 사용빈도 ([R] / 86800)
0601. **cyclist**	[명]자전거 타는 사람 **cycle**-주기,자전거, 순환(하다)	cycle(자전거)+ist(사람)	[R]18110
0602. **damage**	[명]손상, 피해	너도 돈 뗌 있지(damage)?-돈 떼이면 손해	[R]1225
0603. **dangle**	[동]매달리다, 매달다	댕글 댕글(dangle) 매달리다	[R]37085
0604. **dare**	[동]감히~하다 **daring**-대담한	이걸 감히 어디다 갖다 데어(dare)?	[R]4064
0605. **dawn**	[명]동틀 무렵 c.f)**darkness**-어둠	먼 돈(dawn)-먼동이 틀 무렵	[R]3712
0606. **daydream**	[명]몽상, 상상 **daylight**-일광 [동]몽상하다 **daily**-매일의	day(낮)+dream(꿈)-꿈은 거의 밤에 꾸므로 낮에 꾸는 꿈은 몽상	[R]39089
0607. **deadly**	[형]치명적인 [부]죽은 듯이. 몹시 **dead**-죽은 **death**-죽음	dead(죽은)+ly(부사형어미)-죽을 정도로의	[R]8007
0608. **deaf**	[형]귀머거리의	deaf에서 가운데 철자 ea는 ear(귀), 앞의 d는 dead, 끝의 f는 finiish,귀가 죽어 끝난-귀머거리의	[R]3478
0609. **deal**	[동]다루다 ,처리하다, 거래하다 [명]거래	딜(deal)한다는 말 우리말처럼 사용	[R]684
0610. **debate**	[명]토론	말로 어느 것이 길고 짧은지 대봤대(debate)-토론	[R]1401

VOCA	뜻 / 기출 파생어	암기 Tip	원어민 사용빈도 ([R] / 86800)
0611. **debt**	[명]부채. 빚	대부닷(debt)-대부(돈 빌리는 것)	**[R]1885**
0612. **decaf**	[명]카페인을 뺀 =**decaffeinated**	de(부정의 뜻)+caf(=caffeine) -카페인을 뺀	**[R]59377**
0613. **decay**	[명]부패 [동]부패하다	감자 뒤까이다(dacay)-썩어서 뒤가 까이다	**[R]6884**
0614. **decent**	[형]점잖은, 알맞은, 품위있는	점잖은 신사가 뒤에선(decent) 까부는	**[R]4563**
0615. **decentralized**	[형]분산된, 지방 분권화된	de(부정)+central(중앙의)+ize(동사어미)-중앙에서 벗어난▸분산된	**[R]29473**
0616. **decide**	[동]결정하다 **decision**-결정	D사이즈(decide)로 결정하다	**[R]1537**
0617. **deck**	[명]배의 갑판, 건물의 층, 카드의 (한)벌	배의 평평한 바 닥(deck)	**[R]5541**
0618. **decline**	[동]거절하다. 감소하다	됐구라이!(decline)-누가 제안을 하자 '됐구"라고 말하는 것으로 보아 거절하다	**[R]2150**
0619. **decode**	[동]암호를 해독하다	de(부정)+code(암호,법전)-암호를 해독하다	**[R]34143**
0620. **decorate**	[동]장식하다	데코레이션(decoration, 장식) 케익 생각하면 됨	**[R]13530**

D

VOCA	뜻 / 기출 파생어	암기 Tip	원어민 사용빈도 ([R] / 86800)
0621. **decrease**	[동]줄다, 줄이다	뒤로크리(decrease)!-앞으로 크는 것이 아니라 뒤로 크리!	[R]6254
0622. **dedicate**	[동]바치다, 전념하다	데디(dedi)케익있다(cate)-아빠에게 케익있다고 바치다	[R]28374
0623. **deed**	[동]행위	do(하다)에서 나온 말	[R]9384
0624. **deem**	[동]간주하다, 생각하다 *deem A as B-A를 B로 여기다	그 사람한테 딤(deem,데였다) 그 사람에게 안 좋은 일로 데여 안좋게 생각하다	[R]27032
0625. **deep**	[형]깊은, [명]깊은 곳 **deeper**-보다 깊은 **deepest**-가장 깊은 **deeply**-깊게, 몹시 **depth**-깊이. 심도	딮은(deep)곳-깊은 곳	[R]949
0626. **defeat**	[동]패배시키다	대패(defeat)시키다	[R]2711
0627. **defect**	[명]결함, 장애	D빼(defect)!-성적 D는 취직하는데 장애되므로	[R]8542
0628. **defense**	[명]방어 **defend**-방어하다	농구의 디펜스(defense, 방어)반칙 생각하면 될 듯	[R]19544
0629. **deficient**	[형]부족한 **deficiency**-결핍 **deficit**-적자	뒤 빼선(deficient)-뒤 부분을 빼서 부족한	[R]16797
0630. **defy**	[동]거부하다, 무시하다 **defied**-거부된, 과거형	부당한 명령을 내리면 대피(defy)해버려-거부하다, 무시하다	[R]15167

VOCA	뜻 / 기출 파생어	암기 Tip	원어민 사용빈도 ([R] / 86800)
0631. **define**	[동]정의하다, 한계를 정하다. **defining**-정의하는 **definition**-정의	de(강조=완전히)+fin(끝, 한계)-완전히 한계를 정하다	[R]3715
0632. **deforestation**	[명]삼림벌채	de(부정)+forest(숲)+tion(명사어미)-숲을 제거	[R]20784
0633. **degenerative**	[형]퇴행성의 c.f)**deranged**-정상이 아닌	de(부정)+generate(생산하다)-생산하지 못하는	[R]40055
0634. **degrade**	[동]강등시키다. 타락시키다	de(부정)+grade(성적, 등급)-등급을 낮게하다	[R]34141
0635. **degree**	[명]온도, 정도, 학위	지글이(degree)-지글 지글 끓는 온도	[R]1026
0636. **delay**	[동]지연시키다, 연기하다 **delayed**-지연된, 과거형	de(뒤로)+lay(놓다)-일을 뒤로 놓으면 연기한다는 뜻	[R]3004
0637. **deliberate**	[형]고의적인. 신중한 **deliberately**-일부러	김 대리 버려야돼(deliberate)?-김대리를 일부러 해고할지 신중한	[R]5535
0638. **delicious**	[형]맛있는 =**yummy**	맛있는 요리에 맛을 들이셨어(delicious)	[R]6549
0639. **delight**	[동]기쁘게 하다 [명]기쁨 **delighted**-아주 기뻐하는	어두운 뒤(de)쪽에 빛을 비춰주니(light) 기뻐하다 Old French 'delitier' (기뻐하다)에서 나온 말	[R]4298
0640. **deliver**	[동]배달하다 **delivery**-배달	모터 사이클 타고 배달하러 달려봐(deliver)!	[R]4043

D

VOCA	뜻 / 기출 파생어	암기 ⓣip	원어민 사용빈도 (ⓡ / 86800)
0641. **deluxe**	혱호화로운	호텔 디럭스(deluxe, 호화로운) 룸 생각하면 됨	ⓡ29451
0642. **demand**	동요구하다 명요구, 수요	더 만들(demand)어 달라고 요구하다	ⓡ919
0643. **democracy**	명민주주의	dem(사람들)+cracy(다스리다)-사람들이 다스리므로 민주주의	ⓡ2396
0644. **demonstrate**	동증명하다, 시위하다	데모(demonstrate)한다는 말은 우리말처럼 사용	ⓡ3757
0645. **dense**	혱빽빽한, 밀집한, 짙은 **densely**-빽빽하게 **density**-밀집	댄스(dense, dance발음 차용)추기에는 클럽에 사람이 너무 빽빽한	ⓡ7478
0646. **dentist**	명치과의사	dent(어원상 '이빨'의 뜻)+ist(사람)-치과의사	ⓡ10410
0647. **deny**	동부인하다, 거절하다 **denial**-부인, 거절	이 사람 애인 되나요(deny)?하고 문자 부인하다	ⓡ3921
0648. **depart**	동출발하다, 떠나다, 벗어나다 **department**-일부, 부서, 학과	de(부정)+part(부분)-부분에서 멀어지다▸벗어나다, 떠나다	ⓡ12098
0649. **depend**	동의존하다 **dependent**-의존하는	de(아래에)+pend(매달리다)-의존하다	ⓡ2816
0650. **depict**	동묘사하다, 그리다 **depiction**-묘사, 서술	de(아래에)+pict(그리다, 사진의 picture생각)-아래에 그리다	ⓡ18293

VOCA	뜻 / 기출 파생어	암기 Tip	원어민 사용빈도 ([R] / 86800)
0651. **deposit**	[동]놓다. 비축하다 [명]예금. 보증금	de(아래에)+posit(위치시키다, position을 생각해볼 것)-놓다, 비축하다	[R]4269
0652. **depressed**	[형]우울한 **depression**-우울, 침체, 불황	발음하면 '디플레스트' 인데 성적이 D플러스(depressed)면 기분 우울하지	[R]5005
0653. **deprive**	[동]박탈하다, 빼앗다, 제거하다 **deprivation**-박탈	디쁠 아이봐(deprive)-성적 D플러스 맞은 아이는 장학생 자격 완전 박탈하다	[R]14426
0654. **derive**	[동]~에서 유래하다. 기인하다 derive A from B-A를 B에서 이끌어내다 derive from~:~에서 유래하다	de(=from=~에서)+rive(river,하천, 강)-~에서 물이 나오다▸~에서 유래하다	[R]7444
0655. **descent**	[명]하강, 내리막, 가계(혈통) descend-내려오다, 기원하다 **descendant**-후손	de(아래로)+scent(scend=오르다)-아래로 오르므로 하강	[R]6774
0656. **describe**	[동]묘사하다, 기술하다 describe A as B-A를 B 로 묘사하다 **description**-설명	de(아래에)+scribe(scr이 나오면 쓰다)-묘사하다	[R]2346
0657. **desert**	[명]사막 [동]버리다 c.f)**dessert**-디저트(후식)	사막에서 다니면 햇빛에 데져(desert). "나가 뒈져"(desert)하면 그 사람 버리는 것	[R]4039
0658. **deserve**	[동]~할 만한 가치가 있다.	저 학생은 성적을 D줘봐(deserve)-D받을 가치가 있다	[R]5939
0659. **desire**	[명]욕망 [동]바라다, 원하다 **desirable**-바람직한	내가 바라는 사람 되자이어(desire)!	[R]1869
0660. **despair**	[명]절망, 좌절 [동]절망하다, 자포자기하다 **desperate**-절박한, 필사적인	앞에서 때리고 뒤에서 패어(despair) 절망하다	[R]5340

D

VOCA	뜻 / 기출 파생어	암기 ⓣip	원어민 사용빈도 (ⓡ / 86800)
0661. **despite**	웹~에도 불구하고 몧원한, 무례	de(아래)+spi(보다)-아래로 깔봄에도 불구하고	ⓡ673
0662. **destiny**	몧운명 **destination**-목적지 destined-~할 운명인	내 운명이 어떻게 이리 됐었다니(destiny)?	ⓡ6544
0663. **destroy**	동파괴하다 **destruction**-파괴	de(부정)+stroy(struct, 건설하다)-'건설하다'의 부정이므로 파괴하다	ⓡ4258
0664. **detach**	동분리하다 삔attach-붙이다	더 뗐지(detach)?-붙어 있는 것 더 떼다. de(부정)+attach(붙이다)	ⓡ22906
0665. **detail**	몧세부, 상세	de(강조의 뜻으로 완전히)+tail(=cut,자르다)-완전히 쪼개므로 세부, 상세	ⓡ1662
0666. **detect**	동발견하다 detective-수사관	없어진 뒷 댁(detect, 뒷 집 여자)을 발견하다	ⓡ5805
0667. **detergent**	몧세제	때털전(detergent)-때를 터는 것은 세제	ⓡ17332
0668. **deterioration**	몧악화 **deteriorate**-악화되다	성적이 뭐야? D들이오 rate(성적)(deteriorate)-전부 D들인 것으로 보아 성적이 나쁘군—악화	ⓡ8644
0669. **determine**	동결정하다 determination-결정	뒷 털 밀(determine)려고 결정하다	ⓡ2561
0670. **detract**	동주의를 딴 데로 돌리다, 손상시키다	de(아래로)+tract(=pull,잡아당기다)-시선을 다른 데로 돌리다	ⓡ19470

VOCA	뜻 / 기출 파생어	암기 Tip	원어민 사용빈도 ([R] / 86800)
0671. **develop**	[동]개발하다, 발전하다 **development**-발전	두발로(develop) 더 열심히 뛰다-발전하다	[R]1195
0672. **device**	[명]장치, 고안물 **devise**-장치, 방법을 고안하다	리바이스(청바지)짝퉁 디바이스(device)를 고안	[R]3275
0673. **devote**	[동]전념하다 **devotion**-전념, 헌신 **devotedly**-헌신적으로	사장 돼보우(devote)!-사장 돼봐! 회사 경영에 전념해야지	[R]9995
0674. **devour**	[동]게걸스럽게 먹어 치우다	더 밥을(devour)!하며 게걸스럽게 먹어 치우다	[R]27889
0675. **dew**	[명]이슬	난 이슬만 먹듀(dew)	[R]16333
0676. **diabetes**	[명]당뇨병	당뇨병 걸리면 다이(dia, die발음 차용)하고 비리비리(betes)해짐	[R]9475
0677. **diagnose**	[동]진단하다	의사가 환자 코를 보고. 다이어! 그 노우즈, (diagnose,그 코는 죽었어)라고 진단하다	[R]21655
0678. **dialect**	[명]방언, 사투리	dia(across-가로질러,between-둘 사이에)+lect(말하다)-말 사이에 또 다른 말▶사투리	[R]11589
0679. **dialogue**	[명]대화	dia(둘 사이에)+log(말하다)-둘 사이의 대화	[R]4842
0680. **diaper**	[명]기저귀 [동]기저귀를 채우다	애기들은 기저귀 다입어(diaper)!	[R]55865

D

VOCA	뜻 / 기출 파생어	암기 ⓣip	원어민 사용빈도 (ⓡ / 86800)
0681. **dictate**	용말하다, 지시하다, 받아쓰게 하다 **dictator**-독재자 **dictatorship**-독재	dict(=log, lec, 말)+ate(형용사, 동사 어미)-말하다	ⓡ12038
0682. **dictionary**	명사전	diction(말)+ary(모아놓은 것)-말을 모아 놓은 것은 사전	ⓡ4573
0683. **differ**	용~와 다르다. 의견이 다르다 **different**-다른 **difference**-다름 **differently**-다르게	dif(부정의 뜻, away의 뜻)+fer(나르다)-동떨어진 생각을 나르다▶의견이 다르다	ⓡ4619
0684. **diffusion**	명보급, 유포 **diffuse**-퍼뜨리다	디(게) 퍼젼(diffusion)-매우 퍼짐▶유포	ⓡ14621
0685. **dig**	용(땅을) 파다	디게(dig) 깊게 파다	ⓡ6674
0686. **digest**	용소화하다, 요약하다	(먹은 것이) 다 이제서 트림(digest)하고 소화되고	ⓡ11680
0687. **dilemma**	명딜레마, 어려운 문제	딜레마(dilemma)에 빠졌다말 들어보셨을 거예요	ⓡ6739
0688. **dilute**	용희석하다, 묽게하다	(옷) 뒤루 때(dilute)가 묻어서 때를 희석시키다	ⓡ16484
0689. **dim**	형어둑한, 뚜렷하지 않고 흐릿한	d(dark)+im(임)-dark(어두움)가 임박한▶어둑한	ⓡ8169
0690. **diminish**	용감소하다, 줄이다	di(=de,완전히)+mini(=small, 작게 하다)-줄이다	ⓡ11771

VOCA	뜻 / 기출 파생어	암기 Tip	원어민 사용빈도 ([R] / 86800)
0691. **dining**	[명]식사하기	dinner(만찬) 생각해볼 것	[R]4776
0692. **dip**	[동]담그다	손을 딮(dip)숙히 담그다	[R]8831
0693. **dipper**	[명]국자, 북두칠성	dip이 '담그다'이므로 dipper를 국에 담그는 것 즉 국자로 생각하면 쉬울 것입니다	[R]43533
0694. **direct**	[형]똑바른, 직접의 [동]지시하다 **direction**-방향, 지시 **directly**-똑바로 **director**-관리자, 감독	다이렉트(direct)는 우리말처럼 사용 di(떨어져서)+rect(바르게 하다)	[R]836
0695. **dirt**	[명]흙 **dirty**-더러운	dirty(더러운) 생각하면 될 듯	[R]7040
0696. **disability**	[명]무능 **disabled**-장애의	dis(부정어)+ability(능력)	[R]5310
0697. **disadvantage**	[명]불리	dis(부정어)+advantage(유리)	[R]6470
0698. **disagree**	[동]동의하지 않다 **disagreeable**-동의하기 힘든	dis(부정어)+agree(동의하다)	[R]8635
0699. **disappear**	[동]사라지다 disappearance-사라짐	dis(부정어)+appear(나타나다)	[R]5645
0700. **disappoint**	[동]실망시키다 disappointment-실망	dis(부정어)+ap(~에)+point(점을 찍다)-반대로 점을 찍다▶실망시키다	[R]20264

VOCA	뜻 / 기출 파생어	암기 ⓣip	원어민 사용빈도 (Ⓡ / 86800)
0701. **disapproval**	몡불허, 반대	dis(부정어)+approval(승인)	Ⓡ11023
0702. **disassemble**	동분해하다, 해산하다 **disassembled**-분해된, 해산된	dis(부정어)+assemble(조립하다, 모으다)-조립하다의 반대	Ⓡ순위 외
0703. **disassociate**	동~와 교제를 끊다	dis(부정어)+associate(함께하다, 관련시키다)	Ⓡ54124
0704. **disaster**	몡재앙 **disastrous**-불행한, 비참한	dis(부정어)+aster(별)-별점을 봤더니 부정적이므로 재앙	Ⓡ3322
0705. **discard**	동버리다, 포기하다, 폐기하다 **discovery**-발견	dis(부정어)+card(카드)-카드를 봤더니 부정적임▶(카드를) 버리다	Ⓡ17402
0706. **discipline**	몡훈련, 규율, 징계 동훈련시키다	교실 뒤서 (문제)풀이(discipline) 하며 훈련시키다	Ⓡ1842
0707. **disclose**	동들추어내다	dis(부정어)+close(닫다)-'닫다'의 반대이므로 '들추어내다'	Ⓡ9205
0708. **discomfort**	몡불안, 불편 **disease**-질병	dis(부정어)+comfort(위로, 편안함)	Ⓡ9166
0709. **discontinue**	동중단하다, 중단되다	dis(부정어)+continue(계속하다)	Ⓡ29582
0710. **discourage**	동용기를 잃게 하다	dis(부정어)+courage(용기)	Ⓡ11449

VOCA	뜻 / 기출 파생어	암기 Tip	원어민 사용빈도 ([R] / 86800)
0711. **disengage**	[동]약속 의무 등에서 자유롭게 하다	dis(부정어)+engage(관여하다)-관여하지 않는 것이므로 자유롭게 하다	**[R]41149**
0712. **disgrace**	[명]불명예 [동]수치가 되다	dis(부정어)+grace(우아함, 은혜)	**[R]10816**
0713. **dish**	[명]접시, 요리	요리 한 접시 드시(dish)고 하세요	**[R]5020**
0714. **disharmony**	[명]부조화	dis(부정어)+harmony(조화)	**[R]41046**
0715. **dishonesty**	[명]정직하지 못함	dis(부정어)+honesty(정직함)	**[R]17511**
0716. **dismay**	[명]실망, 당황	성적이 실망스럽게 뒤에서뭐여(dismay)?▶실망	**[R]10338**
0717. **dismiss**	[동]해고하다, 퇴학시키다, 쫓아내다, 기각하다	dis(멀리)+miss(=mit=send 보내다)-멀리 다른 데로 보내는 것이므로 쫓아내다	**[R]8019**
0718. **disobedient**	[형]복종하지 않는	dis(부정어)+obedient(복종하는)	**[R]33982**
0719. **disperse**	[동]흩어지게 하다. 퍼뜨리다 **dispersal**-분산	dis(뛰어서)+perse(퍼지)-군인들이 뛰면서 쫙 흩어지다	**[R]17093**
0720. **display**	[동]전시하다, 드러내다	상품이나 작품을 디스플레이(display)한다는 말과 같이 우리말처럼 쓰임	**[R]1657**

D

VOCA	뜻 / 기출 파생어	암기 Tip	원어민 사용빈도 ([R] / 86800)
0721. **dispose**	[동]폐기하다 **disposable**-처분할 수 있는 **disposition**-성향 **dispositional**-기질의, 성향의	dis(떨어져)+pose(포즈 취하다, 놓다)-따로 놓아 폐기하다	[R]10046
0722. **dispute**	[명]논쟁, 토론 [동]논쟁하다	dis(둘이서)+pute(퍼붓데)-둘이 서로 옳다고 퍼붓다▶논쟁하다	[R]2985
0723. **disregard**	[동]무시하다, 외면하다	dis(부정어)+regard(고려하다)-고려하지 않는 것이므로 무시하다	[R]11816
0724. **disrupt**	[동]방해하다, 혼란에 빠뜨리다	뒤소럽다(disrupt)-뒤에서 소란스럽다▶방해하다	[R]13583
0725. **dissatisfy**	[동]언짢게 하다 **dislike**-싫어하다	dis(부정어)+satisfy(만족하게하다)	[R]순위 외
0726. **dissent**	[동]의견을 달리하다 [명]반대 [반]consent-동의하다	dis(부정어)+sent(발음하면 성 비슷)-(찬)성의 부정이므로 '반대'	[R]10561
0727. **dissimilar**	[형]다른	dis(부정어)+similar(같은)	[R]16285
0728. **dissolve**	[동]녹이다. 용해시키다	되(di)게 잘(게)베(ssolve)서 녹이다	[R]12288
0729. **distant**	[형]떨어진, 먼 **distance**-거리	(교실)뒤서 스탠드(distant)-뒤에서 있어서 거리가 먼	[R]3245
0730. **distinct**	[형]뚜렷한, 구별되는 **distinction**-구별 **distinctive**-독특한 **distinctness**-뚜렷함 **distinguish**-구별하다	뒤에서 튄(distinct)-뒤에서 튀어 남들과 구별되는	[R]3011

VOCA	뜻 / 기출 파생어	암기 Tip	원어민 사용빈도 ([R] / 86800)
0731. **distort**	[동]왜곡하다, 비틀다 **distortion**-왜곡 **distorted**-왜곡된	(춤)트위스틀(distort)잘추네-트위스트 추니 잘 비트네	[R]16121
0732. **distract**	[동]주의를 빼앗다 **distraction**-주의산만	dis(=away=멀리)+tract(=draw, 당기다)-멀리 주의를 당기다	[R]15734
0733. **distress**	[명]고통	뒤게 스트레스(distress)-매우 스트레스 받으면 고통	[R]5327
0734. **distribute**	[동]분배하다 distribution-분배	다섯들이 붓데(distribute)-우리 집에 5리터 물통으로 다섯들이 부어 물을 분배해주다	[R]9961
0735. **district**	[명]지역, 구역	워싱턴 D.C의 D를 생각해 볼 것 D=district C=Columbia	[R]1304
0736. **disturb**	[동]방해하다 **disturbance**-방해	뒤서 떠들어봐(disturb)-(떠들며 공부) 방해하다	[R]9621
0737. **diverse**	[형]다양한 **diversity**-다양함 **diversify**-다각화하다	옷을 다(양하게) 입었어(diverse)	[R]5821
0738. **divide**	[동]나누다	di(=dis=away=apart)+vide(=separate)-따로 떨어져 분리시키다	[R]4718
0739. **dock**	[명]부두 [동]도킹하다	도킹(docking)도 우리말처럼 사용. 독은 인공적으로 막은 저수지로 선박들이 점검과 수리를 위해 설치해놓은 곳	[R]5933
0740. **document**	[명]문서, 서류	docu-讀(읽을 독) 句(글귀 구)+ment(명사어미라고 생각)-독구먼트-글귀를 읽는 것이므로 '문서'	[R]1925

D

VOCA	뜻 / 기출 파생어	암기 Ⓣip	원어민 사용빈도 (Ⓡ / 86800)
0741. dodge	동기피하다, 재빨리 몸을 피하다, 발뺌하다 명재빨리 피하기	징그러운 것이 몸에 닿지 (dodge)?-재빨리 피해야지!	Ⓡ17490
0742. domain	명영토, 분야, 영역	도메인(domain)도 우리말처럼 사용	Ⓡ4932
0743. domestic	형국내의, 가정의, 길들여진	가정에서 (요리하려고) 도마 썼 디?(domestic)	Ⓡ1477
0744. dominate	동지배하다 domination-지배 **dominant**-지배적인, 우세한	domi는 지배하다 dominatus 에서 유래. 다른 예는 condominium(콘도-함께 지배하 는 곳)	Ⓡ7066
0745. donate	동기부하다 **donation**-기부 **donor**-기증자	donate(돈냈대)-돈냈으므로 기 부하다	Ⓡ18225
0746. doom	명운명 동운명에 처해있다 *be동사 doomed to+V:~할 운명 에 처하다	신이 내버려 둠(doom)-그래서 운명이 결정됨	Ⓡ13061
0747. doorway	명출입구, 대문간. ~에 이르는 길	door(문)+way(길)	Ⓡ4945
0748. dormant	형잠자는, 휴면중인, 활동중지한	달에 가면 돌만(dormant)있고 생명체는 활동중지야	Ⓡ15909
0749. dormitory	명기숙사	기숙사 도우미 똘이(dormitory)	Ⓡ22509
0750. dorsal	형등 부분의	등살(dorsal, 등 부분의)로 발음해 보면 비슷함	Ⓡ12734

VOCA	뜻 / 기출 파생어	암기 Tip	원어민 사용빈도 ([R] / 86800)
0751. **dot**	[명]점 [동]점을 찍다 **dotting**-점을 찍는	닷(dot)컴이라는 말로 우리말처럼 사용	[R]6022
0752. **downfall**	[명]몰락, 낙하 **downhill**-내리막의, 아래쪽으로 **downplay**-얕보다 **downpour**-폭우 **downtown**-도심지 **downturn**-내림새, 경기의 하강	down(아래로)+fall(떨어짐)	[R]14354
0753. **draft**	[명]초안, 징병, 드래프트(선수선발) [동] 초안을 작성하다, 징병하다, (선수를) 선발하다	드라이브를 하려면 도로부터(draft) 시작해야지. 그리고 나랑 같이 일할 사람 들러붙어(draft)하며 직원 선발하다	[R]3176
0754. **drag**	[동]끌어당기다, 끌리다	컴에서 마우스로 드랙(drag)하는 것 생각해보면 됨	[R]6180
0755. **drain**	[동]배수하다, 소모시키다	드(d) 레인(rain)-들어내라 비(rain)온 것-비온 물 빼내다	[R]6468
0756. **drastic**	[형]철저한, 급격한, 강력한 **drastically**-철저히	(수업)들어서 턱 (drastic)알 정도로 철저하고, 강력한	[R]9199
0757. **drawback**	[명]결점, 단점 **draw**-잡아당기다, 무승부 **drawn**-**draw**의 과거분사, 핼쑥한	(성공을)draw(잡아당김)+back(뒤로)-성공 못하게 함▸결점, 단점	[R]15837
0758. **drift**	[동]표류하다	둘이(dri)+리프트(rift)타며 강을 표류하다	[R]5993
0759. **drill**	[명]기계 천공기(드릴), 훈련 [동]구멍을 뚫다, 훈련시키다	구멍 뚫는 도구 드릴(drill)아시죠? 드릴로 뚫는 훈련을 한다고 생각	[R]6889
0760. **driveway**	[명]사유차도, 진입로 **drive**-운전하다	drive(운전하다)+way(길)-운전하는 길▸차도, 진입로	[R]18707

VOCA	뜻 / 기출 파생어	암기 Tip	원어민 사용빈도 ([R] / 86800)
0761. **drop**	[동]떨어지다, 하락하다 [명](물)방울	rain drop(빗방울) 야구의 투수가 던지는 드롭(drop 공이 뚝 떨어지는)볼 생각하면 될 듯	[R]1950
0762. **drought**	[명]가뭄 [반]**flood**-홍수	가뭄에 들(이) 아웃(drought)-비가 안와서 들이 초토화	[R]9597
0763. **drug**	[명]약물, 마약	약이 좀 들어?(drug)	[R]2027
0764. **duck**	[명]오리	도날드 덕(duck)	[R]5705
0765. **due**	[형]~할 예정인, 지불만기가 된, 마땅한, ~때문에 [명]지불되어야 하는 것, 회비 ***due to**~ ~ 때문에	돈 듀(due)-돈 줘 ▸돈 달라고 하는 것 보니 지불만기가 된	[R]1522
0766. **duil**	[형]흐리멍텅한, 둔한 ,지루한	떨떨(dull)한 놈-흐리멍덩하고 무딘 놈	[R]4611
0767. **dumber**	[명]바보 **dumb**-바보	덤앤 더머(dumb and dumber, 바보 더 바보)생각하면 될 듯	[R]순위 외
0768. **duration**	[명]지속기간 **during**~:~동안	지속되는 고통을 그만듀레이션(duration)	[R]4586
0769. **dust**	[명]먼지	먼지는 더러워서 퉤(dust)!	[R]3354
0770. **duty**	[명]의무, 관세 **duty-free**:면세	내야할 세금 청구서 줬지(duty)!	[R]1278

VOCA	뜻 / 기출 파생어	암기 Tip	원어민 사용빈도 ([R] / 86800)
0771. **dwell**	[동]살다	들어 왈(dwell)-들어와 살자!	[R]13606
0772. **dwindle**	[동]점점 줄어들다, 쇠퇴하다	(여름에 더워서 하는 말)이 더윈들(dwindle) 점점 줄어들겠지	[R]36978
0773. **dye**	[동]염색하다	d(두=머리두=頭)+ye(염)-머리 염색하다	[R]12276
0774. **dysfunctional**	[형]기능장애의	dys(부정어)+function(기능)+al(형용사어미)	[R]37017
0775. **eager**	[부]열심인, 간절한 **eagerly**-열심히	'이걸(eager)꼭 해야지!' 하며 열심인	[R]5529
0776. **earn**	[동]벌다, 얻다	언(earn)-얻은	[R]4341
0777. **earnest**	[형]솔직한. 진지한 **earnestly**-솔직히	솔직한 말로 난 연예인을 원했었다(earnest)	[R]9491
0778. **earthquake**	[명]지진 **earthly**-세속적인, 이 세상의 **earthen**-흙으로 만든, 세속적인	earth(땅)+quake(흔들리기)-지진 혹은, 얼스(earth, 땅)깰게(quake)-땅을 깨므로 '지진'	[R]11445
0779. **echo**	[명]메아리	echo(에코=메아리)도 우리말처럼 사용	[R]4996
0780. **ecology**	[명]생태학, 생태환경 **ecological**-생태학적인 **ecologist**-생태학자 **ecosystem**-생태계	eco(사는 것,)+logy(학문)-사는 것에 관한 학문이므로 '생태학' *economy-경제 *economical-경제적인 *economically-경제적으로	[R]10054

VOCA	뜻 / 기출 파생어	암기 Tip	원어민 사용빈도 ([R] / 86800)
0781. **edge**	[명]가장자리, 강점	'엣지(edge) 있다'(느낌있다=좋다) 우리말처럼 사용	[R]1352
0782. **edible**	[형]먹을 수 있는	애(아이)가 더블(곱빼기)(edible)로 먹을 수 있는	[R]19537
0783. **edit**	[명]편집 **edition**-편집 **editor**-편집인	책이 어디가 어딨(edit)지?구별하려면 편집을 해야 함	[R]11033
0784. **education**	[명]교육 **educate**-교육하다	ex(밖으로)+duc(이끌어내다)+tion(명사어미)-집에 있는 것을 밖으로 이끔	[R]337
0785. **effect**	[명]효과, 영향 **effective**-효과적인 **effectively**-효과적으로 **effectiveness**-효과적임	e(ex=밖으로)+fect(fic, fac, fec=만들다)-밖으로 결과물이 만들어진 것▸효과, 영향	[R]388
0786. **efficient**	[형]효율적인 **efficiency**-효율성 **efficiently**-효율적으로	선생님이 이쁘션(efficient)! 그래서 수업이 효율적인	[R]2502
0787. **effort**	[명]노력	ef(=e, ex, 밖으로)+fort(힘)-힘을 밖으로 냄▸노력	[R]1322
0788. **elaborate**	[형]정교한, 공들인	내가 정성들여 일해보리(elaborate)!	[R]5077
0789. **elastic**	[형]탄력 있는	e(밖으로)+last(지속되다)+ic(형용사어미)-밖으로 당겨도 지속되는▸탄력 있는	[R]10273
0790. **elect**	[동]선출하다 **election**-선출 **electoral**-선거의	e(=ex, 밖으로)+lect(선택하다)-선출하다	[R]10720

VOCA	뜻 / 기출 파생어	암기 Ⓣip	원어민 사용빈도 (Ⓡ / 86800)
0791. electricity	electric-전기의 electrical-전기의, 전기에 관한	electric(전기의)+ity(명사어미)	Ⓡ2608
0792. electronic	휑전자의 몡전자기기 electromagnetic-전자석(기)의	삼성전자를 samsung electronics라고 합니다	Ⓡ2857
0793. elegance	몡우아함, 고상함	엘레 강(elegance)-이름이 고상하지 않나요? 원래 이름은 강 얼레인데 ㅎㅎ	Ⓡ11290
0794. element	몡요소, 성분, 원소 elementary-기본의, 초등의	이리만(element) 드는 구나!-이런 성분들로 이렇게 만드는 구나!	Ⓡ1828
0795. elevate	동올리다 elevation-고도, 높이, 향상	엘리베이터(elevator) 생각하면 됨	Ⓡ28166
0796. eliminate	동없애다, 제거하다 elimination-제거	신랑감 중 일임이 (더)낫데 (eliminate)-이림이는 제거하다	Ⓡ6590
0797. elliptical	휑타원형의, 생략적인	이리찌글(eliptical)어져있네!-찌글어져서 똑바르지 않은 '타원형의'	Ⓡ27122
0798. elsewhere	튀어떤 다른 곳에서	else(그 밖의 다른)+where(곳)-다른 곳에서	Ⓡ1806
0799. elude	동회피하다, 이해되지 않다 elusive-파악하기 (알기) 어려운	이루 다(=이쪽으로, elude) 피하세요!	Ⓡ9716
0800. embarrass	동당황(하게)하다 embarrassed-당황한	님 배라서(embarrass)-님의 배(복부)를 보고 당황한	Ⓡ19005

E

103

VOCA	뜻 / 기출 파생어	암기 Ⓣip	원어민 사용빈도 (Ⓡ / 86800)
0801. embed	동물건을 ~에 박아 넣다, 새기다	em(안)+bed(침대)-침대 안에 스프링을 박아 넣다	Ⓡ42349
0802. embrace	동포용하다, 받아들이다, 포옹하다	님 보래이! 해서(embrace) 님 보고 포옹하다	Ⓡ7206
0803. emerge	동나타나다. 떠오르다, 명백해지다 emergency-응급, 비상	내가 너 이모지(emerge)하며 나타나다	Ⓡ4207
0804. emigrate	동이민 나가다	e(밖으로)+migrate(이동하다)-밖으로 이민 나가다	Ⓡ23371
0805. eminent	형저명한, 탁월한	e(밖으로)+minent(미는)-방송사들이 대외적으로 미는 저명한 사람	Ⓡ11515
0806. emit	동내뿜다 emission-방출 emitter-발포자, 발행인, 방사체	e(=ex,밖으로)+mit(=mis, 내보내다)	Ⓡ20447
0807. emotion	명감정, 정서 emotional-감정적인 emotionally-감정적으로	e(밖으로)+motion(움직임)-밖으로 마음이 움직임▶감정	Ⓡ5245
0808. empathy	명공감, 감정이입 empathetic -공감을 불러일으키는 emphasize -강조하다	em(=en, 넣다, 어떤 상태로 만들다)+pathy(느낌, 감정)-내 마음을 다른 이의 마음에 넣다▶감정이입	Ⓡ16573
0809. empire	명제국 emperor-황제	empire는 emperor(황제)가 다스리는 나라로 우리말처럼 사용	Ⓡ2701
0810. empirical	형경험적인 empirically-경험적으로	암(은) 필히 칼(empirical)로 경험상 조기에 제거	Ⓡ5273

VOCA	뜻 / 기출 파생어	암기 Tip	원어민 사용빈도 ([R] / 86800)
0811. **employ**	[동]고용하다 **employer**-고용주 **employee**-피고용인	에(e)!몸(m)풀어(ploy)-감독이 선수 고용하려고 하는 말	**[R]4786**
0812. **empower**	[동]~에게 힘(권한)을 부여하다	em(=en, 만들다)+power(힘)-힘 쓰게 하다	**[R]31490**
0813. **empty**	[형]텅 빈	암티(empty)-암 수술한 티 때문에 제거된 부분이 텅빈	**[R]1789**
0814. **enable**	[동]할 수 있게 하다	en(=make, 만들다)+able(할 수 있는)-할 수 있게 하다	**[R]2114**
0815. **enact**	[동]제정하다, 규정하다	en(=make,만들다)+act(행동)-행동하게 만들다	**[R]23752**
0816. **encounter**	[동]만나다, 마주치다	en(만들다)+counter(대립)-마주 보게 만들다	**[R]4830**
0817. **encourage**	[동]격려하다 **encouragement**-격려	en(만들다)+courage(용기)-용기를 주다	**[R]1983**
0818. **encyclopedia**	[명]백과사전	en(=in)+cyclo(빙빙돌다)+pedia(자녀양육)-백과사전으로 이것저것 돌아가며 교육	**[R]24304**
0819. **endanger**	[동]위험에 처하게 하다	en(만들다)+danger(위험)-위험에 처하게 만들다	**[R]20873**
0820. **endeavor**	[명]노력 [동]노력하다	en(in)+deavor(=의무)-의무 속에 있으므로 노력하다	**[R]순위 외**

E

VOCA	뜻 / 기출 파생어	암기 Tip	원어민 사용빈도 (ⓡ / 86800)
0821. **endless**	휑끝없는 ㈜boundless, infinite	end(끝)+less(~이 없는)	ⓡ5048
0822. **endow**	통부여하다, 주다, 기부하다	인다오(endow 이리 다오) 하자 주다	ⓡ30231
0823. **endure**	통견디다	견뒤어(endure)!라고 발음해보 면 한국말과 비슷함	ⓡ10839
0824. **enemy**	명적	이놈이(enemy)?라는 말은 우호 적이지 않은 사람에게 쓰는 말	ⓡ2870
0825. **energetically**	분힘이 넘쳐서, 활동적으로, energy-활기	e n e r g y (힘)+i c a l (형용사어 미)+ly(부사,어미)	ⓡ24985
0826. **enforce**	통시행하다	en(만들다)+force(힘)-힘을 쓰게 만들다▶시행하다	ⓡ7053
0827. **engage**	통관여하다, 약혼하다, 종사하다	서로 앵겨야지(engage, 안겨 붙어 야) 약혼하지	ⓡ6326
0828. **engrave**	통새기다, 조각하다	en(만들다)+grave(무덤, 새기다)- 무덤을 만들어 묘비 새기다	ⓡ71142
0829. **enhance**	통향상시키다, 높이다	en(만들다)+hance(발음하면 한수)- 한 수 만들다▶한 수 높이다	ⓡ5545
0830. **enlargement**	명확대, 증대	en(만들다)+large(큰)+ment(명사 어미)-크게 만듦	ⓡ15904

VOCA	뜻 / 기출 파생어	암기 [T]ip	원어민 사용빈도 ([R] / 86800)
0831. **enlighten**	[동]계몽하다, 교화하다	en(만들다)+lighten(지적인 빛)-지적인 빛을 주다▶계몽하다	[R]27004
0832. **enormous**	[형]거대한, 엄청난	e(=ex)+norm(기준, 표준)+ous(형용사어미)-표준을 벗어나 굉장히 큰	[R]2403
0833. **enrich**	[동]부유하게 하다	en(만들다)+rich(부유한)-부유하게 하다	[R]22501
0834. **enroll**	[동]등록하다, 기록하다 **enrollment**-등록	en(만들다)+roll(말아올리다, 기록부)-기록부에 이름을 올리다	[R]순위 외
0835. **ensue**	[동]어떤 일이 계속 뒤따르다	회사 인수(ensue)합병이 계속 뒤 따르다	[R]24400
0836. **ensure**	[동]확실하게 하다	en(만들다)+sure(확실한)-확실하게 만들다	[R]993
0837. **entail**	[동]수반하다	en(만들다)+tail(꼬리)-꼬리를 달다▶수반하다	[R]12812
0838. **enterprise**	[명]기업, 사업, 진취적 정신 **enter**-들어가다, 활동을 시작하다	enter(~분야에 들어가)+prise(prize, 상)-모르는 분야에 들어가 상(돈) 받으려는 기업	[R]2394
0839. **entertain**	[동]즐겁게 하다 **entertainment**-연예, 오락	엔터테인(entertain)은 우리말처럼 사용	[R]9502
0840. **enthusiasm**	[명]열정 **enthusiastic**-열정적인	enthusiasm(인순이 아줌)-가수 인순이 아줌마가 얼마나 열정적인가?	[R]3216

E

VOCA	뜻 / 기출 파생어	암기 Tip	원어민 사용빈도 (ⓡ / 86800)
0841. entire	휑전체의 entirely-전적으로	인 다이어(entire)-이게 다여?(전체야?)▶전체의	ⓡ2097
0842. entrance	몡입구, 입학	enter(들어감)+ance(명사형)	ⓡ3087
0843. envious	휑부러워하는 envy-부러워하다	대통령 당선이 MB(명박)였어(envious)하며 당선을 부러워하는	ⓡ20649
0844. environment	몡환경	e n (안) + v i r o n (포위한 =circle)+ment(명사형어미)-안에서 포위한 것▶환경	ⓡ757
0845. epic	몡서사시	건전한 쾌락주의 학파의 시조 에피쿠(epic)루스의 영웅적인 이야기(서사시)	ⓡ10098
0846. equilibrium	몡평형, 균형 equal-동일한 equally-똑같이	equal(같은)+brium(불러옴)-동등한 것을 불러옴▶평형	ⓡ4943
0847. equip	동갖추다 equipment-갖추기	아기입(equip)을 옷을 갖추다	ⓡ17533
0848. era	몡시대	4차 산업혁명이 일어(era)난 시대	ⓡ3963
0849. erase	동지우다	실수가 1회여서(erase)퇴출 대상에서 지우다	ⓡ21394
0850. errand	몡심부름	애란(errand)심부름을 하게 되어있음-애들이 심부름 잘 하죠	ⓡ23872

VOCA	뜻 / 기출 파생어	암기 Tip	원어민 사용빈도 ([R] / 86800)
0851. **erupt**	[동]분출하다	e(ex,밖으로)+rupt(깨지다)-밖으로 터져 나오다	[R]25397
0852. **escort**	[동]호위하다 [명]호위, 경호	에스코트(escort)도 우리말처럼 쓰임	[R]7862
0853. **especially**	[부]특히	쓰임은 약간 다르지만 specially와 같은 뜻	[R]542
0854. **essay**	[명]논문, 작문, 수필	우리말처럼 쓰임 es(=ex)+say(말하다)-밖에다 말하다	[R]5097
0855. **essence**	[명]본질, 정수, 핵심 **essential**-필수적인, 본질적인	원래부터 있었어(essence)-본질 ess(존재)+ence(명사형어미)	[R]4614
0856. **establish**	[동]설립하다, 만들다	e(단순모음)+stable(설 수 있는, 견고한)+ish(동사어미)-설수 있게 하다-설립하다	[R]1942
0857. **estate**	[명]부동산, 토지, 재산	아버지한테 내 재산… 어서 떼와야 돼(estate)	[R]1881
0858. **estimate**	[동]추정하다 **estimation**-추정	S대 메이트(estimate, S대 친구)?-여기서 S대는 어느 대학인지 추정해야 함	[R]3467
0859. **etc**	약어: 기타 등등 =et cetera 줄인말	문장 뒤에 etc(등등)가 많이 사용되고 있음	[R]2020
0860. **eternal**	[형]영원한, 끊임없는	끊임없는 이 터널(eternal)	[R]7856

E

VOCA	뜻 / 기출 파생어	암기 Tip	원어민 사용빈도 ([R] / 86800)
0861. **ethical**	[형]윤리의, 도덕의 **ethic**-윤리, 도덕 **ethicist**-윤리학자	도덕을 잘 가르친 아이는 애씩컬(ethical, 애가 씩씩하게 커)	[R]6508
0862. **ethnic**	[형]민족의, 동족의 **ethnocentrism**-민족 중심주의	동족 늘리려고 원시 산모들이 애쓰니(ethnic)?	[R]3838
0863. **euphemism**	[명]완곡어법(말을 돌려함)	예쁨이즘(euphemism)-어려운 말 돌려하는 것은 예쁨이죠	[R]31085
0864. **evade**	[동]회피하다, 면하다	~에 빠(져야) 데(evade)-~에서 빠져야 돼▶회피하다	[R]16701
0865. **evaluate**	[동]평가하다 **evaluation**-평가	e(ex, 밖으 로)+value(가치)+ate(동사, 형용사어미)-가치를 밖으로 드러내다▶평가하다	[R]6693
0866. **evaporate**	[동]증발하다 evaporation-증발	e(밖으로)+vapor(증기)+ate(동사어미)-증기가 밖으로 빠지다▶증발하다	[R]24138
0867. **evergreen**	[형]늘 푸른 [명]상록수 **everlasting**-영원한	ever(늘)+green(푸른)	[R]20722
0868. **evidence**	[명]증거	그가 애비라는 단서(evidence)-증거	[R]436
0869. **evoke**	[동]~감정을 불러 일으키다	이복(evoke)형제하면 묘한 감정을 불러 일으킨다	[R]15143
0870. **evolve**	[동]진화하다, 발전하다 **evolution**-진화 **evolutionary**-발전의, 진화론적인	이발 부(evolve)서는 많이 발전하여 헤어샵으로 재탄생했다	[R]11580

VOCA	뜻 / 기출 파생어	암기 Tip	원어민 사용빈도 ([R] / 86800)
0871. **exactness**	[명]정확함 **exact**-정확한 **exactly**-정확히	이거 작다(exact)! 정확한 치수 필요해-exact(정확한)+ness(명사형어미)▶정확함	[R]57476
0872. **exaggerate**	[동]과장하다	이거 (기분) 째져라이(exaggerate) -기분이 째진다는 것은 과장한 것	[R]17478
0873. **exceed**	[동]초과하다 **excel**-뛰어나다 **excellent**-뛰어난 excess-초과 **excessive**-과도한	ex(밖으로)+ceed(=cede, 가다)-밖으로 나가다▶초과하다	[R]6844
0874. **except**	[전]~을 제외하고 **exception**-제외 **exceptionally**-예외적으로, 특별히	ex(밖으로)+cept(받아들이다)-밖으로 받아들이므로 제외하다	[R]1440
0875. **exclaim**	[동]외치다 **excitedly**-흥분하여	ex(밖으로)+claim(=cry)-밖에다 소리치다	[R]34989
0876. **exclude**	[동]제외하다 **exclusively**-독점적으로 *__excavate__-발굴하다(동굴 밖으로)	ex(밖으로)+clude(close,닫다)-밖에 놓고 닫는 것이므로 제외하다	[R]5796
0877. **executive**	[명]임원, 대표	CEO(최고경영자)에서 E가 executive라는 사실에 착안	[R]1290
0878. **exemplify**	[동]예시하다	exemple(=example,예시) +ify(=ize, ~화 하다)-예시화하다	[R]26112
0879. **exert**	[동]발휘하다, 행사하다, 노력하다, 힘을 쓰다	이거줘 (exert)! 하면서 외아들의 힘을 엄마에게 발휘하다	[R]10461
0880. **exhaust**	[동]고갈시키다. 지치다 **exhaustion**-기진맥진, 고갈	이거 다썼다(exhaust)!-고갈 시키다	[R]10638

VOCA	뜻 / 기출 파생어	암기 Tip	원어민 사용빈도 ([R] / 86800)
0881. **exhibit**	[동]전시하다 **exhibition**-전시 **experiment**-실험	뭘 보여주면서 북한 사투리로 이거지비(exhibit, 이거 맞지)?	[R]8162
0882. **exist**	[동]존재하다 **existence**-존재	이거 있었다(exist)-이전부터 존재했었다	[R]1872
0883. **exit**	[명]출구	ex(밖으로)+it(가다) *it가 간다의 뜻인 다른 예: circuit-circle(원)+it(가다)-순회	[R]6013
0884. **exotic**	[형]이국적인	이거 좋다(exotic)! 외국에 나가보니 이국적인 것이 좋다	[R]6480
0885. **expand**	[동]확대하다, 늘리다	ex(밖으로)+pand(발음하면 편다)-밖으로 늘리다	[R]4721
0886. **expedition**	[명]탐험 **experience**-경험 **expect**-기대하다	ex(밖으로)+ped(발)+tion(명사어미)-발을 밖으로 향하게 함▸탐험	[R]6726
0887. **expel**	[동]추방하다, 제거하다, 방출하다	익수(ex)+팰(pel)-익수를 패서 내쫓다	[R]24327
0888. **expense**	[명]비용 **expensive**-비싼	쉬운 단어 expensive생각하면 돈에 관련된 단어임을 알 수 있음	[R]3400
0889. **expert**	[명]전문가, 달인 **expertise**-전문 기술	궁금해 하는 엑스(ex)를 풀다(pert)-남들이 못 푸는 엑스를 푸는 전문가	[R]2357
0890. **explain**	[동]설명하다 **explanation**-설명	익수(ex)야! 이 문제는 이렇게 풀어잉(plain)하며 설명하다	[R]1306

VOCA	뜻 / 기출 파생어	암기 Tip	원어민 사용빈도 ([R] / 86800)
0891. **explicit**	[형]명백한, 터놓은, 노골적인 **explicitly**-명백하게 [반]**implicit**-은연중의	ex(밖으로)+plicit(plicare, 접다)-접은 것을 밖으로 드러내는 것은 터놓는 것	**[R]4484**
0892. **explore**	[동]탐구하다, 탐험하다 **exploration**-탐험 **explorer**-탐험가	블라우저 I.E의 E가explore(인터넷 탐험) 어원상으로는 ex(밖으로)+plore(cry, 외치다)	**[R]3934**
0893. **explode**	[동]폭발하다 **explosion**-폭발, 급증	ex(밖으로)+plode(불었다)-밖으로 불어나면 폭발	**[R]13591**
0894. **export**	[명]수출 [동]수출하다	ex(밖으로)+port(항구)-항구 밖으로 나가는 것은 수출	**[R]3441**
0895. **expose**	[동]노출하다	ex(밖으로)+pose(포즈, 자세를 취하다)-자세를 밖으로 취하므로 노출하다	**[R]10032**
0896. **express**	[동]표현하다 [형]고속의 [명]급행	ex(밖으로)+press(누르다)-밖으로 표현하다. 익스프레스(급행)는 우리말처럼 사용	**[R]2053**
0897. **extend**	[동]확장(연장)하다 **extension**-연장 **extensive**-넓은	ex(밖으로)+tend(늘이다=stretch)	**[R]3094**
0898. **extent**	[명]범위, 크기, 정도, 넓이	익수(ex)가 친 텐트(tent)의 크기, 넓이, 정도	**[R]1020**
0899. **external**	[형]외부의, 외적인 [반]**internal**-내부의	exterior(외부, 인테리어 반대)+al(형용사어미)	**[R]2057**
0900. **extinct**	[형]멸종한 extinction-멸종	천천히 발음하면 없어딩(extinct)!-없어져서 멸종한	**[R]12334**

VOCA	뜻 / 기출 파생어	암기 Tip	원어민 사용빈도 ([R] / 86800)
0901. **extra**	[형]추가의, 여분의 **extraordinary**-특별한, 뛰어난 **extraordinarily**-유별나게 **extracurricular**-정식과목 이외의	엑스트라(extra)는 우리말처럼 사용	[R]1070
0902. **extract**	[동]추출하다, 뽑다	큰나무에서 애써 (크리스마스)트리(extract)를 뽑다	[R]5412
0903. **extreme**	[형]극단적인 **extremely**-극도로, 매우	ex(밖으로)+treme((늘어)뜨림)-밖으로 계속 늘리면 더 늘어날 수 없는(극단)상태	[R]2686
0904. **extrinsic**	[형]비본질적인, 외부의 [반]**intrinsic**-본질적인, 고유한	엑스트란직(extrinsic)-주연직이 아니라 엑스트라직을 주어 중심에서 벗어난	[R]30153
0905. **eyebrow**	[명]눈썹 **eyesight**-시력, 시야	학생들이 제 눈썹보고 아이 부러워(eyebrow)!라고 합니다, 진하거든요	[R]12606
0906. **fabulous**	[형]멋진, 엄청난, 전설적인	fable(동화)+ous(형용사어미)-동화같이 멋진	[R]9091
0907. **facade**	[명]정면, 앞면, 외관	face(얼굴)+ade(앞이데)-얼굴 앞은 정면	[R]16964
0908. **facility**	[명]시설 **facilitate**-수월하게 하다	fac(만들다)+ity(명사어미)-만들어 놓은 것이므로 시설	[R]3955
0909. **factory**	[명]공장, 제조소 **factor**-요인 **fact**-사실 **factual**-사실에 입각한	fac(=fic,만들다)+ory(여러 개를 모아 놓음)-만든 것을 모아놓은 곳▶공장	[R]2195
0910. **fade**	[동]사라지다, 희미해지다	농구의 페이드(fade) 어웨이 슛, 연극의 페이드(fade) 아웃 생각	[R]11118

VOCA	뜻 / 기출 파생어	암기 **T**ip	원어민 사용빈도 (ⓡ / 86800)
0911. **faint**	휑희미한, 가냘픈 동졸도하다 명실신	가냘픈 페인(faint)되어 졸도하다	ⓡ4896
0912. **fair**	휑공정한 명전시회 c.f)**fail**-실패(하다) **fair trade**-공정거래	페어(fair, 공정한) 플레이 생각 *housing fair는 주택박람회	ⓡ1110
0913. **faith**	명신앙, 믿음 **faithful**-충실한	모태 신앙은 신앙이 배어있어 (faith)!	ⓡ1941
0914. **fake**	휑가짜의 명가짜, 사기꾼 동날조하다	fake(가짜)도 우리말처럼 사용	ⓡ10373
0915. **falsify**	동속이다, 위조하다, 허위신고하다	false(거짓)+ify(=ize, ~化하다)-거짓화하다▶속이다	ⓡ39691
0916. **falter**	동비틀거리다, 말을 더듬다	비틀(falter)거리다	ⓡ28333
0917. **fame**	명명성 **famous**-유명한	쉬운 단어 famous(유명한) 생각하면 됩니다.	ⓡ6228
0918. **familiar**	휑익숙한, 낯익은 c.f)**friendly**-우호적인 **friendship**-우정	family(가족)는 낯익지 않나요? familiar는 가족 같은	ⓡ1792
0919. **famine**	명기근, 굶주림	범인(famine)은 가난하고 굶주린 사람	ⓡ9343
0920. **fancy**	명상상, 공상 휑장식이 많은, 화려한, 공상의, 고급의 동상상하다	문구 이름에 많이 들어가는 팬시(fancy)-우리말처럼 사용	ⓡ3884

F

VOCA	뜻 / 기출 파생어	암기 Tip	원어민 사용빈도 (® / 86800)
0921. fan	몡부채, 선풍기 동선풍기로 바람을 일으키다 fanned-부채가 장착된	팬(fan, 부채, 선풍기)도 우리말처럼 사용	®4805
0922. farewell	몡작별, 작별인사	작별인사하며 하는 말-나중에 뵈어욜(farewell)!	®8923
0923. farmhouse	몡농가 farmland-농지, 농토	farm(농장)+house(집)	®9332
0924. fascinate	동매료시키다, 사로잡다	정신을 뺐었네잇(fascinate)!-사로잡다	®38437
0925. fasten	동단단히 고정시키다, 매다	벨트를 빼선(fasten)안되므로 단단히 매다	®23525
0926. fatal	몡치명적인 fatality-재난, 치명성, 사망자 fate-운명	뼈이탈(fatal)-뼈가 이탈하면 지지 불가로 치명적인	®5689
0927. fatigue	몡피로, 피곤함	피곤해도 잘 버티고(fatigue)	®11199
0928. faucet	몡수도꼭지	뽀 (얇게) 싯(faucet) 으려면 수도꼭지 자주 틀어야	®순위 외
0929. favor	몡친절한 행위, 호의, 부탁 동찬성하다, 더 좋아하다 favorable-호의적인 favorite-좋아하는 것, 좋아하는 favoritism-편애	사람들이 나에게 호의를 갖도록 난 옷을 빼입어(favor) *favorably-호의적으로	®34838
0930. feather	몡깃털	깃털을 빼다(feather)	®11137

VOCA	뜻 / 기출 파생어	암기 Tip	원어민 사용빈도 (R / 86800)
0931. feature	몡특징, 용모, 특집기사 동특징을 이루다, 특집을 다루다, 주연으로 출연하다	사람들에게 비춰(feature)진 용모, 특징 피처링(featuring)으로 남의 앨범에 출연	R1646
0932. fee	몡요금, 수수료	비(fee)-복사비, 식사비 등등	R3251
0933. feed	몡먹이, 사료 동먹이를 주다 fed-과거, 과분	배에다(feed)먹이를 주다	R3031
0934. federal	혱연방의, 동맹의	패들-을-(federal)-패거리(동맹)들을	R2596
0935. female	몡여성	非메일 (male이 아님)-여성	R1274
0936. fertile	혱비옥한 fertility-비옥함 fertilizer-비료	씨를 퍼트릴(fertile)-씨 퍼트릴 정도로 비옥한	R9993
0937. festive	혱축제의 festival-축제	페스티발(festival)생각하면 되실 듯	R12955
0938. fiber	몡섬유	'파이브(fiber) 미니'라는 유명한 섬유음료 참고 하세요	R순위 외
0939. fiction	몡소설, 지어낸 이야기	fic(=fac, 만들다)+tion(명사형어미)-만들어 낸 것	R4378
0940. fierce	혱난폭한. 치열한	흘리는 것이 피어서(fierce)싸움이 난폭한	R5116

VOCA	뜻 / 기출 파생어	암기 Tip	원어민 사용빈도 ([R] / 86800)
0941. **figure**	[명]인물, 모양, 수치, 도형 **figuratively**-비유적으로	4라는 숫자 빼고(figure), 피겨(figure) 스케이팅의 피겨는 도형처럼 그리듯 연기하므로	[R]547
0942. **filament**	[명]필라멘트	우리말처럼 사용 -전구 속에 있는 실처럼 가는 금속 선	[R]37129
0943. **filmmaker**	[명]영화 제작자 영화 제작사	film(영화)+maker(제작자)	[R]63810
0944. **filter**	[명]여과하다 [동]여과기로 거르다	필터(filter)도 우리말처럼 사용	[R]4976
0945. **fin**	[명]지느러미	샥스 핀(fin)이라는 요리 들어보셨죠? 상어 지느러미랍니다	[R]15311
0946. **finance**	[명]재정, 금융 **financial**-금융의, 재정적인	파이낸스(finance)-파이 값 내가 냈어. 내가 재정 담당이거든	[R]1374
0947. **fingernail**	[명]손톱	finger(손가락)+nail(못)-손가락의 못▶손톱	[R]36129
0948. **firefighter**	[명]소방관 **firehouse**-소방서 **firelight**-불빛 **fireplace**-벽난로 **c.f)file**-서류, 기록	fire(불)+fighter(싸우는 사람)-불과 싸우는 사람	[R]58738
0949. **firm**	[형]단단한, 확고한 [명]회사	로펌(lawfirm)은 변호사들이 세운 단단한 법률 회사	[R]812
0950. **firsthand**	[부]직접적으로 [형]직접 얻은 [반]secondhand-간접적으로, 중고의 [유]directly	first(첫째로, 우선)+hand(손)-손에 우선적으로	[R]59892

VOCA	뜻 / 기출 파생어	암기 **T**ip	원어민 사용빈도 (ⓡ / 86800)
0951. **fishery**	몡어업, 수산업 **fisherman**-어부 **fishing**-낚시질	fish(물고기)+ery(장소, 기술, 상태를 나타내는어미)	ⓡ20903
0952. **fist**	몡주먹 동주먹을 움켜쥐다	움켜진 주먹을 폈었다(fist)	ⓡ7174
0953. **fit**	혱알맞은, 적임의, 건강한	피트(fit)니스 센터에 가면 알맞은 운동시켜 건강한	ⓡ1254
0954. **fix**	동고치다, 고정하다, 해결하다	찌그러진 것 폈소(fix)-고치다, 해결하다 *prefix(pre+fix)-앞에 고정시키다▶접두사	ⓡ5447
0955. **flag**	몡깃발	깃발이 펄럭(flag)	ⓡ5242
0956. **flap**	동펄럭이다. 찰싹때리다 몡찰싹 때림, 펄럭임	fla(=flag 깃발 줄인 말로 생각) +p(ㅍ발음이므로 펄럭이다로 생각)	ⓡ12283
0957. **flashlight**	몡손전등	flash(플래쉬,번뜩임)+light(빛)-손 전등에서 나오는 빛	ⓡ34536
0958. **flat**	혱평평한, 평이한, 맥빠진, 파산한, 균일한 몡평평한 부분, 아파트 동평평하게하다, 반음내리다	flat tire(펑크난 타이어)-펑크난 것은 맥빠진, 평평해진 것을 의 미. 또 음악에서 플랫(반음내림) 생각	ⓡ1205
0959. **flatter**	동아첨하다, 납작하게 하다 **flattery**-아첨	부풀었다(flatter)-말을 부풀려 아첨하다	ⓡ16901
0960. **flavor**	몡맛, 향, 조미료 동맛을 내다	조미료 풀어봐(flavor)!-맛을 내 봐!	ⓡ5337

VOCA	뜻 / 기출 파생어	암기 Tip	원어민 사용빈도 (ℝ / 86800)
0961. **flesh**	몡살, 육체	불에 쉬(flesh) 타는 고기 살	ℝ3593
0962. **flexibility**	몡융통성 **flexible**-융통성 있는	flex(구부리다)+ability(능력)-퍼있지 않고 구부릴 줄도 아는 능력▶융통성	ℝ4360
0963. **flight**	몡비행, 비행기 **flightless**-날지 못하는	훌 날(flight)-훌훌 날다	ℝ1973
0964. **flip**	동손가락으로 튀기다, 재빨리 획획 넘기다, 찰싹 치다	손으로 튀기며 화면을 여는 휴대전화 플립(flip) 폰(phone)을 생각	ℝ18330
0965. **float**	동떠오르다	플로(floa, 물로)뜨(t)-물로 뜨다	ℝ7479
0966. **flood**	몡홍수 빤drought-가뭄 **c.f) fluid**-액체	물이 흘렀다(flood)-홍수	ℝ5248
0967. **floppy**	혱헐렁한, 축 늘어진	과거의 플로피(floppy)디스켓을 생각하면 되는데 힘이 없이 가냘픈데서 붙인 말	ℝ11151
0968. **florist**	몡꽃장수, 화초재배가	flower(꽃)+ist(사람)-꽃을 다루는 사람	ℝ26955
0969. **flour**	몡밀가루 **c.f)floor**-층, 바닥	밀가루로 붙이는 풀 나와(flour)!	ℝ6863
0970. **flow**	동흐르다 몡흐름	물이 흘러와(flow)	ℝ1954

VOCA	뜻 / 기출 파생어	암기 Tip	원어민 사용빈도 ([R] / 86800)
0971. **fluffy**	[형]솜털 같은, 가벼운, 푹신푹신한	풀 높이(fluffy) 날아가는 나비는 솜털같이 가벼운	[R]17702
0972. **flush**	[동]물이 왈칵 흐르다. 물로 씻어 내리다. 얼굴이 붉어지다	물 담은 뚜껑이 풀려 쉬(flush) 물이 흐르다	[R]9203
0973. **flutter**	[동]흔들리다. 파닥이다.	새가 푸르(르) 털(다)(flutter)-흔들거리다	[R]19421
0974. **foam**	[명]거품 [동]거품이 일다	거 품(foam)이 일다	[R]9172
0975. **focus**	[명]중심, 초점 [동]집중하다	포커스(focus, 초점)를 맞춰. 우리말처럼 사용	[R]1736
0976. **foe**	[명]적, 장애가 되는 것	포(foe)는 적에게 쏘는 것	[R]13396
0977. **foggy**	[형]안개가 낀	스모그(smoke+fog)에서 fog는 안개이므로 foggy는 안개 낀	[R]23679
0978. **folk**	[명]사람들 [형]민속의	포크(folk) 송이라고 들어보셨죠? 또, Hi! folks(여러분)라고 인사	[R]4099
0979. **follow**	[동]따르다	발로(follow) 뒤 따라가다	[R]1069
0980. **footsteps**	[명]발소리, 발자국 **foothill**-언덕 **football**-미식축구 **footwear**-신발류	foot(발)+step(걸음)	[R]55549

VOCA	뜻 / 기출 파생어	암기 ⓣip	원어민 사용빈도 (ⓡ / 86800)
0981. forage	몡먹이, 약탈 통약탈하다	하이에나는 먹이를 뿌리지 (forage)?-속어로 뿌리다= 약탈하다	ⓡ25304
0982. forbid	통금지하다 forbade-과거형 forbidden-과분	클럽에 홀비(forbid, 홀아비)는 출입 금지하다	ⓡ15490
0983. force	몡힘 통강요하다	포스(force)가 엄청나다는 말 등등 우리말처럼 사용	ⓡ617
0984. forearm	몡팔뚝 통미리 무장하다 forecast-전망하다 forehead-이마 foretell-예견하다	fore(앞, 미리)+arm(팔, 무기)-팔 앞부분	ⓡ18326
0985. forest	몡숲, 삼림	숲에 풀이 있었다(forest)	ⓡ1422
0986. forgive	통용서하다	for(떨어져서, 반대의, 완전히)+give (주다)-완전히 다 주다▶용서하다	ⓡ5667
0987. format	몡포맷, 판형, 형식, 체재 통컴 포맷하다, 서식 형태를 갖추다 formation-구성	포맷(format)은 컴퓨터 용어로 우리말처럼 사용 *form-형태, 형식	ⓡ3897
0988. former	혱전의, 전자의 몡전자 밴the latter-후자	이전에는 폼을(former) 어떻게 하고 다녔니? 어원상 forma(=first)에서 나온 말	ⓡ570
0989. formidable	혱가공할만한, 만만찮은, 비상한	for(force, 힘)+midable(밀어벌)-힘으로 밀 수 없을 정도로 만만치 않은	ⓡ6748
0990. forthwith	曱곧, 즉시 윤immediately forth-앞으로	forth(앞으로)+with(함께)-다른 것 생각 말고 즉시 앞으로	ⓡ17127

VOCA	뜻 / 기출 파생어	암기 **T**ip	원어민 사용빈도 (ⓡ / 86800)
0991. **fortunately**	彤다행히 **fortune**-행운, 재산 **fortunetelling**-점, 운수판단	복준(fortune)+ate(형용사, 동사어미)+ly(부사어미)-복 주게됨▶다행히	ⓡ4971
0992. **forward**	彤앞쪽으로, 앞으로	fore(앞)+ward(쪽으로)	ⓡ642
0993. **fossil**	명화석	발음해보면 파석(화석, fossil)	ⓡ7647
0994. **foster**	동촉진하다, 육성하다	철자는 다르지만 poster(포스터)생각해보면 흥행을 촉진하기 위한 것	ⓡ4562
0995. **fountain**	명분수, 샘, 원천	f(품어나오는)+ountain(발음하면 원천)	ⓡ9208
0996. **fraction**	명일부, 분수, 파편	부러(뜨러)션(fraction)-부러뜨리면 나오는 것은 파편	ⓡ5374
0997. **fragile**	형깨지기 쉬운, 취약한	발음해보면 부러질(fragile)이므로 취약한	ⓡ7742
0998. **fragment**	명파편, 조각, 단편 동산산이 부숴지다	부러뜨리고 만(fragment) 조각 * 위의 fraction과 비슷	ⓡ7253
0999. **frame**	명구조, 틀, 액자 **framework**-체제, 틀, 구조	사람은 구조가 뼈레임(frame)-사람은 구조가 뼈로 되어있음	ⓡ2886
1000. **frankly**	彤솔직히	솔직히 (너에게 맡기면) 불안 크리 (frankly)!	ⓡ7179

VOCA	뜻 / 기출 파생어	암기 Tip	원어민 사용빈도 ([R] / 86800)
1001. **freeman**	[명]자유민 **freedom**-자유 **freewriting**-자유로운 글쓰기 **freestyle**-자유형, 즉흥의	free(자유로운)+man(사람)-자유민	[R]11379
1002. **freeze**	[동]얼다, 얼리다, 꼼짝마라 [명]동결 **froze**-과거 **frozen**-과분 [반]**melt**-녹이다	꼼짝 말고 총 버리지(freeze)!	[R]7483
1003. **frequency**	[명]빈도, 주파수 **frequent**-빈번한 **frequently**-빈번히	발이 관심(frequency)-발이 관심 가서 신발가게 빈번하게 다님	[R]3358
1004. **freshman**	[명]신입생 **fresh**-신선한 **freshwater**-민물, 신선한 물	fresh(신선한)+man(사람)	[R]51650
1005. **foreigner**	[명]외국인, 이방인 **foreign**-외국의, 이질의	우리나라 지켜준다 더니 돈 될 만한 것 다 뽀린 너(foreigner)-외국인	[R]16322
1006. **frictionless**	[형]마찰이 없는 **friction**-마찰	마찰 생기면 불일션(friction, 불꽃이 일어남)+less(~이 없는)	[R]74533
1007. **fright**	[명]두려움, 놀람 **frighten**-두렵게 하다	플라이트(fright 인데 flight에서 발음차용)-비행해서 두려움	[R]12434
1008. **frog**	[명]개구리	배가 뽈록(frog)한 개구리	[R]11155
1009. **frontier**	[명]국경, 미개척분야, 개척자 **front**-맨 앞부분, 전방 **frontiersman**-변경 개척자	front(최전방)+ier(부분)-최전방 지역이므로 국경	[R]7703
1010. **frost**	[명]서리	어제 밤 서리가 뿌렸었다(frost)	[R]7119

VOCA	뜻 / 기출 파생어	암기 Tip	원어민 사용빈도 (ⓡ / 86800)
1011. **frown**	통눈살을 찌푸리다	뿔나온(frown)-뿔나서 눈살 찌푸리다	ⓡ10912
1012. **fruit**	명과일 **fruitful**-결실 있는	우리말처럼 사용-(예:후르츠 칵테일)	ⓡ2439
1013. **frustrate**	통좌절시키다, 짜증나게 하다	짜증나게 해서 뿔났었더래 (frustrate)	ⓡ24356
1014. **fuel**	명연료	연료 넣고 불 피워(fuel)!	ⓡ2383
1015. **fulfill**	통이행하다, 충족시키다 **full**-가득한 **fully**-충분히, 완전히	full(완전한)+fill(채우다)-완전히 채우다▶충족시키다	ⓡ38368
1016. **function**	명기능, 역할, 함수 **functional**-기능의	수학의 f(X)가 함수, 배우가 병신(function)역할함	ⓡ1187
1017. **fundamental**	형기본적인 명기본, 경제의 기초적 여건 **fund**-자금	fundament(=foundation, 기초)+al(형용사어미)-기초적인	ⓡ2234
1018. **fur**	명모피, 털	모피(f)+털(ur)	ⓡ6615
1019. **furnish**	통공급하다 **furniture**-가구	벌이 쉬(furnish) 하면서 꿀을 공급하다	ⓡ18531
1020. **furthermore**	부게다가, 더욱이 **further**-더 멀리	further(퍼더에서 더)+more(뜻이 더)-더욱 더, 게다가	ⓡ3247

VOCA	뜻 / 기출 파생어	암기 Tip	원어민 사용빈도 (ⓡ / 86800)
1021. fury	몡분노 furious-격노한	불이리(fury)-(성질이) 불 이리▶성질 불 같아 분노한	ⓡ6563
1022. fuss	몡소란, 야단법석	fuss(발음하면 법석)-야단 법석 (fuss)	ⓡ7536
1023. futile	혱쓸데없는, 효과없는	쓸모없는 휴지통은 비워들 (futile)	ⓡ13911
1024. future	몡미래	뺙 투더 퓨처(future)! 생각 쉬운 단어임	ⓡ409
1025. fuzzy	혱솜털모양의, 곱슬곱슬한, 흐릿한, 명확하지 않은	곱슬곱슬한 머리가 퍼지(fuzzy)고 있는, 연기가 퍼지(fuzzy)고 있어 흐릿한	ⓡ20587
1026. gain	동얻다	평창 금메달 50개인(gain)한국-금메달 50개를 획득하다	ⓡ1958
1027. galaxy	몡은하	갤럭시(galaxy)라는 말도 우리말처럼 사용	ⓡ9920
1028. gallery	몡미술관, 구경꾼	골프에서 갤러리들(구경꾼들)이 따라 다닌다고 하죠? 또 미술 전시회가 무슨 갤러리(gallery)에서 열린다고 합니다	ⓡ2347
1029. gap	몡차이, 간격	갭(gap)이 크다-우리말처럼 사용	ⓡ2848
1030. garage	몡차고	차고에 있는 것은 카라지 (garage)?	ⓡ4220

VOCA	뜻 / 기출 파생어	암기 ⓣip	원어민 사용빈도 (® / 86800)
1031. **gather**	동모으다, 모이다 **gatherer**-모으는 사람	게다(gather)-'게'라고 아세요? 돈모아 돌아가며 곗돈을 타는 곗날이면 일단 돈을 모아야죠	®5177
1032. **gear**	명기어 동기어를 넣다, ~에 맞게 조정하다	기어는 우리말처럼 기어(gear), 그리고 기어를 맞게 조정해야 차가 제대로 가죠	®4493
1033. **gender**	명성	트랜스 젠더(gender)생각	®4325
1034. **gene**	명유전자 **genetic**-유전적인 **genius**-천재 **genetics**-유전학 **genuine**-진짜의	眞(gene, 진-진짜)자식을 밝히려 면 유전자 검사를 해야 함	®3957
1035. **generalist**	명다방면의 지식을 가진 사람 **generate**-발생시키다 **generous**-관대한 **generalization**-일반화 **generally**-일반적으로	general(발음하면 全을-전체를) +ist(사람)-전체에 능한 사람	®26834
1036. **genre**	명장르, 유형	장르(genre)는 국어 시간에 우 리말처럼 자주 등장	®10016
1037. **gentle**	형온화한, 친절한 **gentleman**-신사	gentleman이 신사니까 gentle 은 온화한, 친절한 이런 뜻이겠 죠?	®3270
1038. **geography**	명지리학 **geology**-지질학 **geologically**-지질학적으로 **geometry**-기하학	geo(땅)+graphy(쓰기, 기록)-땅 을 기록하는 것이므로 지리학	®4983
1039. **ghost**	명유령	우리말처럼 사용 저승 고우(gho)라고 해도 이 승에 서있다(st)는 귀신	®5670
1040. **gift**	명선물, 기부, 재능 **giver**-기부자	기부다(gift)	®3215

VOCA	뜻 / 기출 파생어	암기 Tip	원어민 사용빈도 ([R] / 86800)
1041. **gill**	[명]아가미	물고기 숨 쉬는 길(gill)은? 아가미	[R]8201
1042. **glacier**	[명]빙하	극에 서(glacier) 있어-남북극에 우뚝 서 있는 것은 빙하	[R]18134
1043. **glance**	[동]힐끗 보다 [명]곁눈질	'그래서(glance)?'하고 대꾸하며 힐끗 보다	[R]3524
1044. **glare**	[동]노려보다, 번쩍이다 [명]번쩍이는 빛, 노려보기	빛을 피하는 법은 썬 그래(gla)스 래(re), 또, 그래어(glare)?하며 노려보다	[R]10475
1045. **glitter**	[동]반짝반짝 빛나다, 화려하다 [명]반짝이는 빛 [유]**gleam**-빛나다, 번쩍이다. 빛남, 번쩍임 **glow**-빛을 내다, 백열	거리들(glitter)이 밤에 화려하게 빛나다	[R]16155
1046. **global**	[형]세계적인, 지구의 **globally**-세계적으로	globe(공, 지구)+al(형용사어미)-지구의	[R]2727
1047. **gloomy**	[형]우울한	구름이(gloomy)끼어서 우울한	[R]9253
1048. **glory**	[명]영광, 명예 **glorious**-영광스러운	글로리(glory)는 우리말처럼 사용. 참고로 morning glory는 나팔 꽃	[R]4898
1049. **glue**	[명]접착제	글 루(glue) 쓴 편지 붙일 접착제	[R]9005
1050. **goat**	[명]염소	염소고기는 건강원에서 고아(goat)준데	[R]9748

VOCA	뜻 / 기출 파생어	암기 Tip	원어민 사용빈도 ([R] / 86800)
1051. gobble	[동]게걸스럽게 먹다 [명]칠면조 울음소리	(배)고플(gobble)테니 게걸스럽게 먹을 거야	[R]39890
1052. goddess	[명]여신 **god**-신	god(신)+ess(여성)	[R]10251
1053. goer	[명]가는 사람, 자주 가는 사람 **gone**-go의 과거분사	go(가다)+er(사람)	[R]60847
1054. goldfish	[명]금붕어 **golden**-금으로 만든	gold(금)+fish(물고기)	[R]13797
1055. goodies	[명]매력 있는 것, 맛있는 과자나 캔디, 기분 좋은 것 goody-감탄사로 근사하다는 뜻	어쨌든 'good'에서 나온 말이라고 생각하면 '좋은 것'이라는 뜻	[R]17928
1056. goodwill	[명]선의, 친선	good(좋은)+will(의지)-호의, 선의	[R]8145
1057. gossip	[명]소문, 험담	까십(gossip)-남을 험담하고 까냄	[R]6792
1058. gourd	[명]조롱박	박을 고르다(gourd)	[R]60614
1059. govern	[동]다스리다, 통치하다 **government**-정부	거번(govern)-거느리고 번영시키다	[R]10260
1060. grab	[동]붙잡다, 움켜잡다 [명]붙잡음	크랩(crab)을 그랩(grab-움켜잡다)하다	[R]7282

VOCA	뜻 / 기출 파생어	암기 **T**ip	원어민 사용빈도 (**R** / 86800)
1061. **gradual**	혱점차적인 **gradually**-점차적으로 **c.f)grade**-학년, 등급	차츰 그래줄(gradual)거지?	**R**6783
1062. **graduate**	동졸업하다 **graduation**-졸업	졸업이 그리 좋았대(graduate)	**R**6638
1063. **grain**	명곡물, 낟알	갈아(gra) 人(사람인)-사람이 갈 아 먹는 것▶곡물	**R**4649
1064. **grammar**	명문법	'그래! 뭘(grammar) 알아야 영어 를 하지?'-문법을 알아야 영어 를 하지	**R**3737
1065. **grandstand**	명특별관람석 **grandparent**-조부모 **grandest**-웅장한	grand(웅장한)+stand(좌석)	**R**24944
1066. **grant**	동승낙하다, 주다 명보조금 **c.f)granted**-인정해, ~이므로(granted that~)	그런다(grant)고 승낙하다	**R**1390
1067. **grasp**	동이해하다, 잡다, 파악하다	그래섭(grasp)-그래서 그렇게 된 거구나 하고 이해하다	**R**5193
1068. **grasshopper**	명메뚜기, 여치	grass(풀)+hopper(깡총 뛰는 생 물)-풀에서 뛰는 생물	**R**41719
1069. **grateful**	혱감사하는 **gratefully**-감사하게	그래 또 (베)풀(grateful)어 주어 서 감사하는	**R**3398
1070. **gravel**	명자갈 동어리둥절 하게 하다	그래 입을(gravel) 자갈 물리든 지 해야지 입이 싸서	**R**6095

VOCA	뜻 / 기출 파생어	암기 Tip	원어민 사용빈도 (ℝ / 86800)
1071. **gravity**	명중력 **grave**-중대한, 무덤	중력아 (지구 밑에서 날) 끌어봤지 (gravity)!	ℝ6211
1072. **gray**	명회색 형창백한, 회색의, 머리가 흰	얼굴이 왜 그래이(gray)?-창백한	ℝ6312
1073. **graze**	동풀을 뜯다	gra(ss)(풀)+ze(째)-풀을 째서 먹다	ℝ21976
1074. **greed**	명욕심 **greedily**-욕심내서	그리도(greed) 욕심이 나던가?	ℝ11400
1075. **Greek**	형그리스의 명그리스어(사람)	Greece(그리스)에서 나온 말	ℝ2678
1076. **greenhouse**	명온실 **greenfield**-개발에 적합한	green(초록색)+house(집)-식물의 집=온실	ℝ7080 greenery- 푸른나무 greener- 미숙련공
1077. **greet**	동인사하다, 맞이하다	season's greeting(계절 인사)-크리스마스, 연말 인사말 입니다. greeting이 인사	ℝ10304
1078. **grid**	명격자	바둑판 모양의 격자를 그리다 (grid)	ℝ6509
1079. **grief**	명슬픔	그리(grie) 슬퍼(f)?	ℝ5537
1080. **grind**	동갈다	grind(발음하면 갈아 인다)-갈다	ℝ14758

G

VOCA	뜻 / 기출 파생어	암기 **T**ip	원어민 사용빈도 (**R** / 86800)
1081. **grip**	동단단히 쥐다 명손잡이, 단단히 쥠, 장악력	그립(grip-라켓, 배트, 골프 손잡이) 잡는 법. 우리말처럼 사용	**R**4466
1082. **grocery**	명식료품, 잡화류	그로 사리(grocery)-먹으러 식료품 사리(먹을 것 살 거야)	**R**20413
1083. **groupthink**	명집단사고	group(집단)+think(사고)	**R**순위 외
1084. **grow**	동기르다, 성장하다 **grew**-과거형 **growth**-성장	글러우(grow)-길러 유▶기르다	**R**1863
1085. **guarantee**	동보장하다 명보장, 보증 유**warranty**	개런티(guarantee)도 우리말화한 외래어	**R**3150
1086. **guardian**	명보호자, 감시인	guard(가드, 보호하다)+ian(사람)	**R**3960
1087. **guess**	동추측하다	답이뭐 겠스?(guess)?-추측해봐	**R**3088
1088. **guest**	명손님	손님들 계셨다(guest), 우리말처럼 사용	**R**3769
1089. **guideline**	명지침 **guide**-안내하다	guide (안내하다)+line(선)-말해준 선▶지침	**R**17444
1090. **guillotine**	명단두대 동단두하다	프랑스 외과의사 기요탱(guillotine)의 이름을 따서 지은 단어 단두대	**R**19499

VOCA	뜻 / 기출 파생어	암기 ❶ip	원어민 사용빈도 (❷ / 86800)
1091. **guilty**	휑유죄의 **guilt**-유죄, 죄책감	죄지은 애들이 경찰을 보면 길 튀(guilty, 길에서 튀어)	❷2384
1092. **gust**	똉돌풍	돌풍이 거세다(gust)	❷23958
1093. **gut**	똉내장, 배짱 gut feeling-육감	갓(gut)다 버려 생선 내장은	❷7969
1094. **guy**	똉사람, 남자, 당신들, 녀석	nice guy-멋진 사나이 등등 우리말처럼 많이 사용	❷2413
1095. **gymnasium**	똉체조 =**gym**-체육관, 헬스장 **gymnastics**-체조	체조나 체육하면 몸에서 김나 지요(gymnasium)	❷21414
1096. **habitual**	휑습관적인 **habit**-습관	habit(습관)+al(형용사어미)	❷16023
1097. **habitat**	똉서식지. 거주지 c.f) **hunting**-사냥 **hunter**-사냥꾼	애비 宅(택=집)-애비 택은 아버 지 거주지(집)	❷7231
1098. **hairdo**	똉머리 모양 ⑪**hairstyle**-헤어스타일	어머! 헤어도(hairdo, 머리모양도) 예쁘네	❷52560
1099. **halfhearted**	휑마음이 내키지 않는, 열성이 없는 halfway-중간에 c.f) **hallway**-복도	half(절반)+hearted(마음)-마음 이 절반만 있는▶열성이 없는	❷순위 외
1100. **handbook**	똉안내서 **handshake**-악수 **handwritten**-손으로 쓴	hand(손)+book(책)-손에 들고 다니는 안내서	❷10697

G
H

VOCA	뜻 / 기출 파생어	암기 Tip	원어민 사용빈도 (ℝ / 86800)
1101. **handicap**	몡장애 ㊌disability	핸드깝깝(handicap)-손이 자유롭지 못하고 깝깝하게 장애가 있는	ℝ5994
1102. **handlebar**	몡자전거나 오토바이의 핸들 **handle**-다루다	handle(손으로 다루다)+bar(막대기)-손으로 다루는 막대기▶핸들	ℝ44706
1103. **hang**	동매달다, 걸다 교수형에 처하다	5행(hang)시를 지어 게시판에 걸다. 교수형(hang)에 처하다	ℝ2951
1104. **hangar**	몡격납고(항공기 보관 건물), 헛간	동물과 비행기 없어 휑할(hangar) 헛간 과 격납고	ℝ18593
1105. **happen**	동(일이)일어나다, 벌어지다	사람이 해프니(happen)까 그런 일이 일어나지	ℝ1173
1106. **hardcover**	몡표지가 딱딱한 책 **hard**-딱딱한, 어려운, 열심히 **hardly**-거의~아니다 **hardship**-고난, 어려움 **hardware**-컴퓨터 기계장치, 철물 **hardwired**-배선에 의한	hard(딱딱한)+cover(표지)	ℝ62395
1107. **harm**	동해를 입히다 몡해, 손상	암(harm)은 우리 몸에 큰 해를 입히지	ℝ3190
1108. **harmonize**	동조화시키다, 조화하다, 화음을 붙이다 **harmony**-조화	harmony(조화, 우리말처럼 사용)+ize(=ify, ~化 하다)	ℝ41751
1109. **harness**	몡마구(말을 부리는데 쓰는 기구) 동마구를 달다, 이용하다	h(horse)+ar(accessories)+ness(명사형어미) -말 액세서리▶마구	ℝ11035
1110. **harsh**	혱가혹한, 거친	힘든 일을 하고 난 뒤, 하!쉬(harsh)죠-하(힘든 숨소리) 좀 쉬죠	ℝ5212

VOCA	뜻 / 기출 파생어	암기 Tip	원어민 사용빈도 (® / 86800)
1111. **harvest**	몡수확, 추수 동추수하다	요즘 추수는 할비(harve)들이 (낫으로) 벴었다(vest)	®6531
1112. **haste**	동서두르다 몡성급함	일좀 해(ha)! 패스트(ast)하게-일을 서두르게 하다	®12223
1113. **hate**	동싫어하다, 증오하다	회의(hate)를 회의적으로 생각하다(=싫어하다)	®3107
1114. **haul**	몡끌다, 운반하다	하울(haul, 하숙집 짐을) 운반하다 *미국 이사 업체 U-haul 도 참조	®9880
1115. **hawk**	몡매 동매처럼 날다	훅(hawk) 하고 먹이를 낚아채는 매	®13193
1116. **hay**	몡건초(사료나 퇴비를 만들기 위해 말린 풀)	h(house)+a(animal)+y (y가 '이' 발음 나므로 '먹이')-집 동물들이 먹는 먹이▶건초	®6541
1117. **headquarter**	몡본부, 사령부 동본부를 두다	head(우두머리)+quarter(막사)-대장이 있는 막사▶본부	®83987
1118. **heal**	동치유하다 c.f) **hearing**-청문회, 청력	힐링(healing-치료)이라는 말 많이 씁니다	®10983
1119. **heap**	몡쌓아올린 더미 동쌓아올리다 윤pile	he(그)+ap(앞)-그 앞에 쌓아올린 (편지) 더미	®8309
1120. **heartland**	몡심장지대 **heartfelt**-진심어린	heart(심장)+land(땅. 지대)	®23875

VOCA	뜻 / 기출 파생어	암기 ⓣip	원어민 사용빈도 (ⓡ / 86800)
1121. **heat**	몡열 몡가열하다	겨울에 사용하는 히터(heater, 난방기)생각하면 됨	ⓡ1719
1122. **heavily**	몡상당히, 과하게	heavy가 '강력한, 과중한' 이라는 뜻이므로	ⓡ2463
1123. **height**	몡높이. 키 **highly**-매우 **highest**-가장 높은	high(높은)의 명사형	ⓡ2617
1124. **helpless**	몡무력한, 속수무책인	help(도움)+less(~이 없는)-도움 줄 수 없는	ⓡ8013
1125. **hemisphere**	몡반구	hemi(=semi. 절반)+sphere(공=구)-반만 구	ⓡ7537
1126. **hence**	몡그러므로	그리 해서(hence)	ⓡ2118
1127. **herb**	몡허브, 약초	허브(herb)는 우리말처럼 사용	ⓡ13786
1128. **herd**	몡무리, 떼	許多(허다,herd)한 무리	ⓡ9219
1129. **hereafter**	몡앞으로,내세에는 몡내세(저 세상)	here(여기)+after(후에)-여기서부터 나중에, 앞으로는	ⓡ25056
1130. **heritage**	몡유산, 상속	아버지에게 물려받은 허리띠지(heritage)?	ⓡ4361

VOCA	뜻 / 기출 파생어	암기 Tip	원어민 사용빈도 (ⓡ / 86800)
1131. hesitate	동주저하다 **hesitancy**-주저	수험생이 휴대폰 해지돼야 돼 (hesitate)? 말아야 돼?-(해지를) 주저하다	ⓡ10334
1132. hierarchy	명계급제도	hier(신성한, 성직의)+archy(다스림)-hierarch(주교)가 성직 중 고위직이므로 계급제도	ⓡ4925
1133. highlight	명강조 동강조하다 **highly**-매우 **highway**-고속도로	high(강한)+light(빛)-강한 빛으로 강조하다	ⓡ6287
1134. hike	명도보여행 동도보여행하다	하이킹(hiking)이라는 말도 우리말처럼 사용	ⓡ23796
1135. hill	명언덕	hi(높은)+ll(겔겔)-높은 곳에 있어 올라가려면 겔겔 대는 곳▶언덕	ⓡ1446
1136. hinge	명경첩(문짝 다는 철물) 동~을 경첩으로 달다	흰 쥐(hinge)못 도망가게 경첩으로 문짝 잘 달아라!	ⓡ19274
1137. hire	동고용하다	너! 일 하여(hire)!하며 고용하다	ⓡ4844
1138. hitch	동(고리,밧줄, 말)등)을 매다, 걸다, 감다,차 얻어 타다	h(horse)+itch(잇지)-말을 이어주다▶(말, 고리)를 매다	ⓡ14423
1139. hole	명구멍	블랙 홀(black hole) 생각하면 됨	ⓡ2205
1140. homeostasis	명항상성	homeo(비슷한)+stasis(가만히 서 있다)-비슷하게 일정한 상태를 유지하는 것	ⓡ58885

H

VOCA	뜻 / 기출 파생어	암기 Ⓣip	원어민 사용빈도 (Ⓡ / 86800)
1141. homesick	휑집을 그리워하는 항수병의 **hometown**-고향 **homeless**-집이 없는, 노숙자 **homeroom**-출석시 모이는 교실 **homeland**-조국	home(집)+sick(아픈)-집에 가고 싶어 아픈▶집을 그리워하는	Ⓡ23670
1142. hop	통껑충 뛰다 명두발로 뛰기, 맥주 **hopping**-홉따기, 돌아다니는	호프(hop)가 맥주라는 뜻은 다 아 실테고 두발을 합(hop)해서 껑충 뛰다 *hop in-야! 타	Ⓡ10982
1143. horizon	명수평선	호라이(hori, 해라이)진(zon)-해가 수평선 너머로 진	Ⓡ5735
1144. horror	명공포	호러(horror) 무비 (공포영화)같이 우리말처럼 사용	Ⓡ4105
1145. horseback	명말 등 휑말을 탄	horse(말)+back(등)	Ⓡ19234
1146. host	통주최하다 명주최자, 주인 **hosting**-주최	ho(house)+st(샀다)-하우스 샀 다▶집 샀으면 주인	Ⓡ3062
1147. hostile	휑적대적인	하수들(hostile)이 나에게 적대 적인	Ⓡ4969
1148. hotly	부뜨겁게, 열렬히	hot(뜨거운)의 부사	Ⓡ17583
1149. houseboat	명집같이 생긴 배 **household**-가족, 세대, 가정의	house(집)+boat(보트)-집 같이 생긴 보트	Ⓡ48761
1150. hug	통껴안다. 포옹하다	껴안으면 숨 막혀 나오는 소리 헉!(hug)	Ⓡ14386

VOCA	뜻 / 기출 파생어	암기 **T**ip	원어민 사용빈도 (**R** / 86800)
1151. **huge**	휑큰, 거대한	손으로 혜지(huge, 헤아리지)못하게 큰	**R**1313
1152. **hummingbird**	똉벌새	humming(콧노래부르는)+bird(새)	**R**29668
1153. **hunger**	똉굶주림	hungry(배고픈)의 명사형	**R**6546
1154. **hurt**	통다치게 하다	다치게 해서 다리가 헐다(hurt)!	**R**2203
1155. **hybrid**	똉잡종, 합성물	하이브리드카(hybrid car) 참고	**R**9850
1156. **hydrogen**	똉수소	hydro(물)+gen((생산)-물로 발생한 원소▶수소	**R**6226
1157. **hygrometer**	똉습도계	hygro(습기)+meter(측정)-습기 측정기	**R**순위 외
1158. **hypothesis**	똉가설	hypo(아래)+thesis(논리, 이론, 논문)-이론 아래이므로 가설	**R**4959
1159. **iceman**	똉얼음 장수	ice(얼음)+man(사람, 남자)	**R**순위 외
1160. **ideal**	휑이상적인 **ideally**-이상적으로	idea(생각, 관념)에서 나온 형용사	**R**1818

VOCA	뜻 / 기출 파생어	암기 Tip	원어민 사용빈도 (ⓡ / 86800)
1161. **identical**	휑동일한 **identify**-확인하다, 동일시하다 **identically**-동일하게 **identity**-정체성	ID로 애인지(iden) 확인했더니 똑같(tical)았으므로 동일한	ⓡ4028
1162. **ideology**	몡이념, 이데올로기 **ideological**-관념적인	이데올로기(ideology)는 우리말 처럼 사용 *발음 주의	ⓡ4147
1163. **idler**	몡게으름뱅이	idle(아이들)은 공부하라하면 게 으름피죠+er(사람)-게으른 사람	ⓡ순위 외
1164. **ignore**	통무시하다 **ignorance**-무시	떠나려는 연인 바지를 붙잡 고 가지마! 애원하자 "이거 놔" (ignore)!하며 무시하다	ⓡ3673
1165. **illness**	몡질병 **ill**-아픈, 나쁜	ill(아픈)+ness(명사형어미)-질병	ⓡ2946
1166. **illusion**	몡착각. 환상, 오해, 꿈 **illusionist**-착각에 빠져있는 사람	환상이 이루어진(illusion)	ⓡ7543
1167. **imagery**	몡상, 표상 **image**-초상, 모습 **imagine**-상상하다	image(이미지)에서 나온 말로 생각하면 됨	ⓡ9474
1168. **imbalance**	몡불균형	im(부정)+balance(균형)-불균형	ⓡ12385
1169. **illustrate**	통설명하다, 삽화하다	일러스트레이션(illustration, 삽화) 한다는 말 참고	ⓡ5136
1170. **imbricate**	휑기와, 비늘이 겹쳐져 있는	기와를 겹치러 인부들이 갔대 (imbricate)	ⓡ순위 외

VOCA	뜻 / 기출 파생어	암기 ❶ip	원어민 사용빈도 (❸ / 86800)
1171. **imitate**	동모방하다	이미테이션 (imitation-모조품)이 라는 단어도 우리말처럼 사용	❸17218
1172. **immature**	형미숙한, 미완성의	im(부정어)+mature(성숙한)-미숙 한, 혹은 아직 미숙한 것들이 입맞춰(immature)?	❸12605
1173. **immediate**	형즉각적인 **immediately**-즉시	im(부정어)+med(=mid,중 간)+ate(형용사, 동사어미)-중간이 없이 즉각적인	❸1684
1174. **immigrant**	명들어오는 이민. 이민자	im(=in의 변형, 안으로)+migrate (이동하다)+ant(사람)-이주 들어온 사람	❸13980
1175. **immoral**	형부도덕한	im(부정어)+moral(도덕적인)-부도 덕한	❸14925
1176. **immortality**	명불멸, 불사	im(부정어)+mortal(반드시 죽 는)+ity(명사어미)-죽지 않음	❸20131
1177. **impair**	동손상시키다	임을 패어(impair) 손상 입히다	❸23498
1178. **impartially**	부공평하게 **impartial**-공평한	im(부정어)+part(부분)+tial(형용사 어미)+ly(부사어미)-부분에 치우 치지 않고 공정한	❸38780
1179. **impatient**	형참을성 없는	im(부정어)+patient(참을성 있는)	❸8835
1180. **imperfect**	형불완전한	im(부정어)+perfect(완전한)	❸14051

141

VOCA	뜻 / 기출 파생어	암기 Tip	원어민 사용빈도 ([R] / 86800)
1181. **imperium**	[명]주권, 지배권, 명령권	내가 임씨를 패리엄(imperium)-임씨를 패는 주권(주인된 권리)이 있나봐	[R]34556
1182. **impersonal**	[형]비개인적인(일반적인), 비인간적인	im(부정어)+personal(개인적인, 인간적인)	[R]11788
1183. **implement**	[명]도구, 이행 [동]실행하다 **implementation**-이행, 실행	갇힌 님(im)+풀리면(plement) 내가 못했던 사랑을 이행 해야지	[R]5180
1184. **imply**	[동]함축하다 **impact**-영향 **implication**-함축	im(안에)+ply(접다)-안에 접어 담고 있다▶함축하다	[R]5391
1185. **import**	[명]수입 [동]수입하다	im(in, 안으로)+port(항구, 운반하다)-항구 안으로 들어오므로 수입	[R]5643
1186. **impose**	[동]부과하다, 강요하다	임포주(impose)가 부당행위를 강요하다	[R]4483
1187. **impractical**	[형]비현실적인	im(부정어)+practical(현실적인)	[R]15858
1188. **imprecise**	[형]부정확한 **imprecisely**-부정확하게	im(부정어)+precise(정확한)	[R]26354
1189. **impress**	[동]인상을 주다 **impression**-인상 **impressive**-인상적인	im(in,안으로)+press(압력을 가하다)	[R]9766
1190. **imprint**	[명]표. 자국 [동]각인하다, 강한 인상을 주다	im(안에)+print(자국을 내다)-각인하다	[R]18546

VOCA	뜻 / 기출 파생어	암기 Tip	원어민 사용빈도 ([R] / 86800)
1191. **imprison**	[동]수감하다	im(안에)+prison(감옥)-감옥 안에 넣다	[R]38098
1192. **improve**	[동]향상시키다 **improvement**-발전, 향상, 개선	님 부러버(improve)!-님이 부러운 것은 뭔가 발전이 있었다는 말	[R]1667
1193. **improvise**	[동]즉흥적으로(임시변통으로) 하다	님 풀어봐 이제!(improvise)하며 즉흥적으로 (문제를 풀게) 하다	[R]29587
1194. **imprudent**	[형]신중하지 못한, 무분별한, 경솔한	외롭다고 님 부르던(imprudent) 신중하지 못한 재수생	[R]41246
1195. **impulse**	[명]충동, 자극	im(안에)+pulse(추진하다)-안에 있는 것을 추진하게 함▸충동	[R]8702
1196. **impure**	[형]순수하지 않은, 불결한	im(부정어)+pure(순수한)-순수하지 않은	[R]34654
1197. **inaccurate**	[형]정확하지 않은 **inaccurately**-부정확하게	in(부정어)+accurate(정확한)	[R]11899
1198. **inactive**	[형]활동하지 않는	in(부정어)+active(활동적인)	[R]15096
1199. **inadequate**	[형]부족한, 부적절한 **inadequately** -부적당하게, 불충분하게	in(부정어)+adequate(적절한)	[R]3849
1200. **inappropriate**	[형]알맞지 않은, 부적당한 **inappropriately**-부적절하게	in(부정어)+appropriate(적당한)	[R]6053

VOCA	뜻 / 기출 파생어	암기 ⓣip	원어민 사용빈도 (ⓡ / 86800)
1201. **inaudible**	톙알아들을 수 없는	in(부정어)+audio(듣다)+able(할 수 있는)-들을 수 없는	ⓡ30131
1202. **inborn**	톙타고난, 선천적인	in(안에서)+born(타고난)-안에서 타고난▶선천적인	ⓡ36545
1203. **incapable**	톙무능한, 불가능한	in(부정어)+capable(할 수 있는)- 할 수 없는	ⓡ7926
1204. **incapacity**	톙무력, 무능, 부적격	in(부정어)+capacity(능력, 용량)	ⓡ23536
1205. **incentive**	톙유인, 자극 *incident-사건 *incidental-부수적인	인센티브(incentive-유인책, 동기부여)는 우리말처럼 사용	ⓡ5905
1206. **incline**	통~에 마음이 기울다, ~하는 경향이 있다 inclination-경향, 성향, 기울기	in(사람 人)+cline(기울인)-사람이 ~에 마음을 기울이다	ⓡ19092
1207. **include**	통포함하다 톙exclude-제외하다	in(안에)+clude(닫다)-안에 넣고 닫아버리므로 포함하다 *ex(밖에)+clude(닫다)-제외하다	ⓡ642
1208. **income**	톙소득, 수입 톙expense-비용 outcome은 결과	in(안으로)+come(들어옴)-안으로 들어오므로 수입	ⓡ828
1209. **incomplete**	톙불완전한	in(부정어)+complete(완전한)	ⓡ8949
1210. **inconvenience**	톙불편	in(부정어)+convenience(편리함)	ⓡ12395

VOCA	뜻 / 기출 파생어	암기 ⓣip	원어민 사용빈도 (ⓡ / 86800)
1211. incorporate	동법인으로 만들다, 합병하다 형법인의, 결합한	in(안에)+corporate(기업의, 법인의)-회사 안으로 넣다▶법인으로 만들다, 합병하다	ⓡ6617
1212. incorrect	형맞지 않는	in(부정어)+correct(옳은)-옳지 않은	ⓡ9047
1213. increase	동증가하다 increasingly-더욱 더, 점점	잉크리쉬(increase)쓰는 사람이 증가하다	ⓡ571
1214. incredible	형믿을 수 없는, 놀라운 incredibly-믿을 수 없을 정도로	in(부정어)+credit(신뢰)+ible(할 수 있는)-신뢰할 수 있는	ⓡ6111
1215. incur	동유발하다, 안 좋은 결과를 입다 유trigger-촉발하다	人 칼(incur)-사람이 칼을 가지면 안 좋은 결과를 유발하다	ⓡ14828
1216. indecision	명우유부단, 망설임	in(부정어)+decision(결정)-결정할 수 없음	ⓡ23051
1217. indeed	부정말로 유really	in(안에)+deed(행위)-속마음에서 하는 행위▶정말로	ⓡ508
1218. independence	명독립 independent-독립한	in(부정어)+dependence(의존)-의존하지 않음	ⓡ2266
1219. index	명지수, 색인	人宅數(인댁수 index)-사람 집 수가 얼마나 되는지 가리키는 수-지수	ⓡ2175
1220. indicate	동가리키다, 나타내다	손으로 가리키면서 이 사람은 인디언 같애(indicate)	ⓡ2435

VOCA	뜻 / 기출 파생어	암기 Tip	원어민 사용빈도 ([R] / 86800)
1221. **indifferent**	[형]무관심한, 냉담한	안디 뻔한(indifferent)-아는데 뻔한 것에 무관심 할 수 밖에 혹은 in(부정어)+different(다른)-다르지 않은 거니까 무관심한	[R]9855
1222. **indirect**	[형]곧지 않은, 간접적인 **indirectly**-간접적으로	in(부정어)+direct(직접적인, 곧은)-간접적인	[R]5121
1223. **individual**	[형]개인적인 **individuality**-개성, 특성	in(부정어)+divide(나누다)+al(형용사어미)-모둠으로 나눌 수 없으므로 개인적인	[R]497
1224. **indivisible**	[형]분할 할 수 없는	in(부정어)+divide(나누다)+ible(할 수 있는)-분할 할 수 없는	[R]32663
1225. **indoctrinate**	[동]심어주다, 세뇌시키다	in(안에)+doctrine(주의, 신조)+ate(동사, 형용사어미)-신조 따위를 안에 심어주다	[R]77754
1226. **indubitable**	[형]의심할 여지없는	in(부정어)+dubit(=doubt, 의심)+able(할 수 있는)-의심할 수 없는	[R]63815
1227. **induce**	[동]남을 설득하여 ~하게 하다, 유인하다	in(안으로)+duc(끌어들이다)-유인하다	[R]9598
1228. **industry**	[명]산업 **industrial**-산업의	人(인) 다 섯더라(industry)-사람들이 산업 발전으로 다 (우뚝) 섰더라(번창했더라)	[R]474
1229. **ineffective**	[형]효과 없는	in(부정어)+effective(효과적인)	[R]9330
1230. **inefficient**	[형]비능률적인	in(부정어)+efficient(효율적인)	[R]10271

VOCA	뜻 / 기출 파생어	암기 Tip	원어민 사용빈도 (R / 86800)
1231. inequalities	명부등식 inequality-불평등	in(부정어)+equalities(평등, 등식)-부등식	R8262
1232. inescapable	형회피할 수 없는	in(부정어)+escape(탈출하다)+able(할 수 있는)-탈출할 수 없는	R18324
1233. inevitable	형불가피한, 피할 수 없는 inevitably-불가피하게	in(부정어)+evitable(피할 수 있는)	R3381
1234. inexcusable	형용서할 수 없는, 변명할 수 없는	in(부정어)+excuse(변명)+able(할 수 있는)	R44532
1235. inexpensive	형비싸지 않은	in(부정어)+expensive(비싼)	R14711
1236. infant	명유아 형유아의	TV광고에 나오는 앙팡(infant)아시죠?-유아 제품	R4867
1237. infect	동감염시키다 infectious-전염되는 infection-감염	in(안에)+fec(=fic, fac, 만들다)-다른 사람 안에도 만들어 전염시키다	R27793
1238. infer	동추론하다	in(안으로)+fer(나르다, 페리호의 ferry도 마찬가지)-머리 안으로 끌고 들어가다-추론하다	R15003
1239. inferior	형열등한 반superior-우등한	(꽃이) 안피어리어(inferior)-꽃이 열등해 안 피나 보네	R7852
1240. infinite	형무한한	in(부정어)+fin(끝)-끝이 없는	R7385

VOCA	뜻 / 기출 파생어	암기 Ⓣip	원어민 사용빈도 (Ⓡ / 86800)
1241. inflame	동악화시키다, 자극하다	in(안에)+flame(활활 타오르게 하다)-자극하다	Ⓡ50148
1242. inflation	명인플레이션, 물가인상, 증가	인플레라는 말은 우리말처럼 사용	Ⓡ2244
1243. inflow	명유입 **influence**-영향 **influential**-영향력 있는 **influenza**-유행성감기	in(안으로)+flow(발음하면 흘러와)-안에 흘러옴	Ⓡ23102
1244. inform	동알리다 **information**-정보	information(정보)의 동사형	Ⓡ5312
1245. informal	형격식을 차리지 않은, 비공식적인	in(부정어)+formal(공식적인, 형식적인)	Ⓡ3756
1246. infrequent	형빈번하지 않은	in(부정어)+frequent(빈번한)	Ⓡ17157
1247. infrared	형적외선의 **infrasound**-초저주파 **infrastructure**-사회 기반시설 *ultraviolet-자외선의	infra(아래)+red(빨간색)-가시광선 중 빨간색 아래(외)-한자로 하면 赤外(적외)	Ⓡ18630
1248. ingredient	명재료, 성분	인(人) 그리되언(ingredient)-사람은 성분이 물이랑 그리 되어있어	Ⓡ10232
1249. inhabit	동거주하다, 서식하다 **inhabitant**-주민	in(안에)+habit(애비, 어원상 살다의 뜻)-안에 애비가 거주하다	Ⓡ17184
1250. inherent	형내재된, 고유의, 타고난 유innate	인(人) 희어런(inherent)-사람이 희고 까만 것은 타고난	Ⓡ5861

VOCA	뜻 / 기출 파생어	암기 Tip	원어민 사용빈도 ([R] / 86800)
1251. **inherit**	[동]물려받다, 상속하다	인(人)혈(血)잇 (inherit)-사람 피는 부모로부터 물려 받는다	[R]13468
1252. **inhibit**	[동]억제하다, 방해하다, 금지하다 [유]forbid	인희(사람이름)빗(inhibit)을 더 쓰지 못하게 억제하다	[R]11569
1253. **initiate**	[동]시작하다	인(人)이 始(시작)(initia)+ate(동사, 형용사어미)-사람이 시작하다	[R]10708
1254. **injury**	[명]상해, 부상	부상입고 人조리(injury,사람이 몸 조리하다)-부상	[R]2196
1255. **inland**	[명]내륙 [형]내륙의 [부]내륙으로	in(안에)+land(땅, 육지)-내륙의	[R]4829
1256. **inner**	[형]내부의	인어(inner) 는 물 내부에 산다	[R]2250
1257. **innocent**	[형]죄 없는, 순결한, 때 묻지 않은 [반]guilty-죄 있는	흰옷은(innocent)때 묻지 않아야	[R]3573
1258. **innovation**	[명]혁신 **innovative**-혁신적인 **innovate**-혁신하다	in(안)+nova(새로운)+tion(명사형어미)-안을 새롭게 하는 것이 혁신	[R]4838
1259. **inoffensive**	[형]해롭지 않은	in(부정어)+offensive(공격적인)	[R]40983
1260. **input**	[명]입력, 투입	in(안에)+put(놓다)-입력, 투입	[R]2838

I

VOCA	뜻 / 기출 파생어	암기 Tip	원어민 사용빈도 (ⓡ / 86800)
1261. inquiry	동문의 inquire-문의하다	인(人)콜(call)이-사람이 전화한 것은 문의하려고	ⓡ2829
1262. insect	명곤충, 벌레	in(안)+sect(잘라내다, sector-나눠진 부문)▶곤충은 마디가 나눠졌음	ⓡ8546
1263. insecure	형불안전한	in(부정어)+secure(안전한)-불안전한	ⓡ14392
1264. insight	명통찰력 insightful-통찰력있는 insider-내부자	in(안을)+sight(보기)-안을 들여다보는 것은 통찰력	ⓡ5539
1265. insignificant	형중요하지 않은	in(부정어)+significant(중요한)	ⓡ10721
1266. insist	동주장하다	손 씻었는데 안 씻었다(insist)고 주장하다	ⓡ4984
1267. inspire	동영감을 주다, 감정을 불어넣다 inspiration-영감	in(안에)+spirit(숨, 영혼, 정신)-정신을 안에 넣다	ⓡ12570
1268. instability	명불안정	in(부정어)+sta(stand, 서다)+ability(능력)-설 수 없음	ⓡ10220
1269. install	동설치하다 installation-설치	인수탈(install) 미끄럼틀을 설치하다	ⓡ8414
1270. instance	명예, 경우	독해에 자주 등장하는 for instance(예를 들면)를 생각	ⓡ4623

VOCA	뜻 / 기출 파생어	암기 [T]ip	원어민 사용빈도 ([R] / 86800)
1271. **instant**	[형]즉시의 [명]순간 **instantly**-즉시, 당장에	인스턴트(instant)식품 등 우리 말처럼 사용	**[R]4159**
1272. **instead**	[부]대신에	인수 대(代)(instead)-인수 대신에	**[R]1392**
1273. **instinct**	[명]본능 **instinctive**-본능적인	인수 팅(instinct)-인수가 소개팅 하고 싶은 본능	**[R]6561**
1274. **institute**	[명]연구소, 협회 [동]설치하다, 실시하다 **institution**-기관, 협회 **institutionalized**-제도화 된	연구소는 인사동에 뒀다 (institute)	**[R]1907**
1275. **instruct**	[동]지시하다, 교육하다, 알려주다 **instruction**-지시, 교육, 알려줌	인수 트럭 타(instruct)! 하고 지시하다	**[R]13777**
1276. **instrument**	[명]악기, 기구, 도구	인수 들어 뭔?(instrument)-인수가 뭔 악기 연주를 들어?	**[R]3503**
1277. **insufficient**	[형]불충분한	in(부정어)+sufficient(충분한)	**[R]5768**
1278. **insulate**	[동](절연, 단열, 방음)하다, 격리하다, 보온하다 **insulation**-절연, 단절	너랑 안살랬대(insulate)!-너랑 안살아! 단절, 격리야!	**[R]27917**
1279. **insult**	[동]모욕을 주다 [명]모욕 c.f) **insert**-끼우다	인석(insult, 이 녀석)하며 모욕을 주다	**[R]9464**
1280. **insurance**	[명]보험	in(en-'만들다'의 변형)+sure(안전한)+ance(명사형어미)-안전하게 함	**[R]1452**

VOCA	뜻 / 기출 파생어	암기 ❶ip	원어민 사용빈도 (❷ / 86800)
1281. intact	혱손상되지 않은	손 안대(intact)!-손대지 않은	❷6104
1282. intake	몡섭취, 흡입, 수용	in(안으로)+take(받아들임)	❷6404
1283. integral	혱필수의, 전체를 구성하는, 적분	수학 시간에 배운 인티그럴 (integral, 적분)은 필수	❷6189
1284. intelligence	몡지능, 지성 intellect-지성 intellectual-지적인 intellectually-지적으로	인테리(intelli,똑똑한 지성인) 라는 말 많이 들어 보셨죠?	❷2788
1285. intend	동의도하다, ~할 작정이다	나 닌텐도(intend)할 작정이야!	❷4194
1286. intense	혱강렬한,집중적인 intensely-강렬히 intensity-강렬함 intensify-강하게 하다, 정도를 더 하다 intensive-집중적인	인(人) 턴(ten) 쓰(se)-인턴 쓰자 고 강력한 주장	❷3808
1287. intent	몡의도 intention-의도 intentional-의도적인 intentionally-고의로	위에 나온 intend(~할 의도이다) 의 명사형	❷4491
1288. interact	동상호작용하다, 교류하다 interaction-상호작용	inter(=between,상호간의)+act(활 동하다)	❷10259
1289. interchange	동교환하다	inter(서로간)+change(바꾸다)	❷13956
1290. interdependent	혱서로 의존하는	inter(서로간)+dependent(의존하 는)	❷21473

VOCA	뜻 / 기출 파생어	암기 ⓣip	원어민 사용빈도 (ⓡ / 86800)
1291. **interestingly**	(彤)흥미롭게도 **interest**-흥미 **interesting**-흥미로운 **interested**-흥미로운	interesting(흥미로운)+ly(부사형 어미)	ⓡ9102
1292. **interface**	(명)컴퓨터의 인터페이스, 접촉면, 경계면, 공통사항 (동)조화시키다	inter(서로간의)+face(얼굴, 표면)-두 얼굴의 경계면	ⓡ4432
1293. **interfere**	(동)간섭하다, 방해하다 **interference**-간섭	inter(서로)+(방해 작전을) 피어(fere)-방해하다	ⓡ6793
1294. **intermission**	(명)휴식시간, 막간	inter(서로의, 사이의)+mission(임무)-임무 사이 이므로 막간	ⓡ48746
1295. **internal**	(형)내부의 (반)external-외부의 **Internet**-인터넷	in(안)+ternal(터널이라고 가정)-터널 내부의	ⓡ1526
1296. **interpret**	(동)통역하다, 해석하다. **interpretation**-통역, 해석 **interpreter**-통역인	inter(사이에서)+pret(풀이)-사이에서 풀이해주다▶통역(해석)하다	ⓡ5803
1297. **interrelate**	(동)상호 연관시키다	inter(서로)+relate(관련시키다)	ⓡ60708
1298. **interrupt**	(동)방해하다, 끼어들다, 중단하다	inter(서로)를+rupt(깨다)-중간에서 방해하다	ⓡ11483
1299. **intersection**	(명)교차점, 사거리	inter(사이에서)+section(자름, 나눔)-교차점	ⓡ18314
1300. **intervene**	(동)개입하다. 끼어들다 **intervention**-개입	inter(사이에서)+vene(vent=go, come)-둘 사이를 가다▶끼어들다	ⓡ7093

VOCA	뜻 / 기출 파생어	암기 **T**ip	원어민 사용빈도 (**B** / 86800)
1301. **intolerable**	휑참을 수 없는	in(부정어)+tolerate(참다)+able (할수있는)-참을수 없는	**B**11212
1302. **intricate**	휑복잡한, 얽힌	인(人)들 얽혀있다(intricate)-사람들이 얽혀 복잡한	**B**10865
1303. **intrigue**	통계략을 쓰다, 흥미를 끌다 intriguing-흥미로운, 계략을 쓰는	인(人) 트릭(intrigue)(trigue인데 발음상 트릭으로 기억)-사람들이 트릭을 쓰며 음모를 꾸미다	**B**16906
1304. **intrinsic**	휑본질적인, 고유의 intrinsically-본래	in(안)+trin(들은)+sic(직)-안에 들어있는 본질	**B**9558
1305. **introduce**	통도입하다, 소개하다 introduction-도입	intro(안으로)+duc(끌어들이다)-도입하다	**B**2819
1306. **introspective**	휑내성적인, 자기반성의	intro(안)+sec(spi, 보다)-안을 들여다 보며 반성하는	**B**31026
1307. **intrude**	통침범하다	In(안으로)+trude(발음하면 들어오다)-침입하다	**B**22695
1308. **intuition**	명직관 intuitive-직관적인 intuitively-직관적으로	in(안)+tu(=tutor, 지켜보다)+tion(명사형어미)-안에서 지켜보고 직접 인식하는 직관	**B**12129
1309. **inuit**	명이뉴잇 족, 이뉴잇 언어	이뉴잇(inuit, 에스키모)	**B**33864
1310. **invade**	통침략하다 invader-침략자 invasion-침략	인(人) 베이다(invade)-사람 베고 침략하다	**B**16459

VOCA	뜻 / 기출 파생어	암기 **T**ip	원어민 사용빈도 (**ⓡ** / 86800)
1311. **invaluable**	혱가치로 따질 수 없이 중요한 *가치없는-valueless	in(부정어)+value(가치)+able(할 수 있는)-가치로 따질 수 없는	**ⓡ**8110
1312. **invariable**	혱변함없는 **invariably**-변함없이	in(부정어)+vary(변하다)+able(할 수 있는)-변할 수 없는	**ⓡ**30677
1313. **invent**	동발명하다 **invention**-발명 **inventor**-발명가	인(人) 번뜩(invent)-사람이 번뜩 하며 발명하다	**ⓡ**12818
1314. **invest**	동투자하다 **investment**-투자	인(人) 베스트(vest,여기서는 best 로 이해)-사람이 최고니까 사람 에게 투자하자!	**ⓡ**51111
1315. **investigate**	동조사하다 **investigation**-조사	인(人) 뵈었다 갔다(investigate)- 조사할게 있어서 사람 뵈었다 가 갔다	**ⓡ**3788
1316. **invisible**	혱보이지 않은	in(부정어)+vis(보다.video와 같은 어 원)+ible(할 수 있는)-볼 수 없는	**ⓡ**6023
1317. **invite**	동초대하다 **invitation**-초대	인(人) 봐야돼(invite)-사람 봐야 돼! 하며 초대하다	**ⓡ**6057
1318. **involve**	동관련되다, 연루되다, 포함하다 **involvement**-관련	인(人) 밟어!(involve)-사람 밟아 범죄에 연루되다	**ⓡ**2406
1319. **iron**	몡철	아이언 맨 (iron man, 철인)생각하 면 되실 듯	**ⓡ**2134
1320. **ironic**	혱역설적인, 모순적인, 반어적인 **ironically**-역설적이게도	아이러니(irony)하다는 말 들어 보셨죠? *irony-역설적임	**ⓡ**8777

155

VOCA	뜻 / 기출 파생어	암기 ⓣip	원어민 사용빈도 (Ⓡ / 86800)
1321. **irrational**	휑비이성적인 irrationally-이성을 잃고	ir(in, im, ir, il, 등의 변형으로 부정어)+rational(이성적인)-비이성적인	Ⓡ11101
1322. **irregularity**	몡불규칙	ir(부정어)+regularity(규칙성)-불규칙성	Ⓡ26395
1323. **irrelevant**	휑관계없는, 부적절한	ir(부정어)+relevant(관련 있는)	Ⓡ5718
1324. **irresistible**	휑저항할 수 없는	ir(부정어)+resist(저항하다)+ible(할 수 있는)-저항할 수 없는	Ⓡ11254
1325. **irresponsible**	휑무책임한	ir(부정어)+responsible(책임 있는)	Ⓡ12364
1326. **irrigate**	통물을 대다(관개하다) irrigation-관개	물을 대려고(관개하려고) 물을 일어갔대(irrigate, 길러갔대)	Ⓡ58575
1327. **irritate**	통짜증나게 하다 화나게 하다 irritation-짜증, 염증, 화남	이리 (속을) 태웠데(irritate)-속태우며 짜증나게 하다	Ⓡ25216
1328. **isolate**	통고립시키다, 격리하다 isolation-고립, 격리	아이(i) 소(so) 레잇(late)-아이소가 다른 소 보다 걸음 느려 늦게 와서 고립되다	Ⓡ12625
1329. **isotope**	몡동위 원소 -원자번호는 같으나 질량수가 다른 원소	iso(=equal, 같은)+tope(place, 장소, 위치, 지위)-같은 위치(同位-동위)	Ⓡ18155
1330. **issue**	몡쟁점, 문젯거리, 발행 통발행하다, 명령을 내다	문젯거리 있슈?(issue) 혹은 여기 있슈(issue)!하며 신분증을 발행하다	Ⓡ589

VOCA	뜻 / 기출 파생어	암기 Tip	원어민 사용빈도 ([R] / 86800)
1331. **itch**	[동]가렵다 [명]가려움 itchy-가려운	i(이)+tch(치)-혈액을 먹고 사는 아주 작은 생물인 이(i)가 나를 치(tch)니 가려운	[R]26137
1332. **item**	[명]물품, 품목 export item-수출 품 luxury item-사치품	아이가 탐내는 물건이 아이템-item	[R]2621
1333. **itself**	[대]그 자체 all by itself-저절로 ***its**-그것의	it(그것)+self(자체, 자신)-그 자체	[R]379
1334. **jagged**	[형]들쭉날쭉한	지그 재그(jagged)를 생각해 보면 됨	[R]15310
1335. **jar**	[명]단지, 항아리	신주 단지 잘(jar)모셔!	[R]9402
1336. **jaw**	[명]턱	턱 부러 져(jaw)!	[R]6669
1337. **jealous**	[형]질투하는	질(질투할 질,嫉)(jeal)+ous(형용사어미)-질투하는	[R]7300
1338. **jewel**	[명]보석=jewelry	주어(jewel)렁 주렁 매달은 보석	[R]13722
1339. **joint**	[명]이음매, 관절 [동]이음매로 잇다	두 물체를 이은 이음매를 꽉 조인다(joint)	[R]1465
1340. **jot**	[동]간단히 적다 [명]아주 조금	잣(jot) 한 개 만큼 조금, 또 음식 품평회에 난 간단히 적었다-음식이 짯(jot)!	[R]22879

I
J

VOCA	뜻 / 기출 파생어	암기 Tip	원어민 사용빈도 ([R] / 86800)
1341. **journey**	[명]여행, 여정 **c.f)journalist**-기자 **journalism**-신문, 잡지, 저널리즘	여행가니 좋으니(journey)?	[R]2088
1342. **joyfully**	[부]기뻐서	joy(기쁨)+full(꽉찬)+ly(부사형어미)	[R]31242
1343. **judgement**	[명]판단 **judge**-판사, 심판, 판단하다	졌지?(judge=심판)+ment(명사형어미)-판단	[R]3634
1344. **junk**	[명]쓰레기, 폐물	고장크(junk) 푸드-고장 난 음식	[R]9807
1345. **Jupiter**	[명]목성	별 중에 나무처럼 쭈뼛대(jupiter)는 별-목성(木星)	[R]14585
1346. **justify**	[동]정당화하다 **just**-그저, 공정한	just(정당한)+ify(~화(化) 하다)	[R]4213
1347. **keen**	[형]예리한, 예민한	수능에 쌍 심지 킨(keen)-예민한	[R]2620
1348. **kettle**	[명]주전자, 솥	끼워! 틀(kettle)-주전자나 솥을 만들려면 주물 틀에 끼워!	[R]7507
1349. **kin**	[명]동족, 친척 **kinship**-친족관계	킨(kin) 사이다 아세요?-킨 사이다는 한국 코카콜라 자매(동족, kin)제품으로 1975년에 나온 사이다랍니다	[R]8159
1350. **kindergarten**	[명]유치원 preschool-유치원, 취학전의	키운다 같은(kindergarten) 또래 애들-유치원	[R]29940

VOCA	뜻 / 기출 파생어	암기 ⓣip	원어민 사용빈도 (ⓡ / 86800)
1351. **kingdom**	몡왕국	king(왕)+dom(상태, 관념, 영토를 나타내는어미)-왕의 영토▶왕국	ⓡ1568
1352. **kite**	몡연	날리면 멀리 가있(kite)는 연	ⓡ8913
1353. **knee**	몡무릎	UFC 경기에서 니 킥(knee kick)을 생각해보면 됩니다	ⓡ4223
1354. **knight**	몡기사, 용사, 호위자, 보호자 *be knighted-작위를 수여받다	knight(발음하면 night와 같으므로) 밤에 돌아다니려 면 용사가 호위를 해줘야 함	ⓡ6575
1355. **knowledgeable**	혱박식한 **knowledge**-지식	knowledge(지식)+able(할 수 있는)-지식이 있는	ⓡ14497
1356. **labor**	몡노동, 근로 **laborer**-노동자	9시 출근해서 5시까지 내 일(근로)봐(labor)!	ⓡ21851
1357. **laboratory**	몡실험실, 실습실	에디슨의 말-실험 좀 하게 나 좀 내 버려둬라(laboratory)!	ⓡ3434
1358. **lack**	몡부족, 결핍 됭~이 부족하다	럭(lack)-弱(약할 약)-약하므로 부족, 결핍	ⓡ1014
1359. **ladder**	몡사다리	오르다(ladder)-사다리가 있어야지 오르지?	ⓡ5835
1360. **landfall**	몡착륙, 상륙, 육지의 첫 발견 **landscape**-풍경	land(육지)+fall(떨어짐)-배타고 땅에 떨어짐	ⓡ39310

K
L

159

VOCA	뜻 / 기출 파생어	암기 ⓣip	원어민 사용빈도 (ⓡ / 86800)
1361. lap	몡무릎 laptop-무릎위에 올려놓을 수 있는 휴대용 컴퓨터	랩(lap)탑(top)컴퓨터를 알면 lap은 쉽게 기억 할 듯	ⓡ5774
1362. lapse	몡실수, 일탈. 시간의 경과	납세(lapse)기간이 경과되어 가산금까지 내는 실수	ⓡ13937
1363. larvae	몡애벌레	날라봐 (larvae)! 나비 애벌레야	ⓡ10457
1364. latecomer	몡지각자. 신입 lately-최근에 latest-최상급 later-최근의	late(늦게)+comer(온 사람) late-늦은, 늦게 last-마지막의	ⓡ79121
1365. latitude	몡위도 longitude-경도	lateral(옆쪽의)와 같은 어원의 lat+tude(상태) -옆으로 있는 상태	ⓡ17581
1366. latter	혱후자의, 나중의	놔둬(latter)! '순서상 나중의' 일이야 *later는 '시간상 나중에' 라는 뜻	ⓡ1330
1367. laughmobile cart	몡웃음 배달 수레 laugh-웃다	laugh(웃다)+mobile(휴대전화, 자동차. 이동이 쉬운)+cart(수레)	ⓡ순위 외
1368. launch	동시작하다, 실시하다. 발사하다	신상품 나오면 론칭(launching)한다고 하죠? 제품 출시하는 겁니다	ⓡ3055
1369. laundry	몡세탁 launderer-세탁하는 사람	넌덜머리(laundry)나는 세탁	ⓡ10692
1370. lawn	몡잔디 lawnmower-잔디 깎는 기계	lawn ground(=잔디구장)라는 말 들어보셨을 겁니다	ⓡ6730

VOCA	뜻 / 기출 파생어	암기 ⓣip	원어민 사용빈도 (ⓡ / 86800)
1371. **lawsuit**	몡소송	law(법)+suit(소송)-법 소송	ⓡ27190
1372. **lay**	통놓다, 눕히다, 알을 낳다 **layout**-배치, 펼치기 **lay-up**: 농구의 레이업, 쉼	여기 놓으래이(lay)!-(여기)놓다	ⓡ1005
1373. **layer**	몡층	겹겹이 층을 내어(layer)	ⓡ3591
1374. **lazy**	혱게으른	la(late=늦은)+zy(지)-늦은 것은 게으른 것이지?	ⓡ8053
1375. **leaf**	몡잎 **leaves**-leaf의 복수, 떠나다	leaf를 발음하면 잎	ⓡ5217
1376. **leak**	통새다, 누출되다 몡새는 곳, 누출	이크(leak) 파이프가 샌다	ⓡ10598
1377. **leap**	통뛰다. 도약하다	기립(leap)하고 나서 뛰다	ⓡ6868
1378. **lease**	몡임대차 계약 통임대(임차)하다	방 있어?(lease)-임대하다	ⓡ3988
1379. **leather**	몡가죽 **c.f) leader**-리더 **leadership**-지도력 **lead**-이끌다	가죽이 너덜(leather) 너덜	ⓡ3568
1380. **lecture**	몡강의, 연설	le(lesson)+ture(갈쳐)-레슨 갈쳐▶강의하다	ⓡ4508

VOCA	뜻 / 기출 파생어	암기 [T]ip	원어민 사용빈도 ([R] / 86800)
1381. **legal**	[형]법적인 [반]illegal-불법적인	리(le, 이게) 걸(gal, 걸리는)-이게 법적으로 걸리는 건지?	**[R]750**
1382. **legend**	[명]전설 legendary-전설의	래전(legend) 거꾸로 읽으면 전래 (예로부터 전해 내려옴)-전설	**[R]6089**
1383. **legislation**	[명]법률제정, 입법	리짓을 (legisl,이짓을)+tion(명사형어미)-이 짓을! 가만히 놔두지 않고 (처벌하는) 법률 제정	**[R]1469**
1384. **legitimate**	[형]합법적인	리짓맞대(legitmate)-이 짓은 법적으로 맞대▸합법적인	**[R]5129**
1385. **lengthen**	[동]길게 늘리다 **lengthy**-매우 긴, 장황한	length(길이)+en(만들다)-길게 만들다	**[R]27300**
1386. **leopard**	[명]표범	라 팔드(leopard)-라이온 파트(라이온과 부분적으로 비슷함)로 맹수	**[R]17918**
1387. **lessen**	[동]줄이다, 완화하다 **less**-더 적은 **least**-가장 적은	쉬운 단어 less(더 적은)뒤에 en(만들다)을 붙였다고 생각▸줄이다	**[R]17152**
1388. **level**	[명]수준, 급	레벨(level)테스트 라는 말 생각	**[R]325**
1389. **lever**	[명]지렛대	lev(들어올리는 elevator의 철자 lev)+er(행위자)-들어 올리는 것▸지렛대	**[R]9440**
1390. **levity**	[명]경솔함, 경거망동, 변덕	진중함 내버리(levity)?-진중함을 내버리는 경솔함	**[R]50658**

VOCA	뜻 / 기출 파생어	암기 🆃ip	원어민 사용빈도 (🆁 / 86800)
1391. **liable**	혱법적인 책임이 있는, ~하기 쉬운	라이(lie)야 불(不)-거짓말은 불가▶법적 책임이 있고 (처벌 받기) 쉬운	🆁3949
1392. **liberal**	혱자유로운, 아끼지 않는 **liberate**-자유롭게하다 **liberty**-자유	한국말 중에 "니 버럴(liberal, 니가 돈벌어)니가 쓰는 것은 자유"라는 말을 생각	🆁1839
1393. **license**	몡면허, 자격증	나이 쓴(license) 면허증(면허증 보면 나이가 써 있음)	🆁14588
1394. **lid**	몡뚜껑, 꺼풀 eyelid-눈꺼풀	eyelid(eyelid를 eyelead 로 생각. 눈을 리드하는 것은 감았다 뜨게 하는 뚜껑)	🆁6705
1395. **lifeguard**	몡인명구조원 **lifelong**-평생의 **litetime**-평생 **lifestyle**-생활양식	life(생명)+guard(수호자)	🆁37951
1396. **lift**	됩들어올리다	리프트(lift)도 스키장에서 우리 말처럼 쓰임	🆁2332
1397. **ligament**	몡인대, 결속력	다리가 먼(ligament)-인대가 끊어져 다리가 기능을 못하는	🆁29403
1398. **lightweight**	혱가벼운 **lighthouse**-등대	light(가벼운)+weight(무게)	🆁9406
1399. **likelihood**	몡가능성 **likely**-~할 것 같은 **likewise**-마찬가지로 **liking**-애호	likely(할 것 같은, 좋아하는)+hood(상태)-~할 것 같은 상태▶가망성	🆁6278
1400. **lily**	몡백합	릴리(lily) 리야! 하며 꽃놀이(백합 놀이) 가다	🆁5085

L

VOCA	뜻 / 기출 파생어	암기 ⓣip	원어민 사용빈도 (ⓡ / 86800)
1401. limestone	몡석회암	아임 스톤 (limestone)-나는 스톤이야. 아무튼 돌 이름 이네	ⓡ8149
1402. linger	동오래 머무르다	발음이 비슷한 링거(ringer)주사를 이용-링거 맞으러 병원에 링거(linger, 오래 머무르다) 하다	ⓡ16850
1403. literature	몡문학, 문헌 **literally**-글자그대로 **literary**-문학의 **literacy**-읽고 쓸 줄 아는 것	liter(=leter.letter,글자)+ture(명사형어미)-글로 된 것▶문학	ⓡ1960
1404. litter	몡쓰레기 동어지럽히다	내다(litter) 버린 쓰레기	ⓡ8827
1405. livestock	몡가축	live(살아있는)+stock(가축이라는 뜻이 있음. 발음하면 소다)-'살아있는 소다'▶가축	ⓡ7851
1406. lament	동한탄하다	왜 너만(lament) 신세가 이러니? 하며 어머니가 한탄하다	ⓡ21500
1407. lizard	몡도마뱀	꼬 리잘(lizard)르고 도망가는 도마뱀	ⓡ19181
1408. loaf	몡덩어리, 동빈둥거리다	원래 빵의 half(loaf)에서 나온 말로 빵의 일부 덩어리를 이르는 말 a loaf of bread-빵 한 덩어리	ⓡ12350
1409. loan	몡대출 동빌려주다(**lend**)	논(loan) 잡고 담보 대출	ⓡ2594
1410. locate	동위치시키다 **location**-위치, 장소	놓게했다(locate)-'~에 위치시키다'	ⓡ7789

VOCA	뜻 / 기출 파생어	암기 Tip	원어민 사용빈도 ([R] / 86800)
1411. **lock**	[명]자물쇠 [동]자물쇠를 채우다	자물쇠 로(lo)꽉(ck) 잠그다	[R]3554
1412. **logical**	[명]논리화 **logic**-논리 **logicalization**-논리화(정식단어 아님)	log(logos,이성, 생각, 말)+ical(형용사어미)-이성적이고 생각하면 논리적일 수 밖에	[R]3857
1413. **logograph**	[명]기호, 약어, 문자	logo(logos, 말)+graph(쓰다)-말하고자 하는 것을 써놓은 것▶기호	[R]순위 외
1414. **loneliness**	[명]외로움 **lonely**-외로운	왜 날 혼자 놓으니(lonely)?+ness(명사형어미)-외로움	[R]10086
1415. **longevity**	[명]장수, 수명	long(긴)+evity(애비지)?-수명이 긴 애비지?▶장수	[R]20701
1416. **longing**	[명]동경, 갈망 [형]갈망하는	long(오랫동안)+ing(잉잉)-오랜 기간 잉잉 울며 갈망하다	[R]8160
1417. **loom**	[동]어렴풋이 흐릿하게 나타나다	방에 누움(loom)꿈에 어렴풋이 나타나다	[R]16546
1418. **loosen**	[동]느슨해지다, 풀다	느슨 (loosen)해지다-풀어지다	[R]17754
1419. **lore**	[명]구전지식, 구전설화, 전통, 전승	발음이 로올인데 그냥 읽으면 놀이(lore)-차전놀이(lore)는 전승된 것	[R]22491
1420. **loss**	[명]손실 **lost**-잃어버린, 감량한, lose의 과거, 과거분사	로스컷(loss cut)-손실 본 것은 빨리 잘라 내라는 경제 용어입니다	[R]851

L

VOCA	뜻 / 기출 파생어	암기 ⓣip	원어민 사용빈도 (ⓡ / 86800)
1421. lot	때많음 명모두, 땅, 운	thanks a lot! 의 lot은 다 아실 테고, 로또(lot+to)는 lot(운)에서 나온 말. parking lot은 주차 하는 땅이므로 주차장	ⓡ519
1422. lotus	명연꽃	물위에 연꽃으로 떴어(lotus)!	ⓡ7827
1423. loud	형시끄러운	동네방네 사람들 다 나오다 (loud).그래서 시끌벅적한	ⓡ3663
1424. loyal	형충실한, 충성스러운	충성스러운 놈한테 일을 맡기 니 마음이 놓이어(loyal)!	ⓡ5747
1425. luxury	명호화스러움 사치	억주리(luxury)! 승용차를 억이 나 준다구? 상당히 호화스러 운 차구만	ⓡ4667
1426. lying	lie의 현재 분사 자동사 lie 동누워있다, 놓여있다, ~상태로 있다, 거짓말하다 *lie-lay-lain (놓여있다, 눕다) *lie-lied-lied(거짓말하다)	거짓말 하다의 lie는 아실 것이 고 누워라이(lie), 놓아라이(lie) 정도로 말을 만들어 기억. *타 동사 lay-laid-laid(놓다, 눕히다, 알을 낳다)도 반드시 암기해야 함	ⓡ2111
1427. machinery	명기계류	machine(기계)+ery(=ory,ry, 집합 적인 뜻을 가짐)▶기계 모아놓은 것 이므로 기계류	ⓡ3710
1428. magazine	명잡지	판매가준(magazine) 잡지-판매 가 줄어든 잡지	ⓡ2157
1429. mad	형화난, 미친	엄마 화나게 하면 매다(mad)!	ⓡ3067
1430. magnetism	명자성, 끄는 힘	magnet(자석)+ism(주의, 이론, 연 습)-붙는 것	ⓡ21587

VOCA	뜻 / 기출 파생어	암기 ⓣip	원어민 사용빈도 (ⓡ / 86800)
1431. **magnitude**	몡크기, 규모	magn(=mega, 큰)+tude(상태)-큰 정도	ⓡ7348
1432. **maintain**	동유지하다, 지속하다, 주장하다	main(메인,중심)+tain(떼인)-중요한 부분이 떼어서 지속적으로 보충 주장하다	ⓡ1877
1433. **maize**	몡옥수수=corn	너의 앞 옥수수(이빨)부러뜨린 매 (는) 잊어(maize)!	ⓡ14683
1434. **majestic**	혱장엄한, 위엄 있는	위엄있는 체육샘에게 맞았었지 (majestic)	ⓡ15743
1435. **majority**	몡대다수	major(크기나 양이 큰)+ity(명사형 어미)-큰 부분이므로 대다수	ⓡ1027
1436. **makeup**	몡조립, 구성, 얼굴단장, 거짓말	메이크업(makeup)은 화장하는 것이니 꾸미기, 얼굴조립, 구성 등으로 기억	ⓡ21027
1437. **malnutrition**	몡영양실조	mal(나쁜, 잘못된)+nutrition(영양)-영양실조	ⓡ19894
1438. **mammal**	몡포유류	포유류는 젖을 먹이므로 새끼는 맘마(mammal)달라고 한다	ⓡ16075
1439. **management**	몡관리	manage(관리하다)+ment(명사형 어미)*mani, mana는 '손'이라는 뜻. manager는 손으로 지시하는 사람	ⓡ428
1440. **mandate**	몡명령, 의무 동통치를 위임하다. 명령하다 **mandatory**-의무적인	왕은 먼데 있대(mandate), 따라서 위임통치를 명령했어!	ⓡ9804

M

167

VOCA	뜻 / 기출 파생어	암기 **T**ip	원어민 사용빈도 (ⓡ / 86800)
1441. **manifest**	휑명백한, 분명한 됭분명하게 하다	사람들 많이 봤었다(manifest)그 러므로 분명한	ⓡ9305
1442. **manipulate**	됭조종하다. 조작하다	mani(손으로)+pul(pull)+ate(형용 사, 동사형어미)-손으로 끌다▶조 종하다	ⓡ10645
1443. **manned**	휑사람이 탄(유인,有人의)	man(사람)+ed(형용사형어미)-사람 이 있는	ⓡ15771
1444. **manufacture**	똉제조업 **manual**-손의, 안내책자, 교본	manu(=mani,손)+fac(=fic, 만들 다)+ture(명사어미)-손으로 만듦	ⓡ4878
1445. **marble**	똉대리석 marvel-경이로움	바꾸지 마! 테이블(marble)-우리 집 식탁 대리석으로 깔았단 말 이야!	ⓡ5690
1446. **margin**	똉수익, 가장자리	장사하시는 분들이 마진 (margin, 수익)이 적다고 많이 하 죠	ⓡ5453
1447. **marine**	휑바다의	말린(marine) 바다의 생선 생각 하시면 될 듯	ⓡ4106
1448. **marketplace**	똉시장	market(시장)+place(장소)	ⓡ13412
1449. **Mars**	똉화성	행성중 물이 말랐스(mars)-아마 불(화,火)이 있는 행성 인 것 같 음▶화성(火星)	ⓡ9840
1450. **martial**	휑전쟁의, 호전적인 martial art-무술	김 정은은 전쟁으로 맞설 (martial) 호전적인 인물	ⓡ11221

VOCA	뜻 / 기출 파생어	암기 ⓣip	원어민 사용빈도 (Ⓡ / 86800)
1451. **mass**	몡덩어리, 다수, 대량 혱대중의 똥한 덩어리가 되다	매스 미디어(mass media, 대중매 체)생각하면 될 듯 *medium-media의 복수	Ⓡ1403
1452. **masterpiece**	몡걸작	master(대가, 거장)+piece(작품)- 대가의 작품	Ⓡ12929
1453. **material**	몡재료, 원료, 물질 materialistic-물질주의적인	재료를 뭘 넣었길래 맛 튀어리 어?(material, 맛이 튀는 거야?)	Ⓡ725
1454. **mathematize**	똥수식화하다 mathematical-수학적인	mathematics(수학)+ize(=ify, ~化 하다)-수식화하다	Ⓡ순위 외
1455. **mature**	혱성숙한 maturity-성숙함 뺀immature-미숙한	남녀가 입 맞추어?(mature)-성 숙한 남녀인가 보네	Ⓡ4445
1456. **maximize**	똥최대화하다 minimum-최소 뺀minimize-최소화하다 minimal-최소의	maximum(최대)+ize(~化) 하 다)-최대화하다 *maximum-최 대(의)	Ⓡ18047
1457. **mayor**	몡시장	산적한 문제 해결에 메이어 (mayor)계신 시장님	Ⓡ3924
1458. **mealtime**	몡식사시간 meal-식사	아기 밀(meal)+time(시간)-(아기) 식사 시간	Ⓡ68921
1459. **meaningful**	혱의미심장한 mean-의미하다 meantime-한편, 그동안 =meanwhile meaning-의미 meant-과거, 과거분사	meaning(의미)+ful(full,꽉찬)-의 미심장한	Ⓡ7064
1460. **measure**	몡조치. 대책 똥측정하다, 평가하다 measurable-측정할 수 있는 measurement-측정	어려서 말 안들을 때 아빠의 조치는 매줘!(measure) 키를 측정하려면 나 좀 매(달아) 줘(measure)!	Ⓡ1597

M

VOCA	뜻 / 기출 파생어	암기 Tip	원어민 사용빈도 ([R] / 86800)
1461. **mechanic**	[명]정비사, 수리공 **mechanism**-기계장치, 구조 **mechanical**-기계로 작동되는	고장 나면 맡겨놔(mechanic)!-수리공이 고칠거야!	**[R]15409**
1462. **mediate**	[동]중재하다, 조정하다 [형]중재의, 간접의 **mediation**-중재, 조정, 심사숙고 **mediator**-조정자, 중재인(중개인)	med(=mid, 중간)+ate(동사, 형용사 어미)-중간에 끼어있다	**[R]18304**
1463. **medicine**	[명]약, 의학 **medical**-의학의	약은 마디신(맛이신, medicine)	**[R]3371**
1464. **meditation**	[명]명상, 숙고 meditate-명상하다	머리 때려서(meditation) 명상하고 숙고하다 *mediation(중재)과 다르게 t자가 더 있으므로 think로 생각하고 외울 것	**[R]11450**
1465. **melt**	[동]녹이다 **meltwater**-눈 녹은 물	melt(묽다)-녹아서 묽다	**[R]9413**
1466. **membership**	[명]회원	member(회원)+ship(신분, 상태, 자격을 나타내는 명사형)	**[R]1945**
1467. **membrane**	[명]인체(생물) 조직의 막	횡경막도 인체 조직 멤버라네(membrane)	**[R]7707**
1468. **memoir**	[명]회고록 **memory**-기억	과거에 있었던 일을 메모해와(memoir)회고록을 만듦	**[R]22224**
1469. **mental**	[형]정신의 **mentally**-정신적으로	멘 틀(mental)-사람이 가지고 있는 마음의 틀▸정신의 *멘붕(멘탈 붕괴)	**[R]1771**
1470. **mention**	[동]언급하다, 말하다	나 맨션 (mention, 원래는 mansion)살아! 하고 물어보지도 않았는데 언급하다	**[R]2168**

VOCA	뜻 / 기출 파생어	암기 ⓣip	원어민 사용빈도 (ⓡ / 86800)
1471. mentor	몡스승, 조언자	멘토(mentor)는 우리말처럼 사용	ⓡ16931
1472. merchandise	몡상품 merchant-상인	물, 천, 다 있어(merchandise)-백화점가면 상품중에 물, 천(옷 지어입는) 다 있어	ⓡ17411
1473. merciful	혱자비로운 mercy-자비	부족해도 mercy(멸시)치 않는 자비)+ful(=full)▶자비가 많은	ⓡ23907
1474. merely	뢷단순히, 단지 mere-단순한	mere(미미한거여!)+ly(부사형어미)-단순히	ⓡ1359
1475. merge	됭합병하다	학교 멀지(merge)? 그래서 가까운 학교와 합병하다	ⓡ10872
1476. merit	몡장점	몇 잇(merit-몇 가지 잇점)	ⓡ6331
1477. merriment	몡명랑함. 즐거움 merry-즐거운	merry(즐거운)+ment(명사형어미)	ⓡ36164
1478. mess	몡엉망, 혼란 혱타락한 됭난잡하게하다, 어질러 놓다 messiness-혼란스러움 messy-지저분한	엉망이면 매스(mess, 원래는 칼을 의미하는 mes)를 대야 함	ⓡ3938
1479. metabolism	몡신진대사(생명 유지를 위해 생체 내에서 이루어지는 물질의 화학 변화)	meta(변화,초월)+bolism(볼이 좀)-볼이 좀 변화▶신진대사	ⓡ11411
1480. metaphor	몡은유. 비유 metaphorical-은유적인, 비유적인	4미터를 다른 말(비유, 은유)로 메타 포(metaphor)!	ⓡ7599

M

VOCA	뜻 / 기출 파생어	암기 **T**ip	원어민 사용빈도 (**ⓡ** / 86800)
1481. **meteorologist**	몡기상학자 meteorology-기상학, 일기상태	meteorology(비가 몇 미리 올라지?-기상상태)+ist(사람)-기상을 다루는 사람	**ⓡ**70940
1482. **method**	몡방법	매 쏟아(method)교육하는 방법	**ⓡ**1126
1483. **metric**	혱미터법의	미터(meter)에서 나온 말	**ⓡ**13332
1484. **midday**	몡정오 **midst**-한가운데 **midnight**-자정, 한밤중 **midterm**-학기, 임기의 중간, 중간의, 중간시험 **midwives**-산파	mid(중간)+day(날)-어떤 날의 중간	**ⓡ**10584
1485. **migrate**	동이주하다 **migration**-이주	층간 소음 마이그래(migrate, 많이 그래?)? 그래서 이주하다	**ⓡ**14892
1486. **military**	혱군대의	적을 무너뜨리(military)는 것은 군대의 임무	**ⓡ**878
1487. **millennium**	몡천년 **millennia**-복수형	우리말처럼 사용. 2000년대가 되자 새로운 밀레니엄(millennium) 시대가 열렸다는 등	**ⓡ**17522
1488. **miller**	몡제분업자, 방앗간 주인	인절미 밀어(miller)!-방앗간 주인아!	**ⓡ**3995
1489. **mimic**	동흉내내다	mime(마임-무언광대극, 흉내내다)에서 유래된 말	**ⓡ**17455
1490. **mindlessly**	뷔부주의하게	mind(정신)+less(~이 없는)+ly(부사형어미)	**ⓡ**56741

VOCA	뜻 / 기출 파생어	암기 Tip	원어민 사용빈도 (® / 86800)
1491. **mine**	때내 것 통채광하다 miner-광부	'내 것'이라는 뜻은 다 아실 것이고. 채광하러 드릴로 미네 (mine)	®1625
1492. **minister**	명장관, 성직자	머니 싫다(minister)-성직자, 공직자는 돈이 싫어야 함	®368
1493. **minute**	명시간의 분 형미세한 minimize-최소화하다	'분' 이라는 뜻은 다 아실 테고 1분 2분은 시간의 짧은 단위니까 미세한	®1140
1494. **minor**	형소수의, 중요하지 않은 명미성년자, 음악의 단조	많이 너(minor)!-수가 많지 않은 소수니까 많이 넣어	®2038
1495. **misappreciation**	명착오. 잘못된 인식	mis(부정어)+appreciation(감사, 이해)-잘못된 이해	®순위 외
1496. **mischief**	명피해, 악영향, 장난 misbehavior-품행이 나쁨	mis(부정어)+chief(머리)-머리에 안 좋은 악영향	®12662
1497. **miscommunicate**	통의사소통을 잘못하다(잘못 전달하다)	mis(부정+communicate(의사소통하다)-잘못 의사소통하다	®순위 외
1498. **misconception**	명오해, 잘못된 생각	mis(부정어)+conception(개념)-잘못된 개념	®25572
1499. **misdeed**	명나쁜 짓	mis(부정어)+deed(행위)	®순위 외
1500. **misery**	명비참함, 정신적 고통 miserable-비참한	누가 나를 보고 머저리(misery) 같다면 비참하죠?	®6012

M

VOCA	뜻 / 기출 파생어	암기 **T**ip	원어민 사용빈도 (® / 86800)
1501. **misinterpretation**	몡오역, 오해	mis-부정+interpretation(해석)-잘못된 해석	®32815
1502. **misleading**	휑잘못 인도(오도)하는	mis(부정어)+leading(이끄는)	®5867
1503. **misperception**	몡오해	mis(부정어)+perception(인식, 생각)	®순위 외
1504. **misplaced**	휑(상황에) 부적절한	mis(부정어)+placed(위치시킨)-잘못 위치시킨	®15809
1505. **mission**	몡임무, 선교, 사절단	mis(미사일의 mis, 멀리 보낸다는 뜻)+sion(명사형어미)-임무를 주고 사절단으로 보내는 것	®3469
1506. **mist**	몡안개 통안개가 끼다, 흐려지다	안개 때문에 희미했었다(mist)	®6507
1507. **misuse**	몡오용, 남용, 악용	mis(부정어)+use(사용)-잘못된 사용	®12046
1508. **mixture**	몡혼합	mix(혼합하다)+ture(명사형어미)	®2959
1509. **mobility**	몡이동성 **mobile**-휴대전화, 무선, 활동적인 **mobilize**-전시동원하다	mobile(움직이는)+ity(명사형어미)-이동성	®5437
1510. **moccasin**	몡모카신 (북미 인디언의 뒤축 없는 신)	뭐까? 신(mocassin)-저 신(발)은 뭘까?	®순위 외

VOCA	뜻 / 기출 파생어	암기 **T**ip	원어민 사용빈도 (Ⓡ / 86800)
1511. **moderation**	몡중용, 온건 moderate-온건한, 적당한 **modest**-검손한 c.f)modern-현대의	mid, med, mod는 '중간의' 라는 뜻. moderate(중간의)+tion (명사형어미)-중간에 있음	Ⓡ16572
1512. **modify**	동변경하다, 수정하다 **mode**-방식, 태도	mod(발음하면 맞)+ify(=ize, 동사를 만듦,~化하다)-맞게 변경하다	Ⓡ8788
1513. **moisture**	몡수분, 습기	모이스쳐(moisture) 로션 등 우리말처럼 사용	Ⓡ8845
1514. **mole**	몡두더지, 얼굴의 점, 스파이	몰(mole)래 침투한 두더지와 스파이	Ⓡ10376
1515. **molecule**	몡분자(물질이 가진 성질을 잃지 않고 나누어질 수 있는 가장 작은 입자)	mole(몰려)+cule는-let,-oid,-ett 등과 작다는 뜻-몰려있는 것을 작게 나눈 분자	Ⓡ8571
1516. **monotonous**	혱단조로운 **monolingual**-단일 언어의 **monologue**-독백	mono(하나)+tone(음색, 톤)+ous (형용사어미)-음색이 하나라 단조로운	Ⓡ18494
1517. **mop**	몡대걸래 동(대걸래로) 닦다	mop-(맙-마루 앞)-마루 앞을 대걸레로 닦다.	Ⓡ16374
1518. **moral**	혱도덕의 몡교훈, 도덕(~s) morality-도덕성	삶의 예절을 모를(moral)사람들을 가르치는 도덕	Ⓡ1897
1519. **moreover**	뿐게다가 **more**-더 많은 **most**-최대	more(더)+over(위에)-그 위에 더 ▶게다가	Ⓡ2340
1520. **morse**	몡모르스(사람 이름), 해마(=**walrus**) 혱모르스 부호의	모르스(morse) 부호 잘 모르겠스(morse)!	Ⓡ9010

M

VOCA	뜻 / 기출 파생어	암기 ⓣip	원어민 사용빈도 (ⓡ / 86800)
1521. mosquito	똉모기	모(기)시끼 또(mosquito) 물었네	ⓡ17773
1522. mostly	뙤주로, 일반적으로 c.f)largely-대체로	most(대부분)+ly(부사형어미)-대부분이▶일반적으로	ⓡ2535
1523. moth	똉나방	못쓰(moth)겠네! 나빵(나빠요)! 으로 나방 연상	ⓡ16257
1524. motivate	똉동기를 주다, 자극하다 motive-동기 motivational-동기가 부여되는 motivator-동기 부여하는 것	motive(모티브-동기)+ate(동사, 형용사형어미)-동기 부여하다 motion-움직임 motivation-자극	ⓡ17764
1525. mountaintop	똉산꼭대기 mount-오르다 mountain-산	mountain(산)+top(꼭대기)-산꼭대기	ⓡ순위 외
1526. mud	똉진흙	머드(mud)팩 생각	ⓡ4442
1527. mug	똉컵	머그(mug)컵 생각	ⓡ8338
1528. multiracial	똀다민족의 multiple-다수의, 다양한 multitasking-동시에 몇 가지 일 하기	multi(다양한)+race(인종)+al(형용사형어미)	ⓡ37443
1529. mumble	똉중얼거리다	m(monk, 스님, 수도사)+umble(염불)-스님이 염불하며 중얼거리다	ⓡ35158
1530. mummy	똉미라	몸이(mummy) 안 썩어요—미라	ⓡ3553

VOCA	뜻 / 기출 파생어	암기 Tip	원어민 사용빈도 (ℝ / 86800)
1531. muscle	명근육	남자의 멋을(muscle)근육을 통해 발산	ℝ4700
1532. muse	동명상에 잠기다, 심사숙고하다 museum-박물관	뮤즈(muse-음악과 시, 예술을 관장하는 신) 를 들으며 명상에 잠기다	ℝ20854
1533. mutation	명변화, 변형, 돌연변이	멋 A선(mutation)-사람이 변해서 멋있어 졌어(멋이 A야)	ℝ11587
1534. mutual	형상호적인, 서로의	부부에게 하는 말 '서로 잘 맞추어(mutual)살아'!	ℝ3939
1535. myriad	명무수히 많음 형무수한	수 많은 돈을 미리얻으(myriad)면 좋겠다	ℝ15542
1536. myth	명신화, 미신	단군 신화를 믿습(myth)니까?	ℝ5346
1537. nail	명못, 손톱, 발톱	네일(nail) 아트라고 들어보셨죠?	ℝ8524
1538. naive	형순진한	나이보(naive)다 순진한 사람 나야나 ♬	ℝ8440
1539. nap	명낮잠 동낮잠자다	na(낮)+p(푹)-낮에 푹 자는 잠	ℝ19988
1540. narrative	명이야기 형이야기의	narrate(나레이!-나라고! 이야기하다)+tive(형용사어미)-이야기 하는	ℝ4873

M
N

VOCA	뜻 / 기출 파생어	암기 **T**ip	원어민 사용빈도 (**R** / 86800)
1541. **narrow**	휑좁은	복도 내(內)로(narrow)만 다녀라!-길이 좁은가 보네	**R**2032
1542. **nationwide**	휑전국적인 **natal**-출생의 **native**-원주민의. 원주민 **natural**-자연의, 타고난 **naturally**-자연스럽게, 본래, 당연히	nation(국가)+wide(전체적으로) national-전국적인 nature-자연	**R**7699
1543. **navigate**	통항해하다. 길을 찾다 **navigator**-항해자, 조종장치	내비게이션(navigation) 아시죠? 목적지 찾는 장치 말입니다	**R**24934
1544. **nearby**	휑근처의 휜근처에 **nearly**-거의 **nearsighted**-근시안적인	near(가까이)+by(옆에)-근처의	**R**2747
1545. **neat**	휑깔끔한, 단정한 **neatly**-깔끔하게	니트(knit와 발음 비슷, neat)-단정한 니트를 입고 소개팅하다	**R**4808
1546. **necessarily**	휜반드시 **need(s)**-필요 **necessary**-필요한 **necessity**-필요성, 필수품	병원비 빚이라도 내서 (반드시) 살리리(necessarily)	**R**1810
1547. **nectar**	몡과즙(과일음료)	복숭아 넥타(nectar, 과즙음료) 들어보셨죠?	**R**23703
1548. **negative**	휑부정적인 휀positive-긍정적인	내가 TV(negative) 나오면 부정적이지?-제자들이 채널 돌려버린 답니다	**R**2132
1549. **neglect**	통소홀히 하다	"니는 그래(neglect)라" 나는 "안 할 테니"하며 남의 말 무시 하다	**R**6251
1550. **negotiate**	통협상하다 **negotiation**-협상	니 고시했데?(negotiate)-변호사가 필요한데 협상하자!	**R**5899

VOCA	뜻 / 기출 파생어	암기 Tip	원어민 사용빈도 (ⓡ / 86800)
1551. **nervous**	휑긴장되는, 신경의 **nerve**-신경	조폭 쳐다보는데 조폭이 너 날 봤어?(nervous)하면 긴장되죠?	ⓡ3114
1552. **nest**	몡둥지	내(ne)살(s)던(t)-내가 살던 곳(둥 지)은?	ⓡ5433
1553. **neurochemical**	휑신경화학적인 **neurological**-신경의	neuro(신경단위 뉴런에서 나온 말)+chemical(화학적인)-신경화 학적인	ⓡ순위 외
1554. **neutral**	휑중립적인 **neutrality**-중립	이걸 누 주럴?(neutral)-누굴 줘? 아무도 안주고 중립적인	ⓡ5095
1555. **nevertheless**	흮그럼에도 불구하고 歮**nonetheless**	내가 옷이 없음에도 기부하려 고 네 벌 더 냈어(nevertheless)	ⓡ1424
1556. **newspeople**	몡보도관계자 **newspaper**-신문 **newsstand**-가판대	news(뉴스)+people(사람들)-뉴 스하는 사람들	ⓡ순위 외
1557. **nibble**	됭조금씩 뜯어먹다	입을(nibble) 벌리고 조금씩 뜯 어먹다	ⓡ31893
1558. **niche**	몡틈새시장, 꼭 맞는 자리나 역할	어디나 틈새시장은 있지(niche). 그리고 난 적재적소에 필요한 사람을 넣지(niche)	ⓡ12324
1559. **nigger**	몡흑인을 모욕적으로 부르는 말 * 절대 사용금지	햇빛에 얼굴이 닉어(nigger, 익어) 피부가 까만 사람	ⓡ20210
1560. **nod**	됭끄덕이다	"사랑해"라고 말 하자 "나두 (nod)"하면서 고개를 끄덕이다	ⓡ8388

N

VOCA	뜻 / 기출 파생어	암기 Tip	원어민 사용빈도 (ⓡ / 86800)
1561. nonexistent	⒣존재하지 않는 **nonliving**-무생물, 존재하지 않는 **nonmaterial**-비물질적인 **nonsense**-허튼소리, 말도 안 되는 **nonstandard**-비표준의 **nonviolent**-비폭력의	non(부정어)+existent(존재하는)- 존재하지 않는	ⓡ46715
1562. norm	⒨규범, 표준 **normal**-정상적인 **normally**-보통	놈(norm)이?-놈은 남자를 지칭 표준 비하語	ⓡ7055
1563. notably	⒟주목할 만하게, 특히, 현저히 **notation**-기록 **notice**-주의, 알아차리다	note(메모하다)+able(할수있 는)+ly(부사형어미)-주목할만하게	ⓡ3782
1564. notion	⒨개념, 생각	제발 생각 좀 하고 노서(notion)!	ⓡ2706
1565. notorious	⒣악명 높은 **notoriously**-악명 높게	나 (은행) 털이였어(notorious)-은 행털이로 악명 높은	ⓡ7629
1566. nourish	⒟영양분을 공급하다 **nourishment**-영양공급 **nurture**-육성하다 **nutrients**-영양	젖병에 우유(영양분)를 넣으리쉬 (nourish)!'울지마라'하며 달래는 장면 생각	ⓡ30687
1567. novelization	⒨소설화 **novel**-소설	novel(소설)+ize(~화하다)+tion(명 사형어미)-소설화	ⓡ순위 외
1568. nuclear	⒣핵(무기)의	(국제 사회에) 누(累)(끼쳐) 꺼리 (nuclear)는 핵무기의 북한	ⓡ1268
1569. numerous	⒣수많은	필요한 것 이상 넘어러스 (numerous)-수 많은	ⓡ2995
1570. nursery	⒨탁아소 ⒣유치원의 **nutrient**-영양소 nurture-양육하다	nurse(보모)+ery(모여 있음)-보모 가 모여 있는 곳	ⓡ4689

VOCA	뜻 / 기출 파생어	암기 Tip	원어민 사용빈도 ([R] / 86800)
1571. **nuts**	[형]미친(crazy) nut-견과류	놓치(nuts)못하고 빠진▶~에 미친	[R]7590
1572. **obey**	[동]복종하다, 준수하다 **obedient**-순종하는	오베이(obey, 아바이)말씀에는 복종해야 함	[R]8693
1573. **object**	[명]물체, 목적, 대상 [동]반대하다 **objective**-객관적인, 목적 **objectionable**-반대할 만한 **objectively**-객관적으로 **objectivity**-객관성	효도 대상이 아부지(아버지, object)? 혹은 아부직(object)(아부하는 직장)을 반대하다	[R]1629
1574. **obligatory**	[형]의무적인 **obligate**-~할 의무를 지다, 의무를 진 [유]mandatory	오브리가 똘이 (obligatory,아버지가 똘이)교육하는 것은 의무적인	[R]14673
1575. **oblige**	[동]의무를 지우다	업으라!이제(oblige)-네가 애기 업으라. 상대방에게 의무를 지우다	[R]16092
1576. **obscure**	[형]불분명한, 애매한	새 버전에서는 애매한 것은 다 없앴구여(obscure)	[R]6236
1577. **observe**	[동]관찰하다, 준수하다 **observation**-관찰 observance-준수	앞 잘봐(observe)!-앞을 잘 관찰해!	[R]4957
1578. **obstacle**	[명]장애물	아빠(ob)는 스타클(stacle)랩트(게임이)가 공부에 장애물이라 생각	[R]9554
1579. **obtain**	[동]얻다	얻네인(obtain)-얻다	[R]2207
1580. **obvious**	[형]분명한, 명백한 **obviously**-명백히	앞(이)보였어(obvious)-앞이 보여 분명한	[R]1214

N O

VOCA	뜻 / 기출 파생어	암기 Tip	원어민 사용빈도 (®/86800)
1581. occasion	똉행사, 때, 경우 occasional-가끔의, 때때로의	어케 잊어?(occasion)-그 행사 (때)를 내가 어떻게 잊어?	®1934
1582. occupy	똉점령하다, 차지하다 occupation-점령, 직업	저 자리를 언구파(occupy)-자리 (직업)를 차지하다	®6838
1583. occur	똉발생하다 occurrence-발생 occurrent-발생하고 있는	이 일이 어케(occur)발생했나요?	®1824
1584. odd	똉이상한, 특이한 odd number-홀수	앗!(odd)하고 소리 내면 이상한 (특이한)일이 있을 때 생기는 반 응	®2255
1585. offense	똉공격, 위반 offend-기분이 상하다 offender-위반자 offensive-무례한, 공격적인	농구의 오펜스 (offense, 공격) 파울을 생각, 혹은 옷뺏어 (offense)!-옷뺏는 것은 위반	®15101
1586. offer	똉제공하다	아퍼(offer)서 약을 제공하다	®614
1587. official	똉공식적인 똉관리, 관계자 officer-경찰관, 장교, 공무원	office(사무실, 공직)에서 나온 말	®1043
1588. offspring	똉새끼, 자손 offline-연결이 끊어진, 작동하지 않는	off(벗어나, 떨어져)+spring(도약하 다)-도약 못하는 (못 뛰는) 새끼들	®7311
1589. omit	똉생략하다	5밑(omit)은 생략하다	®19209
1590. onesidedness	똉일방적임, 편파적임	one-sided(일방적인)+ness(명사 형어미)	®순위 외

VOCA	뜻 / 기출 파생어	암기 ❶ip	원어민 사용빈도 (ℝ / 86800)
1591. **ongoing**	휑진행 중인 명진행 **onlooker**-방관자 **onstage**-무대위의 **onto**-위에	on(계속하여, ~하는 중인)+going (가고 있는)-계속 진행 중인	ℝ9155
1592. **operagoer**	명오페라 애호가	opera(오페라)+goer(가는 사람)	ℝ순위 외
1593. **operation**	명운영, 작동,수술 **opperate**-운영하다, 작동하다, 수술하다	옷 팔아선(operation) 회사 운 영하고 수술하면 아퍼!레이션 (opperation)	ℝ1016
1594. **opponent**	휑반대의 명적, 반대자 **oppose**-반대하다 **opposite**-반대의	앞 포는?(opponent)-앞에 있는 포는 반대하는 적에게 쏘는 것	ℝ5466
1595. **opportunity**	명기회	아빠 돈 있지(opportunity)?-(용돈 탈) 기회	ℝ995
1596. **optimistic**	휑낙관적인 **optimal**-최선의 **optimism**-낙관주의	앞 터 미스다(optimistic)-나는 앞 길이 터진 (낙관적인) Miss다	ℝ6133
1597. **option**	명선택	옵션(option, 선택권)은 우리말처 럼 사용	ℝ1880
1598. **orally**	휫말로, 혀로	oral(발음하면,혀를)+ly(부사형어미)- 혀로	ℝ21011
1599. **orbit**	명궤도 동궤도를 그리며 돌다	만기가 돌아 올 빚(orbit)을 돌 려막다-빚이 빙빙 돌다	ℝ8954
1600. **orchard**	명과수원	or(오렌지)+ch(체리)+ard(yard를 줄인 말)-오렌지, 체리 정원▶과수 원	ℝ10991

O

VOCA	뜻 / 기출 파생어	암기 Tip	원어민 사용빈도 ([R] / 86800)
1601. **ordinary**	[형]보통의 **order**-순서. 질서, 명령, 주문하다	보통의 학벌과 경력으로 이력서 어디내리(ordinary)?	[R]1478
1602. **organize**	[동]조직하다 **organ**-장기, 기관 **organism**-생물(유기체 **organization**-조직 **organic**-유기농의	얽어나(가)죠(organize)-조직(組織) 하려면 실로 얽어야 함 organizational-조직의	[R]8048
1603. **orient**	[명]동양 [형]동쪽의 [동]~방향으로 향하다	오리엔트(orient) 동사의 뜻도 잘 알아두세요	[R]16676
1604. **origin**	[명]기원 **original**-원래의	오리지널(original, 원래의)이라는 쉬운 단어의 명사형	[R]3252
1605. **orphan**	[명]고아 [형]부모 없는 [동]고아로 만들다	사랑하는 사람이 고아여서 울뻔(orphan)했어	[R]22172
1606. **osteoarthritis**	[명]골관절염 **osteoporosis**-골다공증	osteo(뼈)+arthritis(관절염)-골관절염	[R]62754
1607. **otherness**	[명]다름, 다른 것 **otherwise**-그렇지 않으면	other(다른)+ness(명사형어미)-다름	[R]32588
1608. **ought**	[동]해야 한다	옻(ought, 옻나무)독은 조심해야 한다	[R]1690
1609. **outage**	[명]정전	전기가 아웃이지(outage)?-정전	[R]76707
1610. **outburst**	[명]분출, 폭발	out(밖으로, ~보다)+burst(폭발하다)-분출	[R]14062

VOCA	뜻 / 기출 파생어	암기 ⓣip	원어민 사용빈도 (ⓡ / 86800)
1611. **outcast**	몡추방자 톙버림받은	out(밖으로)+cast(던지다)-밖으로 던져진 버림받은 추방자	ⓡ26239
1612. **outcome**	몡결과	out(밖으로)+come(나온 것)-결과	ⓡ2671
1613. **outdated**	톙구식의	out(벗어난)+date(날짜)+ed(형용사 형)-날짜가 오래된	ⓡ17267
1614. **outdoor**	톙야외의 **outer**-바깥의 **outward**-바깥쪽으로 **outside**-바깥쪽	out(밖의)+door(문)-야외의	ⓡ6820
1615. **outlet**	몡출구	out(밖으로)+let(허락하다, 시키다)- 밖으로 나가게 하는 출구	ⓡ10238
1616. **outstanding**	톙현저한, 두드러진, 뛰어난	out(밖에)+standing(서있는)-다 른 사람들 안에 있는데 혼자 밖에 서 있는	ⓡ3175
1617. **outweigh**	툉~보다 더 중요하다, ~보다 뛰어 나다	out(~보다)+weigh(무게가 나가다)	ⓡ17632
1618. **oval**	톙타원형의, 계란형의 몡타원형	동그란 O가 벌(val)받으면 찌그 러져 타원형이 됨	ⓡ9568
1619. **overall**	톙전반적인 튀전반적으로	over(위에서,과도한, 넘어서)+all(전 부)-위에서 보니 전부	ⓡ1323
1620. **overbearing**	톙고압적인, 거만한 윾haughty	수학 못하니? 오빠(한테)배워랑 (overbearing)!하며 고자세의	ⓡ29244

O

185

VOCA	뜻 / 기출 파생어	암기 Tip	원어민 사용빈도 (Ⓡ / 86800)
1621. **overcome**	동극복하다 **overeat**-과식하다 **overfilter**-과하게 여과하다	추위를 극복하기 위해서는 오버 컴(overcome, 입는 오버를 가지고 와야)해야 극복한다	Ⓡ3438
1622. **overconfident**	형과신하는 **overflow**-넘쳐흐르다 **overcrowded**-사람이 너무 많은 **overdrawn**-초과 인출한 **overestimate**-과대평가하다 **overgrazing**-지나친 방목 **overly**-지나치게 **overpopulation**-인구과잉 **overstructuring**-과구조	over(지나 친)+confident(자신하는)-지나치게 자신하는	Ⓡ85225
1623. **overhear**	동엿듣다 **overheard**-과거	over(위에서)+hear(듣다)-우연히 엿듣다	Ⓡ39664
1624. **overlap**	동중복되다	오버랩(overlap) 된다는 말 우리 말처럼 사용	Ⓡ7266
1625. **overlook**	동간과하다	over(위로)+look(보다)-위만 보니 밑이 안보여 밑은 빼먹다▶간과하다	Ⓡ13596
1626. **overnight**	부밤새도록 형철야의	over(넘어서)+night(밤)-밤새도록	Ⓡ4385
1627. **overseas**	부해외로 형해외의	over(넘어서)+seas(바다)-우리 바다를 넘어 이므로▶해외로	Ⓡ2591
1628. **overshadow**	동가리다, 그림자를 드리우다, 흐리게 하다	over(위에)+shadow(그림자)-위에 그림자를 덮으니 가리다	Ⓡ39757
1629. **overtake**	동따라잡다. (=catch up with) 추월하다 **overtaking**-따라잡는	over(넘어서, 위에서)+take(잡다)-넘어서 따라잡다	Ⓡ18127
1630. **overvalue**	동과대평가하다 유overestimate **overvaluing**-과대평가하는	over(과도하게)+value(가치)-가치가 과도하다	Ⓡ순위 외

VOCA	뜻 / 기출 파생어	암기 Tip	원어민 사용빈도 ([R] / 86800)
1631. **overwhelm**	[동]압도하다 **overwhelming**-압도하는 [유]overpower	over(과도하게)+whelm(윔)-영어 단어를 많이 외워 남을 압도하다	[R]22374
1632. **owe**	[동]빚지다, 은혜를 입다 owe A to B-A를 B에게 빚지다	오(owe)! 놀라운 주님의 은혜에 빚지다	[R]6041
1633. **ownership**	[명]소유권	owner(주인)+ship(자격)-주인자격▶소유권	[R]3082
1634. **package**	[명]꾸러미, 하나로 묶음 **pack**-꾸러미, 짐을 꾸리다	패키지(package) 여행-모든 것을 하나로 묶어(꾸러미로)가는 여행	[R]1764
1635. **paddle**	[명]짧은 노, 막대기 [동]노를 젓다	파돌(paddle)헤치며 노를 젓다	[R]15804
1636. **painful**	[형]고통스러운 **pain**-고통	pain(패인을 분석하며 고통스러운)+ful(=full,꽉찬)-고통스러운	[R]4433
1637. **pair**	[명]한 쌍, 켤레	우리는 같은 패어(pair)-한패(한 쌍)	[R]1695
1638. **palm**	[명]손바닥, 야자나무 *__palmer__-성지순례자	손바닥으로 빰(palm)을 때리다	[R]5937
1639. **panel**	[명]토론참석자(패널)	참석하신 패널(panel) 분들!-우리말처럼 사용	[R]2674
1640. **panic**	[동]공포에 사로잡히다 **panicked**-공포에 사로잡힌	패닉(panic)에 빠지다 역시 우리말처럼 사용	[R]4205

O P

VOCA	뜻 / 기출 파생어	암기 Tip	원어민 사용빈도 ([R] / 86800)
1641. **papyrus**	[명]파피루스종이, 나일 강 유역의 수생식물	파피루스(papyrus)-paper의 어원	[R]38145
1642. **paradox**	[명]역설, 모순된 말	para(반대)+dox(생각)-생각과 반대되는 행동은 모순	[R]9280
1643. **parallel**	[형]평행인 [부]평행으로 [명]평행선	펴라(para)+라인(ll)+을(el)-라인(선)을 쭉 펴면 평행인	[R]2832
1644. **paralyz(s)e**	[동]마비시키다	팔아(para)! 이제(lyze) 말 좀 들어라-마비시키다	[R]41854
1645. **parasite**	[명]기생충 **parasitic**-기생충의	피 빨았었대(parasite)-기생충	[R]14942
1646. **parliament**	[명]국회 **parliamentary**-국회의	국회의원 되려면 팔아 모은(parliament)돈 다 써야 할 거야	[R]1049
1647. **parrot**	[명]앵무새 [동]같은 말 반복하다	팔 옷(parrot)을 골라! 골라! 하며 같은 말 반복하다	[R]13019
1648. **partially**	[부]부분적으로 **parting**-이별 **party(parties)**-파티, 정당, 관계자 **particular**-특유의. 개별적인 **particularly**-특별히	part(부분)+ial(형용사어미)+ly(부사형어미)-부분적으로	[R]5879
1649. **participate**	[동]참여하다 **participant**-참여자 **participation**-참여	part(파트)+cipate(싶었대)-파트(일부분)이 되고 싶었대 -일부분이 된 것은 참여한 것	[R]4788
1650. **particle**	[명]입자, 먼지, 작은 조각	part(일부분)+cle(작다는 뜻)-작은 일부	[R]9133

VOCA	뜻 / 기출 파생어	암기 ⓣip	원어민 사용빈도 (ⓡ / 86800)
1651. **partnership**	몡협력, 제휴	partner(협력자)+ship(상태)-협력자인 상태	ⓡ2828
1652. **passage**	몡통과, 통로, 구절	나 패스지(passage)?-나 통과지?	ⓡ2495
1653. **passenger**	몡승객	버스인줄(passenger) 알고 탄 승객	ⓡ4331
1654. **passion**	몡열정 **passionate**-열정적인	열정적으로 공부해야 패스(합격이) 온(passion)	ⓡ3854
1655. **passive**	휑수동적인, 소극적인 뺸**active**-능동적인	passion(열정, 예수의 고통)+ive(형용사형어미)-고통스러우니 소극적인	ⓡ5472
1656. **pastime**	몡여가, 오락 **past**-과거, 지나간	pass(보내다)+time(시간)-시간 보내기▶여가	ⓡ18475
1657. **pasture**	몡목초지, 목장 =**pastureland**	목장에서 우유 빼서줘(pasture)	ⓡ9992
1658. **pat**	됭토닥거리다, 두드리다, 쓰다듬다	살살 패다(pat)-가볍게 토닥거리다	ⓡ4076
1659. **patch**	몡덧대는 헝겊조각 됭헝겊 조각을 덧 대다	고양이가 내 옷을 팠지(patch)-파인 부분을 헝겊으로 덧대는 장면 생각	ⓡ4888
1660. **patent**	몡특허 c.f) **pattern**-양식	특허 권리를 누가 뺏든?(patent)	ⓡ7050

VOCA	뜻 / 기출 파생어	암기 **T**ip	원어민 사용빈도 (ⓡ / 86800)
1661. **path**	몡경로, 길	밭쓰(path, 밭으로 쓰)던 곳이 길 이난대	ⓡ1651
1662. **patient**	몡환자 혱참을성 있는	버티언(patient)-환자가 버티는 것 보니 참을성 있는	ⓡ1251
1663. **patriotism**	몡애국심 patriot-애국자	매 국 노 들 이 삐 뜨 렸 대 죠 (patriotism)?-애국심 빼 먹었지	ⓡ16168
1664. **pause**	몡일시 멈춤, 휴식	힘들어 퍼지(pause)니 일시 멈 춤하고 휴식	ⓡ4402
1665. **pave**	통길을 포장하다 pavement-포장도로	길을 펴봐(pave, 포장해봐)먼지 좀 안 나게	ⓡ26952
1666. **paw**	몡발톱 있는 짐승의 발	paw(보=步=발)-짐승도 발로 걸 어요	ⓡ19701
1667. **paycheck**	몡봉급	pay(봉급)+check(수표)-봉급 지 급하는 수표	ⓡ순위 외
1668. **pearl**	몡진주	뻴(pearl)에서 찾은 진주	ⓡ8909
1669. **pear**	몡배	과일 이름이 배여(pear)!	ⓡ18250
1670. **peasant**	몡농부, 소작농, 시골뜨기	pea(완두콩)+sant(준)-완두콩 준 소작농부	ⓡ4980

VOCA	뜻 / 기출 파생어	암기 ⓣip	원어민 사용빈도 (ⓡ / 86800)
1671. **peat**	몡이탄(석탄 비슷한 연료)	석탄과 비(p)슷한 이탄 (eat)	ⓡ7633
1672. **peculiar**	톙특이한 peculiarity-특색	별꼴이어!(peculiar)-특이한 일이 있을 때 하는 말	ⓡ5496
1673. **pedagogy**	몡교육(학)	pedo(아동)+agogy(leader, lead)- 아동을 이끌어주는 교육학	ⓡ24590
1674. **pedestrian**	몡보행자 톙보행하는	ped(발)+ian(사람)-걸어 다니는 보행자	ⓡ11128
1675. **peel**	동껍질을 벗기다	표필(peel, 표피를) 벗기다	ⓡ8522
1676. **peer**	몡동료, 귀족 동자세히 응시하다	동료들끼리 이야기 꽃을 피워(peer)	ⓡ7829
1677. **penalize**	동벌을 주다	penalty(패널티— 벌)+ize(~화(化) 하다)-벌을 주다	ⓡ55595
1678. **pendulum**	몡추, 진자	펜(pen)이 주렁주렁(dulum) 매달 려 추처럼 흔들리다	ⓡ18338
1679. **peninsula**	몡반도	penin(반이)+su(섬)+la(이라)-반 이 섬이라 반도	ⓡ9796
1680. **penny**	몡푼돈 pennies-복수형 penniless-빈털털이의	나는 푼돈이라 화폐단위에서 빼니(penny)?	ⓡ4414

P

VOCA	뜻 / 기출 파생어	암기 Tip	원어민 사용빈도 ([R] / 86800)
1681. **perceive**	[동]인지하다, 인식하다 **perception**-인지	영화 내용은 벌써봐(perceive)서 알고 있다	[R]7613
1682. **performance**	[명]공연, 일의 수행 **perform**-공연하다, 수행하다	퍼포먼스(performance, 공연, 수행)라는 말 우리말처럼 사용	[R]759
1683. **perfume**	[명]향수, 향기	퍼(퍼지게) 피움 (perfume)-냄새가 퍼지게 향기를 피움	[R]10569
1684. **permanent**	[형]영구적인	미장원 파마는(permanent)영구적으로 안 풀려?	[R]2228
1685. **permit**	[동]허가하다, 허용하다	per(어원상, 앞쪽으로(forward) 혹은 통과하여(through)의 뜻)+mit(mis, 보내다)-앞쪽으로 보내주다▸허용하다	[R]5001
1686. **persist**	[명]지속, 고집 **persistently**-고집스럽게 **persistence**-고집	냄새나는데 발 씻었다(persist)고 고집하다	[R]10716
1687. **personality**	[명]인성 **person**-사람 **personal**-개인의, 사적인	personal(개인의)+ity(명사형어미)-개인 됨됨이	[R]3256
1688. **personnel**	[명]직원, 인사담당국 [형]인사부서의	벌써 낼(내일, personnel) 직원 인사 이동이네!	[R]2916
1689. **perspective**	[명]관점, 시각	per(=through, 내내, 전부)+spect(보다)-통틀어 봄▸관점	[R]3125
1690. **persuade**	[동]설득하다 **persuasive**-설득력있는	자수해서 벌 서야 돼(persuade)하며 범인 설득하다	[R]3741

VOCA	뜻 / 기출 파생어	암기 Tip	원어민 사용빈도 ([R] / 86800)
1691. **pesticide**	[명]살충제 **pest**-해충	pest(해충)+cide(=kill, 죽이다)	**[R]15754**
1692. **pet**	[명]애완동물	pe(강아지 뽀삐의 삐)+t(cat의 t)-강아지, 고양이등 애완동물	**[R]5540**
1693. **petal**	[명]꽃잎	화투 패를(petal) 보면 일부에 꽃잎이 그려져 있는 것 연상	**[R]27479**
1694. **phenomenon**	[명]현상	피납니다(phenomenon)-피나는 것은 몸에 나타나는 현상	**[R]4013**
1695. **philharmonic**	[형]음악 애호의 [명]교향악단	phil(좋아하다)+harmonic(조화로운, 화음의)-화음을 좋아하는	**[R]20773**
1696. **phosphorescence**	[명]인광, (물체에 빛을 쬔 후 빛을 제거해도 장시간 빛을 내는 현상) 푸른 빛	phos(=photo,빛)+phorescence(파랬었어)-빛이 파란색이었어	**[R]61329**
1697. **photographer**	[명]사진사 **photography**-사진 **photon**-광자	photo(빛)+graph(쓰다)+er(행위자)-사진 찍는 사람	**[R]6580**
1698. **phrase**	[명]어구, 문구	어려운 영어 문구를 풀어야지(phrase)!	**[R]3106**
1699. **physician**	[명]내과 의사 **physical**-신체의, 물리의 **physicist**-물리학자	physic(신체)+ian(사람)-신체를 다루는 사람. 외과 의사만 칼 잡고 수술하니까 삐졌션(physician)?	**[R]11007**
1700. **physiology**	[명]생리학 **physiological**-생리적인	physi(신체)+logy(학문)-신체에 관한 학문▶생리학	**[R]14581**

P

VOCA	뜻 / 기출 파생어	암기 Tip	원어민 사용빈도 (ⓡ / 86800)
1701. **pick**	동고르다, 찌르다	손으로 픽(pick)찔러 고르다	ⓡ1596
1702. **piercing**	형소리가 귀청을 찌르는, 날카로운, 꿰뚫어보는	귓불 피어싱(piercing) 생각하면 됨	ⓡ13812
1703. **pile**	명더미 동쌓다	파 일(pile)-일이 산더미같이 쌓이니 일만 파고 있음	ⓡ4558
1704. **pine**	명소나무	언제나 파인(pine,파랗게 인(있)는) 솔 나무	ⓡ6904
1705. **pioneer**	명개척자, 선구자 동개척자가 되다 개척하다	pioneer(선구자)도 우리말처럼 사용	ⓡ9529
1706. **pirate**	명해적, 약탈자, 저작권 침해자 동해적질하다, 약탈하다, 저작권 침해하다	파(波)일었대(pirate)-해적들이 몰려오니 파도가 일었대	ⓡ16352
1707. **pistol**	명권총	권총으로 쏘면 피(pi)가 쏟(s)아지며 돌(tol)아 가심	ⓡ9958
1708. **pitch**	동(천막을) 치다, 던지다 명던지기, 정점, 음높이	야구의 피쳐(pitcher-투수)를 생각하면 됨	ⓡ3319
1709. **pitfall**	명함정, 위험	pit(구덩이)+fall(추락)-구덩이로 떨어지는 함정	ⓡ37147
1710. **pity**	명동정, 연민, 애석한 일 동불쌍히 여기다	사람이 비리(pity) 비리해서 불쌍히 여기다	ⓡ4262

VOCA	뜻 / 기출 파생어	암기 ⓣip	원어민 사용빈도 (ⓡ / 86800)
1711. plain	ⓗ평이한, 명백한 ⓟ분명하게, 알기 쉽게 ⓜ평원	풀려있는(plain)-어려운 문제가 풀려있어서 평이한, 혹은 풀내음(plain) 나는 평원	ⓡ2421
1712. planet	ⓜ행성	별이닛?(planet)-별(행성)이니?	ⓡ4645
1713. plant	ⓜ식물, 공장 ⓓ심다 power plant-발전소	풀난다(plant)-식물(풀) 나는 공장인가 보네(풀이 난다는 것 보니)	ⓡ1263
1714. plate	ⓜ판, 접시 ⓓ도금을 하다	접시에 물감을 뿌렸대(plate)	ⓡ2455
1715. plateau	ⓜ고원, 정체기	성적이 정체돼서 뿔 나도 (plateau, 뿔났어)	ⓡ11014
1716. playful	ⓗ놀기 좋아하는 playlist-연주곡 목록 playmate-놀이친구	play(놀이)+ful(=full, 꽉찬)-놀이를 많이 하는 player-선수	ⓡ19686
1717. plaza	ⓜ광장	광장가서 플레이(pla) 하자(za)-광장가서 놀자	ⓡ21527
1718. pleasurable	ⓗ즐거운 pleasure-즐거움	즐거운 일 있으면 불러줘 (pleasure)+able(할 수 있는)	ⓡ16626
1719. pledge	ⓜ서약, 맹세 ⓓ맹세하다	교실에 휴지를 버리지(pledge) 않겠다고 맹세하다	ⓡ9389
1720. plethora	ⓜ과다, 과잉	많아서(과잉) 버렸어라(plethora)	ⓡ19558

P

195

VOCA	뜻 / 기출 파생어	암기 ⓣip	원어민 사용빈도 (ⓡ / 86800)
1721. **plot**	몡줄거리, 구상	불러(plot) 모아 꾸민 계략, 플롯 (plot)은 국어시간에도 등장	ⓡ4137
1722. **poetry**	몡시, 운문 뺀prose-산문	poet(시)+ry(모아 놓은 것)-시를 모아놓은 운문	ⓡ3235
1723. **poison**	몡독약 동독약을 쓰다	이미 퍼진(poison) 독	ⓡ7191
1724. **polarity**	몡양극성 **pole**-극, 기둥	polar(극지방의)+ity(명사형어미)- 극성	ⓡ25603
1725. **policy**	몡정책 **policy making**-정책입안 **politics**-정치 **political**-정치의 **politician**-정치가	발로 시(policy)-발로 걸어 다니 는 서울시가 되자는 정책 *policemen-경찰관들	ⓡ339
1726. **polish**	동닦다, 광을 내다	구두닦이가 팔로 쉭(polish) 닦 다	ⓡ4218
1727. **polite**	혱예의바른	나는 너희들의 예의 바라잇 (polite)!	ⓡ6369
1728. **pollen**	몡꽃가루 동수분하다	봄 되면 펄렁(pollen)날리는 꽃 가루	ⓡ14619
1729. **pollute**	동오염시키다 윤contaminate	발로(pollute) 오염시키다	ⓡ27427
1730. **pond**	몡연못 **pool**-웅덩이	퐁당(pond) 연못에 돌을 던지 다	ⓡ4812

VOCA	뜻 / 기출 파생어	암기 ⓣip	원어민 사용빈도 (ⓡ / 86800)
1731. **pope**	몡교황	papa(아빠, 대주교)에서 약간 철 자가 바뀌어 pope가 되었음	ⓡ3883
1732. **pop**	몡펑하는 소리. 가요 동펑하는 소리를 내다 **popping**-펑하는	팝(pop)하고 팝콘이 터지다, 그리고, 팝(pop) 가수가 가요를 부르다	ⓡ2753
1733. **population**	몡인구 **popular**-인기 있는, 대중적인 **popularity**-인기	밥 퍼 레이션(population)-밥을퍼 서 인구(ㅅㅁ)(사람의 입)에 넣음	ⓡ744
1734. **porch**	몡현관	보초(porch) 서려면 현관에서 서야지	ⓡ10655
1735. **portion**	몡일부분	뿌셔(portion)-부시면 깨져 일부 분, 조각이 됨	ⓡ6613
1736. **portrait**	몡초상화 **portray**-묘사하다, 그리다	볼 들어잇(portrait)!-초상화 그린 다, 볼 들어!	ⓡ4792
1737. **position**	몡위치, 입장, 지위 **pose**-자세, 포즈를 취하다	선수보고 너 포지션(position)뭐 니? 우리말처럼 사용하는 단어	ⓡ395
1738. **positive**	혱긍정적인 삔negative-부정적인	빠져 티브(positive)-TV에 빠진 (TV에 그 만큼 긍정적인)	ⓡ1220
1739. **possess**	동소유하다	퍼줬어(possess)-소유한 것 많 으니 퍼주지	ⓡ5203
1740. **possibility**	몡가능성	possible(가능한, 쉬운 단어)+ ity(명사형어미)-가능성	ⓡ1442

P

197

VOCA	뜻 / 기출 파생어	암기 **T**ip	원어민 사용빈도 (® / 86800)
1741. posture	몡자세	포즈취해(posture)! -자세 취해!	®10765
1742. pot	몡단지, 항아리, 냄비, 화분	커피 포트(pot, 항아리)생각하면 됨	®4150
1743. potent	혱강력한, 영향력이 큰	포탄(potent)은 강력한	®8442
1744. potential	혱잠재적인 **potentiality**-잠재력 **potentially**-잠재적으로	북한은 핵 포탄 쏠(potential)잠 재적인 위험을 가진 나라	®902
1745. pound	몡파운드(화폐단위), 연타하기 동세게 두들기다. 빻다	화폐단위인 것은 다 아실테고 두들기는 것은 UFC경기에서 파운딩(pounding)생각	®1490
1746. pour	동붓다	물 부워(pour)!	®6019
1747. poverty	몡가난	오늘도 밥 없지(poverty)?-가난 하구만	®3092
1748. practice	몡실행, 연습 동실천하다, 연습하다, 개업하다 **practical**-실제적인, 실천적인	(요리) 연습하다가 불에 뎄어 (practice)	®565
1749. praise	몡칭찬 동칭찬하다	어려운 문제도 풀어 이제 (praise)?하며 칭찬하다	®4978
1750. precious	혱소중한	남을 위해 소중한 목숨을 버리 셨어(precious)	®4664

VOCA	뜻 / 기출 파생어	암기 Tip	원어민 사용빈도 ([R] / 86800)
1751. **precipitation**	[명]강수량, 투하	비가 뿌리(다)시피(precipi)+tion(명사형어미)-투하	[R]18442
1752. **precise**	[형]정확한 **precisely**-정확히 **precision**-정밀함	pre(미리)+cise(size로 생각)-미리 싸이즈 재서 정확한	[R]3271
1753. **predator**	[명]포식자, 약탈자	뿔에다 털(predator)까지 난 포식자	[R]10329
1754. **predetermined**	[형]미리 결정된 **preprint**-미리인쇄하다	pre(미리)+determined(결정된)	[R]18173
1755. **predict**	[동]예측하다 **predictable**-예측할 수 있는 **predictor**-예언자	pre(미리)+dict(말하다, dictionary 참고)-미리 말하다▸예측하다	[R]5712
1756. **prefer**	[동]선호하다 **preference**-선호	pre(미리)+fer(페리호의 fer, 나르다)-좋아하는 것 미리 나르다▸선호하다	[R]2662
1757. **prefix**	[명]접두사 [반]suffix-접미사 **preselect**-미리 고르다	pre(미리, 앞에)+fix(고정시키다, 수리하다)-접두사	[R]28856
1758. **prejudice**	[명]편견 [유]**bias**	pre(미리)+jud(=judge)-미리 판단▸편견	[R]5850
1759. **premonition**	[명]예고, 징후 **premonitory**-전조의, 예고의	pre(미리, 앞에)+monition(경고)-미리 경고	[R]30913
1760. **preoccupy**	[동]몰두하다, 열중하다	pre(미리)+occupy(차지하다, 마음을 끌다)-몰두하다	[R]55497

P

VOCA	뜻 / 기출 파생어	암기 ⓣip	원어민 사용빈도 (ⓡ / 86800)
1761. prepare	동준비하다 preparation-준비	pre(미리)+pare(펴)-(책 미리 펴놓고 공부) 준비하다	ⓡ3166
1762. preschooler	명취학 전 아동 preschool-유치원, 보육원, 취학 전의	pre(미리, 앞에)+school(학교)+er(사람)-학교가기 전 아동	ⓡ37940
1763. present	명현재, 선물 형현재의(한정적), 존재하는(서술적) 동제시하다, 발표하다 presence-존재 presentation-발표	(그대가) 풀어준(present) 선물, (그대가) 풀어준 현재형 문법 문제. presentation(발표)은 다 아실 듯	ⓡ412
1764. preserve	동보존하다 preservation-보존	pre(미리)+serve(절봐)-미리 있는 (오래된) 절을 잘 보존하다	ⓡ4852
1765. press	동누르다 명언론, 기자, 신문 잡지 등 간행물 pressure-압력	대장장이가 불에서(press) 쇠를 누르다	ⓡ749
1766. prevail	동만연하다, 능가하다, 우세하다 prevalent-만연하는	pre(미리, 앞에)+vail(보일)-(꽃이) 앞에 보일 정도로 만연하다	ⓡ11818
1767. prevent	동막다, 방지하다 prevention-예방	pre(미리)+vent(오다, 가다)-미리 가서 예방하다	ⓡ1516
1768. preview	명사전검토	pre(미리, 앞에)+view(봄)-미리 봄	ⓡ14321
1769. previous	형이전의 previously-이전에	pre(미리)+vious(보여서)-미리 보이므로 이전의	ⓡ808
1770. prey	명먹이 동~을 잡아먹다(prey on) pray-기도하다	먹이를 잡으려면 미끼 뿌려이 (prey)	ⓡ5012

VOCA	뜻 / 기출 파생어	암기 Tip	원어민 사용빈도 ([R] / 86800)
1771. **priceless**	[형]값을 매길 수 없는, 매우 귀중한 **price**-가격	price(가격)+less(~이 없는)-가격을 정할 수 없는	[R]18755
1772. **priest**	[명]신부, 목사, 승려, 성직자 [유]clergyman	성직자로서 세상욕심을 버렸었다(priest)	[R]4112
1773. **primary**	[형]주요한, 초기의, 기본적인, 초등학교의	보라 이 머리(primary)-머리는 신체 중 가장 주요한 그리고 처음 있는 신체	[R]1081
1774. **primitive**	[형]원시적인	풀이 (몇)미터 봐 (primitive)-풀이 몇 미터씩 나있는 원시시대의	[R]4566
1775. **principal**	[명]교장 [형]주요한	프린스 뻘(principal)-학교에서 프린스(prince)뻘(pal)인 교장선생님, 교장선생님은 학교에서 주요한 인물(철자에 에이스인 a가들어감)	[R]2075
1776. **principle**	[명]원리, 원칙	뿌린씨 풀(principle)-뿌린씨를 풀나게 하려면 원칙대로 가꿔야 함	[R]1258
1777. **prior**	[형]이전의, 먼저의	빨리 올(prior)- ~보다 이전의	[R]4944
1778. **prison**	[명]감옥	나를 풀어준(prison) 감옥	[R]1604
1779. **private**	[형]사적인 privacy-사생활, 개인정보	우리말처럼 쓰는 프라이버시(privacy)의 형용사	[R]554
1780. **privilege**	[명]특권	특권을 얻어야 돈이 빨리 벌리지(privilege)?	[R]5024

P

VOCA	뜻 / 기출 파생어	암기 Tip	원어민 사용빈도 ([R] / 86800)
1781. **prize**	[명]상품	그랑프리(grand prix=grand prize=대상)를 생각	**[R]3030**
1782. **probable**	[형]가망성 있는, 있음직한 **probability**-가망성, 확률 **probably**-아마도	네가 수학 풀어봐볼(probable) 수 있니?-제일 풀 가망성 있는 너	**[R]6222**
1783. **probe**	[명]조사, 탐침, 우주탐사선 [동]정밀 조사하다	우주의 비밀을 풀어보(probe)려고 정밀 조사하다	**[R]6172**
1784. **problematic**	[형]문제의, 문제 있는	problem(문제)의 형용사형	**[R]8608**
1785. **proceed**	[동]나아가다, 진행하다 **procedure**-절차 **process**-과정, 처리	pro(앞으로)+ceed(cede, cess, gress='가다')-앞으로 나아가다	**[R]4095**
1786. **product**	[명]제품, 성과 **production**-생산 **productive**-생산적인 **produce**-생산하다	PD(producer)가 만드는 것이 product(제품) productivity-생산성	**[R]910**
1787. **profession**	[명]직업 **professional**-직업의, 전문적인	프로페셔널(professional, 직업적인)의 명사형	**[R]3121**
1788. **professor**	[명]교수	pro(앞에서)+fess(선언하다, 혹은 뱉었어)+or(행위자)-남 앞에서 말 뱉는 사람	**[R]1965**
1789. **profit**	[명]이익, 이윤 **profitable**-이익이 되는 *proficient-능숙한	프로(pro)되어 만들다(fic, fact, fit)-프로 되면 만들어 내는 것은 이윤	**[R]1724**
1790. **profound**	[형]심오한, 깊은	pro(앞으로)+found(파온)-앞으로 계속 파서 깊고 심오한	**[R]5519**

VOCA	뜻 / 기출 파생어	암기 ⓣip	원어민 사용빈도 (ⓡ / 86800)
1791. **progress**	명진보, 발전 **programming**-프로그램편성 **programmer**-계획작성자	pro(앞으로)+gress(나가다, go)-진 보	ⓡ1255
1792. **prohibit**	동금지하다, 막다 prohibition-금지	TV 광고 프로에(prohi) 빛(bit)광 고 내는 것을 금지하다	ⓡ18504
1793. **projection**	명돌출, 융기, 투사 **project**-사업, 계획, 과제	pro(앞으로)+ject(쏘다)+tion(명사 형어미)-앞에다 쏘면 투사, 돌출	ⓡ10014
1794. **prominent**	형눈에 띄는, 돌출한, 탁월한	탁월한 프로 미는(prominent)- 탁월한 프로선수 밀어야 돈 벌 지!	ⓡ3853
1795. **promote**	동활성화시키다. 홍보하다, 승진 하다 promotion-촉진, 승진 **promoter**-촉진자	pro(앞으로)+mote(motion 생각, 움 직이게 하다)-회사에서 앞서나가 움직이면 승진	ⓡ3034
1796. **prompt**	형즉각적인 **promptly**-신속히	뿔암부터(prompt)-머리에 난 뿔 암부터 신속한 치료를	ⓡ8036
1797. **prone**	형~하기 쉬운, ~하는 경향이 있는	프론(prone-프로는) 돈 벌기 쉬운	ⓡ8179
1798. **pronounce**	동발음하다 **pronunciation**-발음	불어나온스(pronounce)-불어가 나오면 발음 잘하는지 부터	ⓡ15769
1799. **proof**	명증거, 증명 prove-증명하다	눈을 부릅(proof)뜨고 증거를 찾는 형사	ⓡ3435
1800. **proper**	형적절한 **properly**-적절히 **propriety**-적절함, 예의바름 **property**-재산	불어강사에는 불어파(proper, 불 란서 유학파)가 적절한	ⓡ1589

P

203

VOCA	뜻 / 기출 파생어	암기 Tip	원어민 사용빈도 ([R] / 86800)
1801. **property**	[명]재산	가난한 사람 위해 내 재산 풀어팔지(property)!	**[R]783**
1802. **prophecy**	[명]예언 **prophetic**-예언의	프로(가면) 빗진 (prophecy)다고 점쟁이가 예언	**[R]15000**
1803. **proposal**	[명]제안 **propose**-제안하다, 청혼하다	프로포즈(propose)의 명사형	**[R]2385**
1804. **pros and cons**	[명]찬성과 반대, 장점과 단점 **pros**: ~쪽으로, ~가까이에	풀었어(pros) vs 꼰(con).풀었으(pros)므로 장점, 꼰(con)것은 단점	**[R]14273 (pros)**
1805. **proscenium**	[명]무대 앞부분	pro(앞으로)+scene(장면, 무대)+um(장소)-앞 무대 장소▶무대 앞부분	**[R]65345**
1806. **prose**	[명]산문(운율이나 음절의 수 등에 얽매이지 않고 자유롭게 쓴 글 poetry-운문	얽매이지 않고 자유롭게 풀어서(prose)쓴 글	**[R]7623**
1807. **prospect**	[명]전망, 장래성	pro(앞)+spec(관찰하다, 보다)-앞을 내다보므로 전망	**[R]3015**
1808. **prosper**	[동]번영(번창)하다, **prosperity**-번영	pro(앞으로)+spe(speed)-앞쪽으로 속도를 내다▶번영하다	**[R]17360**
1809. **protect**	[동]보호하다, 지키다 **protective**-보호하는 **protection**-보호 **protector**-보호자	pro(앞)+tect(딱)-앞을 딱딱(tect)하게 만들어 보호하다	**[R]1978**
1810. **protein**	[명]단백질	프로틴(protein)은 우리말처럼 사용	**[R]3309**

VOCA	뜻 / 기출 파생어	암기 Tip	원어민 사용빈도 ([R] / 86800)
1811. **protest**	[명]시위, 항의 [동]항의하다	술도 안마셨는데 음주운전 측정 불어!테스트(protest)하자 항의하다	[R]2737
1812. **proud**	[형]자랑스러운 **pride**-자부심 **be**동사 **proud of**:~을 자랑하다	우리말처럼 쓰는 pride(자부심)의 형용사 proudly-자랑스럽게	[R]3052
1813. **prove**	[동]증명하다 **proof**-증거	수학 문제 풀어보(prove)고 증명하다	[R]1791
1814. **provide**	[동]제공하다	시청자는 재미있는 프로봐야 돼!(provide)하며 TV 프로 제공하다	[R]411
1815. **provoke**	[동]자극하다, 도발하다, 화나게 하다	(일)부러 볶아(provoke) 화나게 자극하다	[R]10085
1816. **psychologist**	[명]심리학자, 정신과 의사 **psycho**-정신병자 **psychological**-심리학의, 정신의 **psychologically**-심리(정신)적으로	psycho(영혼, 정신)+logy(학문)+ist(사람)-정신을 공부하는 사람▶정신과 의사, 심리학자	[R]10944
1817. **publish**	[동]출판하다 **public**-공공의 **publicist**-신문홍보담당자, 공법학자, 시사평론가	내 책 출판 했으니 책을 펴볼래쉬(publish)? publication-출판	[R]5844
1818. **puddle**	[명]웅덩이	웅덩이에서 물 좀 퍼들(puddle)	[R]21845
1819. **pulse**	[명]맥박	팔 써(pulse) 맥박을 잼	[R]6817
1820. **punctual**	[형]시간을 엄수하는 **punctually**-정각에	pu(pupil=학생)+n(은)+ctual(츄어 = 지켜주어)-학생은 시간 지켜주어!	[R]35012

P

VOCA	뜻 / 기출 파생어	암기 Ⓣip	원어민 사용빈도 (Ⓡ / 86800)
1821. punish	동처벌하다 punishment-처벌	이게 자네 벌이시(punish)!-이것이 자네 벌이야	Ⓡ11634
1822. pupil	명학생, 동공	퍼 삘(pupil)-(대학 가려면) 눈동자(동공) 퍼 고삘(고등학생)들아!	Ⓡ3845
1823. purchase	동구매하다	8줬어(purchase)-8주고 구매하다	Ⓡ2263
1824. pure	형순수한, 결백한 purist-순수주의자 purity-순수	내가 바람을 피워(pure)?-난 결백한 사람이야	Ⓡ2879
1825. purpose	명목적, 목표	pur(=pro, 앞)+pose(놓다)-일 할 때 가장 앞에 놓는 것▶목표	Ⓡ1096
1826. purse	명지갑 유wallet	지갑이 차도록 (돈)벌세(purse)!	Ⓡ8776
1827. pursue	동추구하다, 쫓다	pur(=pro)+sue(수(秀)-프로(pur=pro)들은 秀(수=최고)를 추구	Ⓡ4391
1828. quack	명돌팔이, 엉터리	돌팔이나 엉터리가 돌에 맞아 내는 소리-꽥(quack)!	Ⓡ21850
1829. quagmire	명궁지, 수렁, 습지	꽉 마이어(quagmire)-꽉 막히어 헤어 나올 수 없는 수렁	Ⓡ41196
1830. quality	명질, 특성 qualify-자격을 갖추다 qualifier-유자격자 qualified-자격이 있는 qualification-자격, 자격증	제품 의 질 즉 퀄러티(quality)가 떨어진다는 등 우리말처럼 사용	Ⓡ596

VOCA	뜻 / 기출 파생어	암기 **T**ip	원어민 사용빈도 (**R** / 86800)
1831. **quantify**	용정량화하다 quantity-수량, 분량.	quantity(양)+ify(=ize, ~화(化)하다)-정량화하다	**R**17595
1832. **quarrel**	명말다툼 용다투다	퀴를(quarrel=화를) 돋우어 서로 다투다	**R**10248
1833. **quarter**	명1/4, 분기, 25센트	농구경기의 쿼터(quarter)생각	**R**1386
1834. **questionnaire**	명설문지 quest-탐구(하다)	question(질문)+naire(내어)-설문지에 질문 내어!	**R**6302
1835. **quit**	용그만두다, 끊다	담배 끝(quit)이야-(담배를) 끊다	**R**7546
1836. **quite**	부아주, 꽤	과(過)이다(quite)-꽤 지나치다	**R**203
1837. **quotation**	명인용 quote-인용하다	남의 말을 꾸었데이션(quotation)-남의 말 꾼 것은 인용	**R**9303
1838. **racist**	명인종차별주의자	race(인종)+ist(사람)-인종주의자	**R**8634
1839. **radical**	형근본적인 radically-근본적으로, 원래는	rad(뿌리, 근본)+ical(형용사형어미) *radish-무우 *eradicate(뿌리를 밖으로 드러내므로 근절하다)	**R**2481
1840. **rag**	명누더기, 걸레 헤진 천, 쓰레기 같은 신문	(쓰)레기(rag)치우는 걸레	**R**11288

Q
R

VOCA	뜻 / 기출 파생어	암기 **T**ip	원어민 사용빈도 (**R** / 86800)
1841. **rainforest**	몡열대우림 **rainbow**-무지개	rain(비)+forest(숲)-둘을 한문으로 하면 우(雨)림(林)-열대 우림	**R**12037
1842. **raise**	동들어 올리다, 기르다, 모으다, 제기하다 몡임금인상	사장님 돈 좀 내 이제(raise)!-임금인상하다	**R**1660
1843. **rally**	몡재결집 동모이다, 시위하다	r(=re)+ally(동맹)-다시 동맹▶재결집	**R**5071
1844. **ramification**	몡파문, 부산물	rami(라미=동그라미)+fic(fac=만들다)+tion(명사형어미)-돌 던지면 수면에 동그라미가 만드는 것?▶파문	**R**순위 외
1845. **ramp**	몡경사로	(미끄)럼(ram)+p(path=길)-미끄러운 길▶경사로	**R**12254
1846. **ranch**	몡목장	난초(ranch)있는 목장	**R**24736
1847. **random**	혱무작위의, 임의의 **randomly**-무작위로	아무 라돔(random)됩니다-임의의 사람이라도	**R**4548
1848. **range**	몡범위, 산맥 동범위가 ~에 이르다 *range from A to B: 범위가 A에서 B까지 이르다	내 강원도 인제(range)에서 살아-인제는 사람이 사는 범위, 그리고 인제는 산맥이 걸쳐있음	**R**458
1849. **rapid**	혱급속한 **rapidly**-빠르게	재빨리 내 빼다(rapid)!	**R**2729
1850. **rapport**	몡친밀한 관계	rapport(report 와 발음 비슷)-리포트(과제) 보여주는 친밀한 관계	**R**15605

VOCA	뜻 / 기출 파생어	암기 Tip	원어민 사용빈도 ([R] / 86800)
1851. **rare**	[형]드문 **rarely**-좀처럼 ~하지 않는	시간 좀 내어(rare)?-드물게 만났나 보군	[R]2176
1852. **rate**	[명]속도, 비율, 요금 [동]평가하다 **rating**-순위, 시청률	요금 냈대(rate), 8:2비율로 냈대(rate) 그래서 열 받아 자동차 속도 냈대(rate) ㅎㅎ	[R]500
1853. **rather**	[부]꽤, 오히려	오히려 너보다 내가 낫다(rather)	[R]440
1854. **ration**	[명]할당, 배급 [동]배급(할당)하다	이 요금 당신이 내션(ration)-(요금) 할당	[R]16051
1855. **rationality**	[명]합리성 **rationally**-이성적으로, 합리적으로 rational-합리적인	리성(이성)을 있지?(rationality)-이성을 가지고 있지?▶합리성	[R]9785
1856. **raw**	[형]날것의, 가공하지 않은	날것 그대 로(raw)	[R]3670
1857. **razor**	[명]면도칼, 면도기 [동]면도하다	람자(ra) 예쁘 죠(zor)-면도하니 남자 예쁘죠?	[R]12297
1858. **reach**	[동]도달하다	전기선이 다른 선까지 도달해야 잇지(reach)	[R]1270
1859. **react**	[동]반응하다, 반작용하다 **reaction**-반응, 반작용	re(다시)+act(행동하다)-상대방의 행동에 다시 행동하는 것은 반응	[R]5977
1860. **readily**	[부]기꺼이 **ready**-준비된	쉬운 단어 ready가 '준비된'이란 뜻이므로 readily는 준비되어서 기꺼이	[R]3353

R

VOCA	뜻 / 기출 파생어	암기 Tip	원어민 사용빈도 ([R] / 86800)
1861. **realist**	[명]현실주의자, 사실주의자 **real**-진짜의 **reality**-현실, 실제 **realize**-깨닫다	real(레알=사실의)+ist(사람)-사실주의자 *really-정말로	[R]13455
1862. **realm**	[명]영역, 왕국	동물의 왕국을 보면 (동물들이) 내음(realm, 냄새)으로 영역 확인	[R]6831
1863. **reap**	[동]작물을 수확하다 *leap-도약하다	농작물 수확해서 reap(입)으로 들어가다	[R]16582
1864. **rearing**	[명]양육 rear-양육하다, 뒷 부분	양육하려면 아기를 달래어랑(rearing)!	[R]14080
1865. **rearrange**	[동]다시 배열하다 **regain**-되찾다	re(다시)+arrange(배치하다)	[R]24592
1866. **reasonable**	[형]합리적인, 이성적인 **reason**-이유, 이성	reason(이유, 이성)+able(할 수있는)-이유될만한, 이성적인	[R]1659
1867. **reassemble**	[동]다시 조립하다	re(다시)+assemble(조립하다)	[R]44417
1868. **reassure**	[동]확신시키다	re(다시)+assure(확신시키다)	[R]10009
1869. **rebound**	[동]되튀다 [명]되튐, 반향	re(다시)+bound(튀어 오르다),혹은 농구의 리바운드 생각	[R]22363
1870. **rebuild**	[동]고쳐짓다	re(다시)+build(짓다)	[R]11626

VOCA	뜻 / 기출 파생어	암기 Ⓣip	원어민 사용빈도 (Ⓡ / 86800)
1871. recall	동소환하다	re(다시)+call(부르다)	Ⓡ3040
1872. receive	동받다 receptive-받아들이는	배구에서 리시브(receive) 즉 공 받는 것을 생각	Ⓡ1383
1873. recently	부최근에 recent-최근의	최근에 니 쓴 틀이(recently)-최근에 네가 쓴 틀니	Ⓡ807
1874. recess	명휴식, 휴회, 휴교, 으슥한 곳, 움푹 들어간 곳 동휴회시키다, 움푹한 곳에 두다 recession-불경기	re(retro,뒤로)+cess(cede, ceed 전 부 go의 뜻)-앞으로 가다가 잠시 뒤로 감▶휴식, 휴회	Ⓡ18208
1875. rechargeable	형재충전 할 수 있는	re(다시)+chargeable(충전할 수 있 는)	Ⓡ41898
1876. recite	동암송하다, 낭독하다	우리사이(recite)의 사랑을 시로 낭독하다	Ⓡ23675
1877. recognize	동인정하다, 인식하다 recognition-인식, 인정	내꺼구나 이제(recognize)!-이제 내 것인지 인식하다	Ⓡ4140
1878. recommend	동추천하다 recommendation-추천	수술할 사람보고 내 페맨데 (recommend)에서 수술하세요 하고 추천하다	Ⓡ4642
1879. reconcile	동화해하다 reconciliation-화해	이건 싸(울)일(reconcile) 이 아니 야 하며 화해하다	Ⓡ11225
1880. reconsider	동재고하다	re(다시)+consider(고려하다)	Ⓡ13104

R

VOCA	뜻 / 기출 파생어	암기 ❶ip	원어민 사용빈도 (ⓡ / 86800)
1881. **reconstruction**	몡재건축	re(다시)+construction(건설)	ⓡ6649
1882. **recovery**	몡회복 **recover**-회복하다	re(다시)+covery(덮음)-잘못된 것을 덮고 회복	ⓡ2607
1883. **recreation**	몡오락, 휴양 **recreational**-오락의, 휴양의	레크리에이션(recreation)은 우리 말처럼 사용	ⓡ7606
1884. **recruit**	동채용하다, 모집하다 **recruitment**-채용	(우)리 (회사에서) 구를(recruit)사 원을 모집하다	ⓡ7312
1885. **rectangle**	몡직사각형 **rectangular**-직사각형의, 직각의	rect(어원상 똑바로 선)+angle(각, triangle 참고)-직각	ⓡ15044
1886. **recur**	동재발하다, 되풀이되다	re(다시)+cur(어원상 흐르다)-다시 흐름▶되풀이 되다	ⓡ19791
1887. **recycle**	동재활용하다	re(다시)+cycle(순환하다)-다시 빙 빙 돌리며 사용하다	ⓡ21390
1888. **redesign**	동다시 디자인하다	re(다시)+design(설계하다)	ⓡ25854
1889. **reduce**	동줄이다, 감소하다 **reduction**-감소	re(뒤로)+duct(이끌다)-뒤로 끌어 서 감소시키다	ⓡ1444
1890. **reed**	몡갈대	갈대로 지붕을 이다(reed)	ⓡ7339

VOCA	뜻 / 기출 파생어	암기 Tip	원어민 사용빈도 ([R] /86800)
1891. **reef**	[명]산호초, 암초	r(rock)+ee(이)+f(푸른바다)-rock(바위)이 푸른 바다 속에 있음▶암초	[R]10919
1892. **reexamine**	[동]재시험하다, 재검토하다	re(다시)+examine(시험하다, 검토하다)-재검토하다	[R]79168
1893. **refer**	[동]언급(참조)하다 ***reference**-언급, 참고	니풀(refer)수학 참고서 참조해라	[R]2611
1894. **refine**	[동]세련되게 하다	re(다시)+fine(좋은, 미세한)-다시 좋게 하다	[R]21574
1895. **reflect**	[동]반영(반사.반성)하다, **reflection**-반사, 반영, 반성	니 뿔랬던(reflect)것(화냈던 것) 반성해라	[R]2600
1896. **reform**	[동]새로운 형태로 만들다	re(다시)+form(형성되다)	[R]1747
1897. **refresh**	[동]상쾌하게 하다 **refreshment**-다과, 신선(상쾌)함	re(다시)+fresh(신선한, 상쾌한)	[R]24679
1898. **refuel**	[동]재급유하다	re(다시)+fuel(연료를 공급하다)	[R]38756
1899. **refuge**	[명]피난, 피난처	내 피하지(refuge)!-내가 피난처로 피하지!	[R]7145
1900. **refund**	[동]환불하다 **refundable**-환불 가능한	re(다시)+fund(돈을 주다)-환불하다	[R]14341

R

VOCA	뜻 / 기출 파생어	암기 [T]ip	원어민 사용빈도 ([R] / 86800)
1901. **refuse**	[동]거절하다 refusal-거절	니(너나) 피우지(refuse)-내게 담배 권하기에 "너나 피우지" 하며 거절하다	[R]3705
1902. **refute**	[동]반박하다	니 핏대(refute) 세우며 반박하던데?	[R]21753
1903. **regard**	[동]여기다 **regardless**~:~은 상관없이	려기다(regard)-여기다	[R]2448
1904. **region**	[명]지역	리젼(region,=이 지역은)	[R]1035
1905. **register**	[동]등록하다, 신청하다 **registration**-등록, 신청	니 재수다(register)!라고 말해주니까 재수학원 등록하다	[R]3070
1906. **regress**	[동]역행하다, 퇴보하다	re(다시, 뒤로)+gress(cess, cede. ceed. 가다)-뒤로 가다	[R]27512
1907. **regret**	[동]후회하다 [명]후회	니 그랬(regret)던 것을 후회하니?	[R]5006
1908. **regularize**	[동]~을 규칙적으로 하다 **regular**-규칙적인, 보통의 **regularly**-규칙적으로 regulate-조절하다	regular(규칙적인, 보통의)+ize(~화하다)-규칙화하다	[R]80020
1909. **rehabilitate**	[동]사회로 복귀시키다. 회복시키다, 갱생하다	re(다시)+habilit(해볼래)+ate(동사어미)-다시 해볼래!▸갱생하다	[R]34473
1910. **rehearsal**	[명]예행연습 **rehearse**-예행연습하다	리허설(rehearsal)은 우리말처럼 사용	[R]9514

VOCA	뜻 / 기출 파생어	암기 ⓣip	원어민 사용빈도 (ⓡ / 86800)
1911. **reinforce**	동)강화하다	re(다시)+in(=en=만들다)+force(힘)-다시 힘을 만들다▶강화하다	ⓡ7592
1912. **reinstall**	동)재설치하다	re(다시)+install(설치하다)	ⓡ순위 외
1913. **reinterpret**	동)재해석하다	re(다시)+interpret(해석하다)	ⓡ50591
1914. **reject**	동)거부(거절)하다 **rejection**-거부, 거절	re(뒤로)+ject(던지다)-이력서 낸 것 뒤로 던지다▶거절하다	ⓡ5222
1915. **rejoice**	동)기뻐하다, 환호하다	re(강조의 느낌)+joice(=joy, 기쁨)-기뻐하다	ⓡ21245
1916. **relate**	동)관련시키다 **relation**-관련 **relationship**-관계 **relative**-친척, 상대적인 **relevant**-관련있는, 적절한 **relevance**-관련성	육상의 릴레이(relay)는 뒤 주자에게 봉을 연결시키는 것이죠? 즉 연관시키는 겁니다	ⓡ3532
1917. **relax**	동)긴장을 풀다 **relaxation**-완화, 휴식	놀랬으(relax)? 긴장 풀어! 많이 들어보신 단어일 듯	ⓡ4688
1918. **release**	동)풀어주다, 발표하다, 발사하다, 개봉하다	닐 놨어(release, 너를 놨어)!-너를 풀어줄거야!	ⓡ1547
1919. **reliable**	형)의존할만한 **rely**-의존하다 **reliant**-의존하는	니(re)+lia(lie야)+ble(불(不)-너는 거짓말 불가한 즉 믿을 수 있는	ⓡ3943
1920. **relief**	명)고통의 경감, 안도, 구조 **relieve**-완화하다	내일 리브(relief)-죽는다더니 내일 리브(live=살다)?병세가 완화된 것	ⓡ1544

R

VOCA	뜻 / 기출 파생어	암기 Tip	원어민 사용빈도 (ⓡ / 86800)
1921. religion	똉종교 religious-종교의	하나님 복을 내려줘(religion)-종교	ⓡ2259
1922. relive	똉소생하다, 다시 체험하다	re(다시)+live(살다)-소생하다	ⓡ33719
1923. reluctant	똉꺼리는, 주저하는	일억탄(reluctant)-복권으로 겨우 일억탄, 복권 금액이 적어서 꺼려하는	ⓡ4247
1924. remain	똉남다, 머무르다 remainder-나머지	남아인(remain)-남아있는	ⓡ1136
1925. remark	똉소견, 발언 remarkable-주목할 만한	니 말(remark)-너의 말	ⓡ5446
1926. remind	똉생각나게 하다 reminder-생각나게 하는 사람(것), 주의	re(다시)+mind(마음)-다시 마음에 넣어 생각나게 하다	ⓡ4782
1927. remnant	똉나머지, 유물	남는(remnant)-남는 것이므로 나머지	ⓡ20866
1928. remodel	똉개조하다	re(다시)+model(모형)-모형을 다시 갖추다	ⓡ60234
1929. remote	똉원격의, 먼 remotely-멀리서	remote controller(리모컨, 원격조작)-리모컨 생각하면 됨	ⓡ3285
1930. remove	똉제거하다, 없애다	re(=back,뒤로)+move(움직이다)-뒤로 치우다▶제거하다, 없애다	ⓡ2528

VOCA	뜻 / 기출 파생어	암기 Tip	원어민 사용빈도 ([R] / 86800)
1931. **render**	[동]만들다, 되게하다, 보답하다, 제출하다, 표현하다 [유]make	낸 들 (render)-내가 만들▶만들다 그리고, 이번에는 내가 낸다 (render)▶보답하다	[R]8869
1932. **renew**	[동]갱신하다 **renewable**-갱신 가능한	re(다시)+new(새로운)-다시 새롭게 하다	[R]11319
1933. **renown**	[명]명성	방송에 이름이 나온(renown)명성	[R]31162
1934. **repair**	[동]수리(치료)하다 [명]수리	썩은 이 빼어(repair) 치료하다	[R]3865
1935. **repay**	[동]상환하다	re(다시)+pay(돈을 지불하다)-상환하다	[R]9912
1936. **repeatable**	[형]반복할 수 있는 **repeat**-반복하다 **repeatedly**-반복적으로 **repetitive**-반복적인	listen and repeat (듣고 반복하세요)생각하면 됨. repeat(반복하다)+able(할 수 있는)	[R]44762
1937. **repertoire**	[명]레퍼토리, 상연목록	레퍼토리(repertoire)도 우리말처럼 사용	[R]10514
1938. **replace**	[동]대체하다 c.f)**replicate**-복제하다	re(다시)+place(위치시키다)	[R]2863
1939. **replant**	[동]이식하다 [유]transplant	re(다시)+plant(심다)-이식하다	[R]51698
1940. **reply**	[동]대답하다	리플 단다고 하죠? reply가 '대답하다'입니다	[R]2349

R

VOCA	뜻 / 기출 파생어	암기 Tip	원어민 사용빈도 ([R] / 86800)
1941. **represent**	[동]나타내다, 대표하다	예쁘리 젠(represent)-저 아이는 예뻐서 우리 반 미모 대표하다	[R]2209
1942. **reproduce**	[동]번식하다	re(다시)+produce(생산하다)-번식하다	[R]9773
1943. **republic**	[명]공화국	리퍼브릭(republic, 공화국) of Korea 생각	[R]2325
1944. **reputation**	[명]명성	평판이 나빴대션(reputation)	[R]2649
1945. **request**	[동]요청하다 [명]요청	니 귀했었다(request)-귀한 분을 요청하다	[R]2249
1946. **require**	[동]요구하다 **requirement**-요구	료쿠(requ, 요구)+이여(ire)-요구이어▶요구하다	[R]1486
1947. **reschedule**	[동]시간을 재조정하다	re(다시)+schedule(스케줄)-다시 스케줄을 잡다	[R]39595
1948. **rescue**	[동]구조하다 **rescuer**-구조자	구조대가 구조하러 나섰구(rescue)	[R]3851
1949. **research**	[명]조사, 연구 [동]조사하다 **researcher**-연구원	re(강조의 의미)+search(추구하다, 조사하다)	[R]322
1950. **resemble**	[동]닮다	이젠 볼(resemble) 수록 닮았다	[R]10411

VOCA	뜻 / 기출 파생어	암기 Tip	원어민 사용빈도 ([R] / 86800)
1951. **resent**	[동]분개하다 **resentment**-분개	니 죈?(resent,너의 죄는?) 죄를 모르자 분개하다	[R]14459
1952. **reserve**	[동]예약(비축)하다 [명]비축, 보호지역, 예비군 **reservation**-예약	자리 잘봐(reserve)!-자리 예약하다	[R]3446
1953. **reside**	[동]거주하다 **resident**-주민, 수련의사	니 자이드?(reside)-니 그 집에서 자데? 그 집에 거주하다	[R]16706
1954. **resistance**	[명]저항 **resist**-저항하다 **resistant**-저항하는	2차 세계대전 때 프랑스 저항 조직 레지스탕스(resistance)생각	[R]2654
1955. **resell**	[동]다시 팔다, 전매하다 **resold**-과거형	re(다시)+sell(팔다)	[R]33440
1956. **resolve**	[동]분해하다, 해결하다(solve), 결심하다 **resolution**-결심, 해상도	re(다시)+solve(잘부=잘게 부수다)-다시 잘게 부숴 분해하다. 혹은 다시 잘해보기로 결심하다	[R]4715
1957. **resonance**	[명]공명, 울림	re(다시)+son(=sound, 소리)+ance(명사형어미)-다시 소리가 남▶울림	[R]14072
1958. **resort**	[동]자주가다, 의지하다(resort to) [명]휴양지	휴식을 위해 리조트(resort) 자주가다	[R]4049
1959. **resource**	[명]자원, 자산, 부 **resourceful**-자원이 풍부한	re(다시)+source(재료, 자료, 원천)-또 다시 재료▶재료가 많으므로 부(富)	[R]3512
1960. **respect**	[동]존경하다 **respectable**-존경할만한 **respectively**-꽤 respectful-존경하는	re(다시)+spect(보다)-존경스러워 다시 쳐다보다	[R]1752

R

VOCA	뜻 / 기출 파생어	암기 Ⓣip	원어민 사용빈도 (Ⓡ / 86800)
1961. respiration	몡호흡	re(다시)+spir(숨쉬다)+tion(명사형 어미)-다시 호흡	Ⓡ25920
1962. respond	툉반응하다 response-응답 responsive-응답하는 responsible-책임있는 responsibility-책임 respondent-응답자	니(re)쓴(s)반들(pond)-니가 쓴 반응들▶반응하다	Ⓡ2791
1963. restore	툉회복시키다, 복원하다 restorer-원상복구하는 사람	re(다시)+st(stand)-다시 세우다▶ 회복시키다 *rest-휴식	Ⓡ4936
1964. restrain	툉제한하다, 규제하다 restraint-제한, 규제	니(re) 섰(s) 들어 (tra) 인(in)-너 보초 섰다가 안으로 들어오라 고(군대에서) 규제하다	Ⓡ12259
1965. restrict	툉제한하다, 규제하다 윤restrain	니(re) 섰더라(strict)-역시 서있으 라고 규제하다	Ⓡ6604
1966. result	몡결과 툉결과로서 생기다(초래하다) resultant-결과로서 생기는 A result in B-A가 B를 초래하다	결과는 니 졌다(result)-결과 는 네가 졌다. *A result from B▶B가 A를 초래하다	Ⓡ420
1967. resume	툉재개하다 몡이력서(발음은[rézumèi]), 요약	re(다시+sum(summary, 요약)-다시 인생을 요약▶이력서. 이력서 내는 것은 일을 다시 시작(재개) 하기 위해	Ⓡ8728
1968. retailer	몡소매업자 땐wholesaler-도매업자	re(다시, 뒤로)+tail(자르다, 꼬리)-도 매상에게 사서 다시 꼬리(이윤) 붙여 판매하는 소매업자	Ⓡ9495
1969. retain	툉보유하다, 간직하다	주신 것 있데인(retain)-주신 것 버리지 않고 간직하다	Ⓡ3588
1970. retina	툉망막 retinal-망막의	망막수술 했는데 내 티나?(retina)	Ⓡ16081

VOCA	뜻 / 기출 파생어	암기 Tip	원어민 사용빈도 ([R] / 86800)
1971. **retire**	[동]은퇴하다	니 퇴해야(retire)-너 은퇴해야	**[R]6628**
1972. **retouch**	[동]수정하다 [명]수정	re(다시)+touch(만지다)-다시 만져 고치다	**[R]순위 외**
1973. **retreat**	[동]후퇴하다	re(다시, 뒤로)+treat(들이대)-뒤로 들이대▸후퇴하다	**[R]5972**
1974. **reunion**	[명]재회, 상봉	re(다시)+union(하나됨, 결합, 연합)-다시 결합▸재회	**[R]10624**
1975. **reuse**	[명]재사용 [동]재사용하다	re(다시)+use(사용하다)-재사용하다	**[R]39087**
1976. **revalidate**	[동]유효하다고 재인정하다	re(다시)+valid(유효한)+ate(동사, 형용사형어미)-다시 유효하다고 하다	**[R]순위 외**
1977. **reveal**	[동]비밀 등을 드러내다	re(다시)+veal(발음하면 빌)-다시 보이다▸드러내다	**[R]3462**
1978. **revenge**	[동]복수하다 [명]복수 **revengeful**-복수심에 불타는	니 벤지(revenge)-복수하려고 네가 칼로 벴지?	**[R]6737**
1979. **revenue**	[명]매출, 수입	니 버뉴?(revenue)-너 돈(수입) 벌어?	**[R]2467**
1980. **reverse**	[형]거꾸로 움직이는 [명]역(반대) [동]반대방향으로 움직이다	re(뒤로)+verse(돌다=turn)-뒤로 움직이다	**[R]3815**

R

VOCA	뜻 / 기출 파생어	암기 Tip	원어민 사용빈도 ([R] / 86800)
1981. **review**	[명]재검토	re(다시)+view(봄)-재검토	[R]1058
1982. **revise**	[동]개정하다	re(다시)+vise(발음하면 봐야지)-다시 보고 개정하다	[R]13664
1983. **revolve**	[명]회전하다 **revolution**-회전, 혁명	회전하는 이 볼(공) 봐(revolve)!	[R]25678
1984. **reward**	[명]보수, 댓가	리(이) 월달(reward) 보수는 내일 줄게	[R]4346
1985. **rhetorical**	[형]미사여구의, 수사학적인 rhetoric-수사학(언어의 사용법 연구)	내 들(으)러 갈 (rhetorical)-내가 수강하러 갈 남을 설득하는 말 기술(수사학)	[R]13363
1986. **rhinoceros**	[명]코뿔소	나이 노우(즈) 소랬어(rhinoceros)-나이 먹은 코 소라(코뿔소)고 했어	[R]29462
1987. **rhyme**	[명]운율 (단어의 배열과 글자의 발음에 의하여 일정한 리듬감을 갖게 하는 것)	운을 띄우던 소리가 도레미파 솔라 중 라임(rhyme)	[R]14225
1988. **rid**	[동]제거하다 get rid of~: ~을 제거하다	없애 버 리다(rid)	[R]3480
1989. **ridiculous**	[형]우스꽝스러운, 말도 안 되는 **ridicule**-조롱하다	니디 꼴 루(우)스(ridiculous)-니들 꼴 우습구나	[R]4515
1990. **rigid**	[형]경직된, 엄격한	니 짓 (rigid, 너가 하는 짓)에 엄격한 선생님	[R]5480

VOCA	뜻 / 기출 파생어	암기 Tip	원어민 사용빈도 (R / 86800)
1991. **ripen**	동익다 ripe-익은	나이(헤)픈(ripen)-과일이 나이가 들어 잘 익다	R29956
1992. **ripped**	형마약에 취한 rip: 잡아 찢다, 바가지 씌우다	마약에 취한 자가 옷을 립다 (ripped)가 잡아 찢다	R8730
1993. **risk**	명위험 동위태롭다	리스크(risk)는 우리말처럼 사용	R835
1994. **ritual**	명의식, 제사 유rite-의식	결혼 의식할 때 니 (춤)추어 (ritual)	R5457
1995. **riverboat**	명강 보트 riverfront-강변지대	river(강)+boat(보트)	R85626
1996. **roam**	동배회하다, 돌아다니다	건달 놈(roam)과 골목길을 배회하다	R18360
1997. **roar**	동고함치다, 포효하다	짐승이 목 놓아(roar) 포효하다	R9408
1998. **roast**	동굽다, 볶다	로스트(roast)커피 생각하면 됨	R10635
1999. **rob**	동빼앗다 rob A of B: A에게서 B를 빼앗다 robber-강도	랍(rob) 쁜 놈들이 내 돈 뺏었어	R5378
2000. **rod**	명막대, 회초리 *fishing rod-낚싯대	r(노하면)+o(아빠가)+d(드는 것)-회초리, 막대	R5698

R

223

VOCA	뜻 / 기출 파생어	암기 [T]ip	원어민 사용빈도 ([R] / 86800)
2001. **roger**	감탄사-무전기로 좋아, 알았다는 뜻	영화에서 롸저(roger, 알았다)! 라는 말 들어보셨을 듯	**[R]3555**
2002. **role**	[명]역할	롤(role) 모델 등 우리말처럼 사용	**[R]530**
2003. **roll**	[동]말아 올리다, 구르다, 회전하다	롤(roll) 케익 생각하면 됨, 철자 주의	**[R]2976**
2004. **roofless**	[형]지붕이 없는 **roof**-지붕 **rooftop**-옥상	roof(지붕)+less(~이 없는)	**[R]51321**
2005. **roommate**	[명]같은 방을 쓰는 사람	room(방)+mate(친구)	**[R]순위 외**
2006. **root**	[명]뿌리	수학 시간에 배운 루트(root=뿌리)	**[R]3996**
2007. **ropemaking**	[명]밧줄제조 **ropewalk**-로프제조장	rope(밧줄)+making(만들기)	**[R]순위 외**
2008. **rotation**	[명]회전, 순환 rotate-회전하다	로타리(rotary, 회전식의)생각	**[R]8251**
2009. **rote**	[명]기계적인 암기	노트(note)에 쓰면 생각하고 암기, 로트(rote)에 쓰면 기계적인 암기	**[R]34022**
2010. **rotten**	[형]썩은 **rotting**-썩고 있는 rot-썩다	음식이 썩도록 그대로 놔둔(rotten)	**[R]8176**

VOCA	뜻 / 기출 파생어	암기 🅣ip	원어민 사용빈도 (🅡 / 86800)
2011. rough	휑거친, 대강의 roughly-대략	러(rou, 러시아 사람) 프 (gh, 터프)-추운 러시아 사람 터프한(거친)	🅡2789
2012. routine	몡틀에 박힌 일 휑틀에 박힌	(하)루 뛴(routine)-매일 하루 종일 뛴 틀에 박힌 일	🅡3007
2013. row	몡줄, 열 동노를 젓다	일렬 로우(row)앉아. 그리고 노(row)를 젓다	🅡1961
2014. rub	동문지르다	love하는 사람끼리 럽(rub,문지르다)하다	🅡8921
2015. rude	휑무례한 ㈜impolite-무례한	함부루 대(rude)하면 무례한-함부로 대하면 무례한	🅡7147
2016. ruin	몡폐허, 잔해 동망치다	전쟁의 잔해(폐허)만 놓인(ruin)	🅡8144
2017. rule	몡규칙 동통치하다 ruler-통치자	룰이 규칙이라는 뜻은 다 아실 테고 국가의 룰(rule)이 있어야 나라를 통치하죠	🅡1098
2018. rural	휑시골의 ㈜urban-도시의	엄마야 누나(rural)야 강변(시골) 살자	🅡1647
2019. rush	동서두르다, 돌진하다 몡돌진, 혼잡함 *run-ran-run:달리다	rush hour(러쉬 아워) 생각하면 사람들이 여기저기서 돌진하니 혼잡한 것	🅡3751
2020. rust	동녹슬다 rusting-녹슨	ru(녹)s(슬) t(타)-녹슬다	🅡14158

R

VOCA	뜻 / 기출 파생어	암기 Tip	원어민 사용빈도 ([R] / 86800)
2021. **rustle**	[동]바스락 거리다	라(ru,라뭇잎) 슬(stle, 바슬락)-나뭇잎이 바스락 거리다	**[R]21433**
2022. **sabotage**	[명]태업, 방해 행위, 사보태주 [동]방해 행위를 하다	사(장)보태주(sabotage)하며 태업-사장 돈 좀 보태주! 하며 직원들이 태업	**[R]16497**
2023. **sacred**	[형]신성한	시이 크리도(sacred)-신이 그리도 신성한	**[R]5901**
2024. **sacrifice**	[명]희생	자식들 위해 희생하시며 하시는 말씀-너도 엄마 돼서 속끓어봐야써(sacrifice)	**[R]6471**
2025. **saddle**	[명]말의 안장 [동]안장을 놓다	서들(saddle) 있지 말고 안장(앉아)	**[R]8624**
2026. **sailing**	[명]항행, 출항	세일링(sailing)-세(계)일(주) (하)링...자! 출항	**[R]4437**
2027. **saint**	[명]성인	새인(saint)-천천히 발음하면 성인	**[R]6106**
2028. **sake**	[명]위함, 이익 **c.f) safety**-안전	세 이익(sake)-세상의 이익	**[R]2989**
2029. **salesmanship**	[명]판매 술 **salespeople=sales -person**=판매인 ***sale**-판매, 영업	salesman(세일즈맨)+ship(정신)-판매 술	**[R]53485**
2030. **salient**	[형]가장 두드러진, 현저한	가장 뛰어난 제품 세일(판매)할 리언(salient)	**[R]144556**

VOCA	뜻 / 기출 파생어	암기 Tip	원어민 사용빈도 (ⓡ / 86800)
2031. **salve**	통달래다, 진정시키다 명연고(고약)	세부(salve)여행으로 (그녀를) 달래다	ⓡ39388
2032. **sandcastle**	명모래성	sand(모래)+castle(성)	ⓡ79272
2033. **sanitary**	형위생적인 **sanitation**-위생	(음식에) 새, 너 털이(sanitary)-음식에 너의 털이 새다니 위생적인 음식을 줘!	ⓡ16174
2034. **satellite**	명인공위성	새 떠 라잇(satellite)-새 처럼 떠서 라잇(빛)비추는 인공위성	ⓡ4963
2035. **satisfy**	통만족시키다 **satisfied**-만족한 **satisfaction**-만족 **satiety**-포만감	셋이서 파이(satisfy) 먹고 배를 만족시키다	ⓡ4376
2036. **saucer**	명접시	sauce(소스, 양념)+er(행위자, 주체자)-소스 담는 것이므로 접시	ⓡ14369
2037. **savage**	형야만적인	야만적인 놈들이 남의 것 쌔비지(savage) *쌔비다는 방언으로 훔치다	ⓡ6463
2038. **saw**	통see의 과거, 톱질하다 명톱	톱질하면 쓱 싸오(saw)이런 비슷한 소리가 나는데. 한번 소리 내 보시길	ⓡ327
2039. **scare**	통겁주다, 두려워하다, 놀라게 하다 **scary**-무서운 **scarcity**-부족, 결핍	조폭이 시끼야(scare)!하며 겁주고 놀라게 하다 *비속어 죄송합니다	ⓡ10609
2040. **scatter**	통흩뿌리다, 분산시키다	뽀삐가 스윽 개털(scatter)을 흩날리다	ⓡ15087

S

227

VOCA	뜻 / 기출 파생어	암기 Tip	원어민 사용빈도 (® / 86800)
2041. scent	똉향기, 냄새 동냄새로 찾다, 냄새를 풍기다	s(smell, 냄새)+cent(샌다)-냄새를 내다	®7160
2042. scheme	똉계획, 제도, 책략 동책략을 꾸미다	사기꾼은 책략을 꾸며(계획을 세 워) 속임(scheme) schedule-스케쥴	®825
2043. schoolyard	똉학교운동장 **scholar**-학자	school(학교)+yard(뜰)	®73545
2044. scold	동꾸짖다	부모님이 그 점수로는 스쿨 다 (scold)다녔다고 꾸짖다	®37973
2045. score	똉점수, 숫자로 20 동기록하다	스코어가 점수라는 것은 다 압 니다. 숫자 20이라는 뜻을 꼭 기억바랍니다	®2460
2046. scratch	동긁다, 할퀴다	손톱으로 슥 그렸지?(scratch)- 할퀴다	®7274
2047. scream	동비명을 지르다 똉비명	시끄럼(scream)!하며 소리 지르 다	®6860
2048. script	똉대본, 원고, 글로 쓴 것	손(s)으로 cript(그리다)-손으로 그려서 쓴 것▶원고	®6117
2049. scrub	동문지르다	손으루(scru)+b(박박)-손으로 박 박 문지르다	®11980
2050. scrutiny	똉정밀한 조사, 감시, 감독	경찰이 조사하니까 불량식품 이 수그러 드니?(scrutiny)	®6220

VOCA	뜻 / 기출 파생어	암기 ⓣip	원어민 사용빈도 (Ⓡ / 86800)
2051. **sculpture**	몡조각 통조각하다 **sculptor**-조각가	조각품을 슥 칼로 팠죠 (sculpture)	Ⓡ5787
2052. **seal**	몡바다표범, 봉인, 도장 통밀봉하다	실(seal)로 꼐매 밀봉하고 도 장 찍음, 그리고 sea(바다)+l (leopard, 표범)	Ⓡ5642
2053. **seascape**	몡바다경치 **seashell**-조개 **seaport**-항구도시	sea(바다)+scape(경치)	Ⓡ50041
2054. **seat**	몡좌석 통좌석에 앉히다	자동차 시트(seat, 좌석) 생각	Ⓡ1654
2055. **seaweed**	몡해조류, 미역	sea(바다)+weed(잡초)	Ⓡ19289
2056. **secretary**	몡장관, 비서, 사무총장 **secret**-비밀	secret(비밀)+ary(사람)-비밀을 취급하는 사람(장관이나 비서)	Ⓡ622
2057. **section**	몡부분, 구역 **sector**-부채꼴, 분야, 부분, 영역	sect(발음상 싹, 자르다)+tion(명사 형어미)-싹 자른 부분	Ⓡ517
2058. **secure**	혱안전한 통안전하게 하다 **security**-보안, 안전	과일은 씻구어(secure)먹어야 안 전한	Ⓡ2188
2059. **seed**	몡씨앗 **seedling**-어린나무	씨다(seed)-씨앗	Ⓡ4949
2060. **seek**	통추구하다, 찾다 **sought**-과거, 과거분사형 c.f) **search**-찾다	수색(seek)-수색(搜索), 이 때 색 (索)은 찾을 색	Ⓡ1875

S

VOCA	뜻 / 기출 파생어	암기 Tip	원어민 사용빈도 ([R] / 86800)
2061. **seem**	[동]~인 것 같다 **seemingly**-겉보기에	심(心)(seem)-마음 적으로 그런 것 같다	**[R]568**
2062. **segment**	[명]부분 [동]분할하다	새까만(segment)부분은 잘라버려(분할)	**[R]8561**
2063. **seize**	[동]꽉 붙잡다, 의미를 파악하다	씨주(seize)-씨! 하며 주(走= 달리다, 도망가다)하는 도둑을 꽉 붙잡다	**[R]10192**
2064. **seldom**	[부]거의 ~않다	한국에 미국 살다온(seldom) 사람 거의 없다	**[R]5334**
2065. **select**	[동]선택하다 **selection**-선택	이거 쓸래(select)!하며 (물건) 선택하다	**[R]3153**
2066. **sellout**	[명]매진 **sell**-팔다	sell(판매)+out(없는)-판매할 수 없이 매진된	**[R]순위 외**
2067. **senior**	[명]선임, 고령자	너보다 손위여(senior)-손위=선배	**[R]1230**
2068. **sensitive**	[형]민감한 **sensational**-세상을 들끓게하는 **sensory**-감각의 **sentiment**-정서	sense(감각)+tive(풍부한)-감각이 풍부해서 민감한 *sense-감각	**[R]2712**
2069. **sepal**	[명]꽃받침	se(separate, 분리된)+pal(petal, 꽃잎)-분리된 꽃 잎	**[R]순위 외**
2070. **separate**	[동]분리하다 [형]분리된	se(apart=분리된)+parate(prepare, 준비하다)=분리해 준비해놓다	**[R]1113**

VOCA	뜻 / 기출 파생어	암기 ⓣip	원어민 사용빈도 (ⓡ / 86800)
2071. sept	몡9월=september 몡아일랜드의 씨족(clan)	sept=september *씨애비다(sept)-씨족 조상이다	ⓡ19389
2072. sequence	몡연속, 순서	책 연속 시리즈로 세 권사 (sequence)	ⓡ2387
2073. serious	혱진지한 seriously-진지하게	진 실 이었어(serious)-진지한	ⓡ797
2074. sermon	몡설교	설문(sermon, 설교문)	ⓡ13062
2075. session	몡시간, 회기 c.f)semester-학기	의회가 섰션(session)-의회가 서 서 회기 중이야	ⓡ2284
2076. setting	몡환경, 무대장치 set-놓다, 세우다, 맞추다	무대 세팅(setting)한다는 말 생 각	ⓡ1381
2077. settle	뙤정착하다, 해결하다 settlement-정착, 해결	새터(settle, 새로운 정착지)에서 정 착하다	ⓡ3571
2078. several	혱몇 개의	옷 몇 벌만 가져올래? 세 벌을 (several)?	ⓡ370
2079. sever	뙤절단하다 severance-분리, 절단	세 벌(sever)해 입을 옷감을 자 르다	ⓡ25825
2080. severe	혱엄한, 심각한	남의 물건 새 비어(severe, 훔쳐)? 엄한 벌 받는다	ⓡ2198

S

VOCA	뜻 / 기출 파생어	암기 Tip	원어민 사용빈도 ([R] / 86800)
2081. **sew**	[동]바느질하다 **sewn**-sew의 과거분사	수(sew)를 놓다-바느질하다	**[R]19123**
2082. **shade**	[명]그늘, 그림자, 색조 [유]**shadow**-그림자, 그늘	그늘에서 쉬다(shade), 그리고 색이다(shade)로 발음하면-색조	**[R]5438**
2083. **shake**	[동]흔들다, 악수하다 **shaking**-흔들기	삭삭(shake) 악수하며 흔들다	**[R]5153**
2084. **shame**	[동]부끄러움, 부끄러워하게 하다	나이가 몇 세임(shame)?-부끄러운 줄 알아라!	**[R]4191**
2085. **shanty**	[명]판자 집, 오두막집	싼티(shanty) 나는 판자집, 오두막집	**[R]29738**
2086. **shape**	[명]형태, 모양 [동]형성하다	새 입(shape) 모양은 이렇게 생겼구나!	**[R]1496**
2087. **share**	[동]공유하다 [명]몫, 주식 **sharing**-공유, 분할	이거 당신도 써여(share)!-함께 쓰다(공유하다)	**[R]723**
2088. **shark**	[명]상어	모든 물고기 삼켜(shark), 샥스핀(shark's fin=상어 지느러미)생각	**[R]15031**
2089. **shave**	[동]면도하다	면도하면 깨끗하게 새 입(shave)을 가지게 됨	**[R]14402**
2090. **shed**	[동]흘리다, 떨어지다 [명]헛간, 광, 창고	새다(shed)-흘리다	**[R]4073**

VOCA	뜻 / 기출 파생어	암기 ⓣip	원어민 사용빈도 (ⓡ / 86800)
2091. **sheet**	몡침대의 시트, 종이의 한 장	침대 시트(sheet) 생각해 볼 것	ⓡ2390
2092. **shelf**	몡선반, 대륙붕	발음하면 쉘 ㅂ (shelf)인데 앞의 'ㅅ'과 뒤의 'ㅂ'에 착안하여 선반	ⓡ5557
2093. **shelter**	몡피난처, 대피소	쉘터(shelter)-도망가서 쉴 곳	ⓡ5263
2094. **shepherd**	몡양치기, 목자	발음하면 쉽(sheep=양)+보다(pherd)-쉽보다(양보다)▶양을 보므로 양치기	ⓡ6474
2095. **shield**	몡방패 동보호하다	쉴다(shield)-군인들이 방패로 몸 보호해서 (숨)쉬고 살다	ⓡ6244
2096. **shift**	몡변화, 전환 동이동하다	선택과목 중 쉽다(shift)면 전부 그 과목으로 바꾼다	ⓡ2469
2097. **shiver**	동몸을 떨다 **shivering**-몸의 떨림, 전율	수위 벌(shiver)-추위 벌로 발음하면 추위로 벌벌 떤다	ⓡ14067
2098. **shopkeeper**	몡가게 주인	shop(가게)+keeper(지키는 사람)	ⓡ17955
2099. **shoreline**	몡해안선	shore(해안)+line(선)	ⓡ22327
2100. **shortcoming**	몡결점 **shortage**-부족 **shortcut**-지름길 **shorten**-줄이다 **shorthand**-속기 **shortly**-곧	short(부족한)+coming(오는 것)-사람은 누구나 부족한 것(결점)이 신으로부터 옵니다	ⓡ41813

VOCA	뜻 / 기출 파생어	암기 Ⓣip	원어민 사용빈도 (Ⓡ / 86800)
2101. shovel	몡삽 동삽질하다	삽을(shovel)-단어 자체가 '삽'	Ⓡ19616
2102. shrimp	몡새우	새우림ㅍ(shrimp)	Ⓡ18498
2103. shrink	동줄어들다 shrinkage-줄어듦	쉬링(shrink,천천히 발음하면 줄잉)	Ⓡ13465
2104. shrug	동으쓱하다	shr(어깨,shoulder를 줄여서)+u(위로)+g(가다)-어깨가 위로 가며 으쓱하다	Ⓡ11230
2105. shut	동폐쇄하다, 닫다 c.f)shot-발사	"셧(shut)더 마우스"라는 말 들어보셨죠? 입을 닫으라는 말	Ⓡ1998
2106. sideboard	몡식기보관대, 측면판 sidewalk-보도, 인도	side(옆, 측면)+board(테이블)-방 옆에 놔두고 음식 보관하는 테이블	Ⓡ19043
2107. sightseeing	몡관광 sight-시력, 시야	sight(광경)+seeing(보는 것)	Ⓡ19627
2108. signaler	몡신호 보내는 사람, 신호기 signal-신호 signature-서명	signal(신호)+er(행위의 주체)-신호보내는 사람 혹은 신호기	Ⓡ순위 외
2109. significant	혱중요한, 상당한, 의미심장한 significantly-상당히	sign(싸인,서명)+ify(동사어미)+ant(형용사어미)-서명할 정도로 중요한	Ⓡ827
2110. silent	혱침묵의, 고요한 silence-침묵, 고요	침묵에 싸일런(silent)-침묵에 쌓여있는	Ⓡ2614

VOCA	뜻 / 기출 파생어	암기 ❶ip	원어민 사용빈도 (ⓡ / 86800)
2111. **silhouette**	몡윤곽	실루엣(silhouette)은 우리말처럼 사용	ⓡ16792
2112. **silly**	혱어리석은, 바보 같은	실리(silly)-실리(실제 이익)를 취하지 못하고 어리석은	ⓡ3331
2113. **similar**	혱비슷한 **similarly**-비슷하게	sim(same)ilar-세임 일러▶비슷한	ⓡ521
2114. **simplicity**	몡단순함 **simple**-단순한 **simply**-단순히	simple(단순한)+ity(명사형어미)-단순함	ⓡ7294
2115. **simultaneously**	묏동시에 simultaneous-동시의	싸 이 (가) 물 트 니 어 서 (simultaneous)-가수 싸이가 미국시장 물 트니 동시에 다른 가수들도 중국 진출	ⓡ4716
2116. **sincere**	혱진실한, 성실한 **sincerely**-진심으로 c.f)**since**~:~이래로. ~이니까	그 남자 신실혀(sincere)-믿음직하고 진실한	ⓡ11591
2117. **sink**	됭가라앉다, 가라 앉히다 몡싱크대	싱크(sink)대 생각하시면 될 것	ⓡ4485
2118. **site**	몡장소, 현장, 인터넷 싸이트	인터넷 싸이트(site) 생각하면 됨	ⓡ1042
2119. **situate**	됭~에 위치시키다 **situation**-상황, 처지	sit(앉다)+ate(동사, 형용사어미)-앉게 시키다, 위치시키다	ⓡ42423
2120. **skeptical**	혱회의적인, 의심하는	skept(=spect 가 변형된 것, '보다'의 뜻)+ical(형용사어미)-꿈이 이루어질지 두고 봐야하는▶의심하는	ⓡ78720

S

235

VOCA	뜻 / 기출 파생어	암기 ⓣip	원어민 사용빈도 (ⓡ / 86800)
2121. skid	통미끄러지다 c.f)slid-slide(미끌어 지다)의 과거분사	자동차 사고 조사할 때 스키드(skid)마크 아시죠? 바퀴가 미끄러진 자국을 말함	ⓡ27954
2122. skip	통거르다, 건너뛰다	s(수업)+ki(가볍키)+p(빼먹다)-수업을 가볍게 건너뛰다	ⓡ10575
2123. slam	통꽝하고 닫다	농구의 슬램(slam) 덩크 생각하시면 됨	ⓡ11983
2124. sled	몡썰매 통썰매를 타다	눈길에 쓸려 다(sled)니는 썰매	ⓡ56037
2125. slight	혱약간의, 가벼운 slightly-약간	s(수)+light(가벼운)-수적으로 가벼운▶약간의	ⓡ3163
2126. slope	몡경사면 통경사지다	스키장 가면 슬로프(slope, 경사면)아시죠?	ⓡ5533
2127. slum	몡빈민가	slu(쓰러질)+um(움막)-빈민가	ⓡ15511
2128. smooth	혱부드러운	사모도(smooth) 부드러운-사모님도 부드러우신	ⓡ3049
2129. snake	몡뱀	(뱀이 독을) 쏘네 이크!(snake)	ⓡ8564
2130. snap	통찰칵, 탁 소리를 내다, 사진 찍다, 덥석 물다 snapshot-스냅사진을 찍다(속사)	스냅 사진 기억하시면 될 것 같고 (덥)석(s)냅(nap)다 물다 로 기억	ⓡ8357

VOCA	뜻 / 기출 파생어	암기 Tip	원어민 사용빈도 ([R] / 86800)
2131. **snowstorm**	[명]눈 폭풍	snow(눈)+storm(폭풍)	[R]40175
2132. **soak**	[동]젖다, 흡수하다	속(soak)까지 젖다	[R]13763
2133. **soap**	[명]비누, 드라마	s(세수할 때)+o(얼굴)+ap(앞)-세수할 때 얼굴 앞에 쓰는 것▶비누 '드라마'라는 뜻은 드라마에 비누 선전이 등장하여 유래되었다고 함	[R]5751
2134. **sociology**	[명]사회학 **sociable**-사교적인 **social**-사회의 **society**-사회 **sociocultural**-사회문화적인	socio(발음하면 사회시오)+logy(학문)-사회학	[R]4369
2135. **socks**	[명]양말	(돈을 양말) 속(sock)에 숨(s)겼어	[R]17834
2136. **soda**	[명]탄산수	탄산수가 톡 쏘다(soda)	[R]13720
2137. **soften**	[동]부드럽게 하다	soft(부드러운)+en(en이 단어 앞 뒤에서 동사를 만들어 줌)-부드럽게 하다	[R]14030
2138. **soil**	[명]흙, 토양	소 일(soil)-소가 일하는 곳은 흙	[R]2409
2139. **solar**	[형]태양의 [반]lunar-달의	빛을 쏘라(solar)! 태양아	[R]5845
2140. **soldier**	[명]군인	총으로 쏠터!(soldier)-군인	[R]4640

S

VOCA	뜻 / 기출 파생어	암기 ⓣip	원어민 사용빈도 (ⓡ / 86800)
2141. **sole**	휑유일한, 혼자의	solo(쏠로)의 변형	ⓡ3723
2142. **solemn**	휑엄숙한, 진지한, 침통한	살엄(solemn)-살벌하고 엄숙한	ⓡ11701
2143. **solitude**	뗑고독, 외로움 **solid**-고체의, 단단한 **solitary**-혼자의	sole, solo, soli(쏠로, 혼자 의)+tude(명사형어미)-혼자됨▶고 독, 외로움	ⓡ13651
2144. **solution**	뗑해결책, 용액 **solve**-해결하다 **solvent**-용매, 지불능력이 있는, 녹이는	알코올 용액인 술로션(solution) (슬픔이) 해결 안됨	ⓡ1489
2145. **somehow**	휑어떻게 해서든, 어쩐지 **somebody**-누구나, 대단한 사람 **somewhat**-다소 **somewhere**-어딘가에 **sometimes**-때때로	어떻게 좀 하우-(somehow)!-어떻 게 해서든 해결 좀 해주세요. *something-어떤 것, 중요한 것	ⓡ2253
2146. **soothe**	통진정시키다, 마음을 달래다	영어, 수학은 '미' 지만 국어는 '수다'(soothe)하며 마음을 달래 다	ⓡ20465
2147. **sophisticated**	휑정교한 sophistication-세련, 정교함, 궤 변	sophist(지혜로운 사람, 궤변론 자)+ate(동사, 형용사형어미)-현명 함이 들어있는▶정교한	ⓡ3677
2148. **sore**	휑몸이(마음이) 아픈 c.f) **sour**-맛이 신	벌이 쏘아(sore)아픈	ⓡ7626
2149. **sorrow**	뗑슬픔	서러워(sorrow)-슬픔	ⓡ10390
2150. **sort**	뗑종류 통분류하다 **source**-원천, 자료	복잡한 종류를 분류하니 수월 타(sort)	ⓡ434

VOCA	뜻 / 기출 파생어	암기 ⓣip	원어민 사용빈도 (ⓡ / 86800)
2151. souvenir	몡기념품	여행가면 기념품을 수반해야 (souvenir)함	ⓡ16620
2152. sow	동씨를 뿌리다 sowed-과거, 과거분사 형 sown-뿌린, sow의 과거분사	s(씨를)+ow(오우리다)-씨를 뿌리다	ⓡ14773
2153. spaceship	몡우주선	space(우주)+ship(배)-우주를 왔다 갔다 하는 배▶우주선	ⓡ20992
2154. spanking	몡손바닥으로 찰싹 때리기 혱민첩한 몪매우	s(손으로)+pank(빵) 때리다	ⓡ32936
2155. spare	혱남는, 여분의 동아끼다, 할애하다, 내어주다 sparing-절약하는	용돈에서 빼어(spare) 절약하다	ⓡ3201
2156. sparkle	동반짝이다, 빛나다	spark(스파크, 불꽃)+le(를)-스파크를 튀겨 빛나다	ⓡ15805
2157. spatial	혱공간의	space(공간)+tial(형용사형어미)-공간의	ⓡ6155
2158. species	몡생물의 종	숲에서(species) 다양한 생물의 종 발견	ⓡ1062
2159. specific	혱구체적인, 명확한 specification-설명서 specialize-전문적으로 다루다	위 단어 species(종)에서 나온 말로 종이 많아서 세부적이고 구체적이어야 하는	ⓡ896
2160. spectator	몡관중, 구경꾼 spectacular-장관을 이루는 spectrum-빛 띠(스펙트럼)	spect(보다)+or(행위자)-보는 사람	ⓡ11418

S

239

VOCA	뜻 / 기출 파생어	암기 ❶ip	원어민 사용빈도 (❷ / 86800)
2161. **speech writer**	몡연설 초고를 쓰는 사람	speech(연설)+writer(쓰는 사람)	❷순위 외
2162. **spell**	동철자를 쓰다(말하다) 몡마법, 주문(呪文), 지속되는 한 동안의 기간 **spelt**-과거, 과분	스펠링(spelling) 이라는 단어를 생각해 보시면 되고 소뼈(spell) 고려면 한 동안 지속	❷3877
2163. **sperm**	몡정자 **semen**-정액	s(수컷)+p(뿌린)+er(에너지)+ m(mind, 마음)-수컷이 뿌린 에너 지와 사랑하는 마음	❷12294
2164. **spin**	동방적하다, 회전하다, 누에가 실 을 내다 **spinning**-방적, 방적의	방적하기 위해 실(s) 뺀(pin) 회전이라는 뜻은 구기경기에서 우리말처럼 쓰이는 스핀(spin) 볼 생각	❷7488
2165. **spirit**	몡정신, 영혼, 마음 **spiritual**-정신적인	spirit(숨, 호흡)-숨피릿, 숨이 있 다는 말은 영혼이 있다는 말	❷1591
2166. **spite**	몡앙심 동괴롭히다 **in spite of**~: ~에도 불구하고	앙심을 품고 침투한 스파이다 (spite)	❷18681
2167. **splash**	동액체가 튀다 **splashing**-액체가 튀는	s(水=물)+plash(뿌려서)-물 뿌려 서 옷에 튀다	❷10796
2168. **split**	동쪼개다, 쪼개지다 몡쪼개기	s(세게)+plit(쁠렀다= 부러뜨렸다)	❷2526
2169. **spoil**	동망치다	수포 일(spoil)-일이 수포가 되 다▶망치다	❷9580
2170. **spot**	몡점, 장소(현장) 동발견하다	새퍼트(spot, 개의 종류로 생각)가 현장에서 (마약을) 발견하다	❷2081

VOCA	뜻 / 기출 파생어	암기 Tip	원어민 사용빈도 ([R] / 86800)
2171. **spread**	[동]퍼지다, 확산되다	수(水) 뿌렸다(spread)-물 뿌려 잉크가 퍼지다	**[R]1630**
2172. **sprinter**	[명]단거리 달리기 선수 **splinting**-전력 질주하는	단거리 선수가 전력질주하다가 도착점에 서버린다(sprinter)!	**[R]22017**
2173. **sprout**	[명]싹 [동]싹트게 하다 bean sprout-콩나물	s(슬슬)+pr(풀)+out(밖으로)-슬슬 풀 같은 것(싹)이 밖으로	**[R]23809**
2174. **squirrel**	[명]다람쥐	다람쥐처럼 도망 다니지 말고 섰거라(squirrel)!	**[R]18001**
2175. **stability**	[명]안정성 **stable**-안정적인, 마구간 **stadium**-경기장	sta(stand)+ability(능력)-서 있을 수 있는 능력▶안정성	**[R]4072**
2176. **stage**	[명]단계, 무대	여러분 세대는 아니지만 서태지(stage) 아세요? 무대에 선 서태지	**[R]583**
2177. **stair**	[명]계단	계단 올라가다 섰대여!(stair)	**[R]13653**
2178. **stake**	[명]말뚝, 화형 [동]말뚝에 매다, 돈을 걸다 **c.f)stack**-쌓아올린 더미	sta(서있다)+ke(기, 막대기)-서 있는 막대기(=말뚝), 그리고 숯(s)을 가져와(take) 불을 붙이고 화형에 처하다	**[R]4107**
2179. **stale**	[형]상한(신선하지 않은), 활력이 없는	맛보니 맛이 쓰데 여(stale)-맛이 상해서 쓴	**[R]12830**
2180. **stall**	[명]가판대, 좌판, 가축우리, 마구간	가축우리에 말도 있고 소도(stall)?	**[R]7889**

S

VOCA	뜻 / 기출 파생어	암기 ⓣip	원어민 사용빈도 (ⓡ / 86800)
2181. stamp	몡우표, 도장 찍기 동짓밟다, 발을 구르다	스탬프(stamp)는 우리말처럼 사용	ⓡ5518
2182. starve	동굶주리다 starvation-기아 starving-굶주린	일본 놈들의 (곡식) 수탈 봐 (starve)-수탈로 인해 굶주리다	ⓡ16534
2183. statement	몡성명, 진술 state-주, 국가, 언급하다 status-신분, 지위	밥은 state (솥에) 있다고 말하다+ment(명사형어미)-언급	ⓡ1041
2184. station	몡역, 정거장, 방송국 static-정적인 stationery-문방구 status-상태, 지위, 신분 stay-머무르다, 유지하다	sta(=stand, 서있다)+tion(명사형어미)-움직이지 않고 서있다▶역, 정거장	ⓡ1004
2185. steady	헹안정된, 꾸준한 steadily-꾸준히	stead(stand)+y(형용사어미)-넘어지지 않고 서 있는 ▶안정된, 꾸준한	ⓡ3264
2186. steel	몡철강 steal-훔치다 still-아직도, 그러나, 훨씬, 고요한	포항제철 축구팀 아세요? 포항 스틸러스(steelers)죠	ⓡ2458
2187. steep	헹가파른, 값이 비싼	솟(st) 입(eep)-가격이 비싸 입이 솟은(솟으면 가파른)	ⓡ5068
2188. stem	몡줄기 동유래하다	길에서 샀템(stem)-길에서 유래하다, 유래한다는 것은 그 줄기라는 말도 됨	ⓡ6026
2189. stick	몡막대기 동고수하다, 달라붙다 stuck-꼼짝 못하는, stick의 과거.과분	스틱(stick)이 막대기라는 뜻은 다 아실 테고 스티커(sticker)아시죠? 달라붙는 것 말입니다	ⓡ2317
2190. stiff	헹뻣뻣한 stiffly-뻣뻣하게	sti(섰디)+f(뻣)+f(뻣)-섰지? 뻣뻣이	ⓡ5174

VOCA	뜻 / 기출 파생어	암기 ❶ip	원어민 사용빈도 (❶ / 86800)
2191. **stillness**	몡고요함, 움직이지 않음	still(고요한)+ness(명사형어미)-고요함	❶13588
2192. **stimulation**	몡자극, 촉진 **stimulate**-자극하다, 촉진하다	스팀(=열)을 넣어선(stimulation) 더 열 받게 자극하다	❶8202
2193. **sting**	동곤충이 쏘다	벌이 s(쏘면)+ting(띵하다)-벌 따위가 쏘다	❶10305
2194. **stink**	동악취를 풍기다 몡악취	stin(sting, 쏘다)+k(코를)-악취로 코를 쏘다	❶19191
2195. **stir**	동휘젓다	숟 떠 (stir)-숟가락으로 물을 떠 휘젓다	❶6291
2196. **stock**	몡재고품, 비축물, 주식 **stockpile**-비축량	쌓다(stock)-재고를 쌓다	❶1277
2197. **stomach**	몡위, 복부, 배	솥다 먹(stomach)-솥에 있는 음식 다 먹은 배	❶3159
2198. **storm**	몡폭풍(우)	storm(수(水) 또 옴)-물(비)이 계속 오는 (내리는)폭풍우	❶3781
2199. **straightforward**	형복잡하지 않은, 쉬운, 솔직한 **straight**-똑바로, 곧은	straight(똑바로)+forward(앞으로)-꼬지 않고 일이 똑바른▶쉬운, 솔직한	❶4358
2200. **strain**	동잡아당기다, 긴장시키다 몡긴장	거기 섰더레인(strain)!하며 (도둑을) 잡아당기다	❶3577

S

243

VOCA	뜻 / 기출 파생어	암기 Tip	원어민 사용빈도 ([R] / 86800)
2201. **strategy**	[명]전략	전략이 좋아야 적을 스트러티지(strategy, 쓰러뜨리지)	[R]1675
2202. **stream**	[명]하천	stream(수(水) 들임)-저기 하천에 흘러가는 것은 물들이야!	[R]3556
2203. **stretch**	[동]늘리다, 뻗다	스트레칭(stretching) 생각	[R]3592
2204. **strict**	[형]엄격한 **strictly**-엄격히	떠든다고 각서 썼드릭(strict)-각서 쓸 정도로 엄격한	[R]4197
2205. **strike**	[동]~을 때리다(치다). 파업하다, 인상을 주다 **striking**-두드러진, 파업 중인, 공격의 **strikingly**-두드러지게	투수가 던진 공이 스트라이크(strike)라면 투수가 공격을 제대로 한 것이고 잘 던진다는 인상을 준다	[R]1807
2206. **string**	[명](현악기의) 줄, 끈, 실	s(소리가)tring(두링, 두링)-현악기 줄 조율하는 소리	[R]3340
2207. **strip**	[동]벗기다 [명]스트립쇼, 길죽한 조각, 띠, 만화(**comic strip**-연재만화)	스트립(strip)쇼 들어 보셨죠?	[R]4382
2208. **strive**	[동]분투하다, 애쓰다	자취생이 솥드라이브(strive)-솥을 운전해서 먹고 살려고 애쓰는 중	[R]14000
2209. **stroke**	[명]뇌졸중, 타격 [동]선을 긋다	테니스 칠 때 스트로크(stroke, 한 번 치기) 하죠. 뇌졸중도 뇌에 타격을 입히는 것	[R]4987
2210. **structure**	[명]구조, 건물, 조직 [동]구성하다	구조가 튼튼해서 건물이 섰더랬죠(structure)	[R]709

VOCA	뜻 / 기출 파생어	암기 **T**ip	원어민 사용빈도 (**R** / 86800)
2211. **struggle**	동투쟁하다, 분투하다	썼더라 글(struggle)-파업한 노동자가 '투쟁'이라는 글 썼더라	**R**2286
2212. **stubborn**	형고집 센 **stubbornly**-완고하게	소도 본(stubborn)래 고집이 쎈	**R**12429
2213. **stuff**	명것, 물건, 재료, 물질 동쑤셔 넣다	재료는 뭘 썼답(stuff)니까?	**R**1427
2214. **stun**	동놀라게 하다, 기절시키다 **stunning**-놀라게 하는	수(秀) 딴(stun)-수학 성적 '수(秀)'를 따서 부모님을 놀라게 하다	**R**32324
2215. **stupid**	형어리석은	st(student)+pid(피다)-학생이 마리화나 피다▶어리석은	**R**2939
2216. **sturdy**	형튼튼한	st(strong, 튼튼한)+urdy(하지)?-튼튼하지?	**R**11736
2217. **subconscious**	형잠재의식의 명잠재의식	sub(아래)+conscious(의식적인)-의식 아래▶잠재 의식의	**R**15551
2218. **subject**	명주제, 과목, 대상, 주어, 신하, 국민, 피실험자 **subjective**-주관적인 *objective-객관적인 **subjectivity**-주관성	sub(아래로)+ject(던지다)-아래에 놓인 당면한 주제, 임금이 오면 예의를 갖춰 아래로 던져지는 신하	**R**532
2219. **submerge**	동잠수하다, 담그다	sub(아래로)+merge(물지)-물 아래로 잠수하다	**R**47290
2220. **submit**	동제출하다, 굴복하다, 복종하다 **submission**-제출, 굴복	sub(아래로)+mit(mis, 보내다)-숙제 제출할 때 아래로 살짝 내고 남 아래로 기어가면 굴복	**R**6118

S

VOCA	뜻 / 기출 파생어	암기 Tip	원어민 사용빈도 ([R] / 86800)
2221. **subscribe**	[동]구독하다, 신청하다, 가입하다 **subscription**-구독, 신청	sub(아래에)+scribe(쓰다)-가입하고 구독 신청하느라 아래 서식에 기입하다	[R]13679
2222. **subself**	[명]준자가 [형]반쯤 스스로 하는 *subself fertilization-준자가 수정(제 꽃가루받이와 유사한 수정을 하여 번식하는 방식)	sub(하위, 준, 아래)+self(자아)-준자가	[R]순위 외
2223. **subsequence**	[명]계속해서 있음(연속) **subsequent**-그 다음의 **subsequently**-그 후에, 이어서	sub(아래)+sequence(순서)-그 다음 순서도 있음▸연속	[R]2344
2224. **subset**	[명]작은 한 벌, 부분집합	sub(아래)+set(세트)-큰 세트보다 아래 세트이므로 작은 한 세트	[R]17325
2225. **substance**	[명]물질, 본질 **substantial**-실질적인, 상당한	sub(아래)+stance(stand, 서 있음)-맨 아래에 구성되어 있는 본질	[R]4012
2226. **substandard**	[형]표준 이하의	sub(아래)+standard(표준)-표준 아래의	[R]36763
2227. **substitute**	[동]대체하다 [명]대체하는 사람(것)	sub(아래에)+stitute(서있다)-대체하려고 다음에 서있다	[R]4565
2228. **subtle**	[형]미묘한, 교묘한	소변은 알아서 싸들(subtle)-소변에 대해 미묘한(뚜렷하지 않은)	[R]4631
2229. **subtract**	[동]빼다 [유]deduct	sub(아래로)+tract(당기다)-아래로 당기면 하나 빼는 것	[R]24361
2230. **suburb**	[명]교외, 변두리, 외곽	sub(아래)+urb(urban, 도시의)-도시 아래에 있는 변두리	[R]11741

VOCA	뜻 / 기출 파생어	암기 Tip	원어민 사용빈도 (ⓡ / 86800)
2231. **successful**	廖성공적인 **success**-성공 **successfully**-성공적으로	success(성공, 쉬운 단어이므로 생략)+ful(full, 꽉 찬)-성공이 꽉 찬	ⓡ937
2232. **successive**	廖연속적인	suc(sub=아래)+cess(ceed, cede, 가다)-그 아래에도 계속 가는▶ 연속적인	ⓡ4525
2233. **suck**	廖빨다	쓱(suck)하고 빨아들이다	ⓡ12268
2234. **suckle**	廖젖을 빨리다(빨다) **suckling**-젖먹이, 젖을 빠는	suck(빨다)+le(을=젖을)-젖을 빨다	ⓡ45625
2235. **sudden**	廖갑작스러운 **suddenly**-갑자기	서둔(sudden. 서두른)-서두른 나머지 갑작스러운	ⓡ2553
2236. **sue**	廖고소하다	소(sue, 訴-송사할 소, 하소연할 소)-고소하다	ⓡ3767
2237. **suffer**	廖겪다, 고통을 받다	s(슬프고)+uffer(아퍼)-슬프고 아프다	ⓡ2825
2238. **sufficient**	廖충분한, 만족한	suf(sub,아래에)+fic(fac, 만들다)+ent(형용사형어미)-그 다음에 또 만들고 있어서 충분한	ⓡ1732
2239. **suggest**	廖제안하다, 암시하다 **suggestion**-제안, 암시	su(써)+ggest(제시다)-글로 써서 제시하다	ⓡ1149
2240. **suit**	廖정장, 소송 廖어울리다 **suitable**-적합한	수트(suit, 정장)가 잘 어울리네… 그리고 소 트(suit, 소송을 트다)는 소송하다	ⓡ2021

S

VOCA	뜻 / 기출 파생어	암기 Ⓣip	원어민 사용빈도 (Ⓡ / 86800)
2241. **sum**	몡합계, 금액	수학시간에 나오는 S1, S2..이 때 S= Sum(합계)	Ⓡ2289
2242. **summit**	몡정상, 최고봉	수하 밑(summit)-수하 들이 밑에 있는 정상(대통령)	Ⓡ3603
2243. **sunburn**	혭햇볕에 탄 몡햇볕에 태우기 **sundial**-해시계 **sunlight**-햇빛 **sunrise**-일출 **sunset**-일몰	sun(해)+burn(탄)-햇볕에 탄 *sunshine-햇빛 *sunspot-흑점 *sunscreen-자외선 차단제	Ⓡ37930
2244. **superficial**	혭피상적인 **superhuman**-초인적인	super(맨위의)+fici(face, 얼굴)-얼굴 위(피상)	Ⓡ8457
2245. **supervise**	됩감독하다, 감시하다 **superb**-최고의 **supervision**-감독 **supernatural**-초자연적인 **superior**-뛰어난, ~보다 위의	super(초, 맨 위)+vise(vis,보다)-맨 위에서 일 잘 하는지 감독하다	Ⓡ11518
2246. **superstition**	몡미신	super(超=초=~을 넘어서+sti(stand, 서있다)+tion(명사형어미)-초자연적인 것(미신)이 서있음	Ⓡ18069
2247. **supply**	됩공급하다 몡공급(량)	수(su,水)플라이(pply)-물 풀어라이-(물을) 공급하다	Ⓡ1064
2248. **support**	됩지원하다 **supporter**-후원자 **supportable**- 부양(지지)할 수 있는	서포터(supporter, 후원자)라는 말은 우리말처럼 사용	Ⓡ289
2249. **suppose**	됩가정하다 **supposedly**-아마	sup(sub=아래)+pose(놓다)-만일을 가정하여 아래 놓아두다	Ⓡ945
2250. **suppress**	됩억제(억압)하다 **suppression**-억제	sup(sub,아래로)+press(누르다)-아래로 눌러 억압하다	Ⓡ10523

VOCA	뜻 / 기출 파생어	암기 ⓣip	원어민 사용빈도 (Ⓡ / 86800)
2251. **supreme**	웽최고의, 궁극의 **supernaturalistic**-초자연주의적인	supre(super의 변형, 맨 위의)-최고의	Ⓡ2910
2252. **surely**	픵확실히 **sure**-확실한	sure(확실한)+ly(부사형어미)-확실히	Ⓡ1620
2253. **surface**	몡표면	sur(upper, 위에)+face(얼굴)-얼굴 표면	Ⓡ1132
2254. **surfboard**	몡파도 타는 판 똥서핑을 하다 **surfing**-파도타기	surf(파도)+board(판)-파도 타는 판	Ⓡ59117
2255. **surgeon**	몡외과의사 **physician**-내과의사	수술 칼로 썬은 부위를 썰죠(surgeon)-외과의사의 말	Ⓡ6840
2256. **surmount**	똥극복하다, 넘다	sur(=super,위, 초과)+mount(오르다)-위에 오르다(어려움을 극복하다)	Ⓡ41454
2257. **surpass**	똥능가하다, 넘어서다	sur(=super,위)+pass-위로 갔으므로 능가하다	Ⓡ33459
2258. **surplus**	몡나머지, 잉여	sur(=super,초과)+plus(더함)-더하고 남은 나머지	Ⓡ4164
2259. **surround**	똥둘러싸다	sur(=super,위에)+round(둘러싸다)-둘러싸다	Ⓡ11564
2260. **survey**	몡조사 똥조사하다	강도에게 살 베이(survey)게 된 것을 조사하다	Ⓡ1264

VOCA	뜻 / 기출 파생어	암기 [T]ip	원어민 사용빈도 ([R] / 86800)
2261. **survive**	[동]생존하다 survival-생존	써바이벌(survival) 게임처럼 우리말로 사용	[R]2798
2262. **suspect**	[동]의심하다 [명]용의자	sus(=sub, 아래)+spect(=look, 보다)-의심스러워 아래를 보다	[R]3195
2263. **suspend**	[동]매달다, 정지하다, 보류하다	sus(sub=아래)+pend(매달리다)-매달다	[R]12582
2264. **suspicious**	[형]의심스러운 **suspicion**-의심	그 담배 사서 피셨오(suspicious)?-사서 피웠는지 의심하는	[R]5674
2265. **sustain**	[동]지탱하다	sus(=sub, 아래)+tain(대인-大人, 큰 사람)-아래에서 큰 사람이 떠받치다	[R]6076
2266. **swallow**	[동]삼키다 [명]제비	물을 술로(swallow)삼키다. 제비 설로(swallow) 그저께죠? (까치 설날은 어저께)	[R]8107
2267. **swell**	[동]부풀다, 붓다	s(쑥)+well(위에)-쑥 위가 부풀어 오르다	[R]10179
2268. **sweep**	[동]휩쓸다, 청소하다 **swept**-휩쓴, 과거, 과거분사	축구감독 홍명보 아세요? 선수시절 포지션이 sweeper(청소부)였어요. 상대방 공이 오면 뻥뻥 차버리는 청소부 역할이었죠	[R]6825
2269. **swing**	[동]흔들다 [명]그네	야구할 때 배트를 스윙(swing, 흔들다)하다	[R]4408
2270. **swift**	[형]신속한	좋은 회사는 수위부터(swift) 빠릿빠릿한	[R]6009

VOCA	뜻 / 기출 파생어	암기 [T]ip	원어민 사용빈도 ([R] / 86800)
2271. **switch**	[동]바꾸다, 전환하다 [명]스위치	스위치(switch)를 켜야 불이 들어오는 것은 상식	[R]2926
2272. **sword**	[명]칼	썰다(sword)-칼	[R]5388
2273. **sweetness**	[명]달콤함, 아름다움, 사랑스러움	sweet(달콤한)+ness(명사형어미)	[R]15370
2274. **symbolize**	[동]상징하다 **symbol**-상징 **symbolic**-상징적인 **symbolically**-상징적으로	symbol(상징)은 우리말처럼 쓰임	[R]34374
2275. **sympathy**	[명]동정, 공감 **sympathetic**-공감하는, 동정적인 **sympathize**-공감하다, 동정하다	sym(=same=together, 같은)+pathy(마음)-같은 마음이므로 공감	[R]4066
2276. **symphony**	[명]교향곡	sym(same,together=함께)+phone(소리)-함께 내는 소리이므로 교향곡	[R]8172
2277. **symptom**	[명]증상, 증세, 증후군	心(symp)+tom(틈)-저의 증세는 심장에 생긴 틈	[R]10396
2278. **systematically**	[부]조직적으로, 체계적으로 **system**-조직, 체계	system(체계, 체제, 장치)+ tically (부사형어미)	[R]8615
2279. **tablecloth**	[명]식탁보	table(탁자)+cloth(천)-탁자에 덮는 천	[R]21289
2280. **tablet**	[명]알약, 명판 [동]메모장에 기입하다	물약 말고 알약 타볼래(tablet)?	[R]14166

S
T

VOCA	뜻 / 기출 파생어	암기 Tip	원어민 사용빈도 (ⓇR / 86800)
2281. tactic	똉전술 tactically-전술적으로	탁(tac)+tic(틱)-탁 티(치)고서 도망치는 전술	ⓇR12595
2282. tag	똉꼬리표	백화점 상품들이 하는 말-내 꼬리표 좀 떼가(tag)!	ⓇR9397
2283. tailor	똉재단사 똉맞추다	테 일러(tailor)주는 사람-당신 옷의 테가 어떨지 알려주는 재단사	ⓇR12580
2284. tail	똉꼬리, 뒷면 *head-머리, 앞면	여우야 꼬리 떼일(tail)라-철자 i 를 보니 꼬리가 위에 있네요 철자조심	ⓇR3443
2285. tale	똉이야기	전태일(tale) 열사 이야기	ⓇR4152
2286. talent	똉재능	탈랜트(talent)는 재능이라는 말로 우리말처럼 사용	ⓇR4160
2287. tapping	똉가볍게 두드리기, 통 마개 뽑기	탭(tap)댄스 아시죠? 구두신고 바닥을 가볍게 두드리는 춤 이죠	ⓇR10888
2288. task	똉일, 과제	desk에서는 공부하고 task에서는 일하고	ⓇR1111
2289. taxpayer	똉납세자 tax-세금	tax(세금)+payer(돈 내는 사람)-세금 내는 사람	ⓇR8618
2290. teammate	똉팀원 teamwork-협력	team(부서, 팀)+mate(친구)	ⓇR54967

VOCA	뜻 / 기출 파생어	암기 **T**ip	원어민 사용빈도 (® / 86800)
2291. **teapot**	명차 주전자	tea(차)+pot(주전자)	®16951
2292. **tease**	동놀리다	얄미운 애 놀리고 튀지(tease)?	®16971
2293. **telegraphic**	형전신의	tele(먼)+graph(쓰다)+ic(형용사형 어미)-멀리 있는 것을 쓸 수 있 는▶전신의	®48791
2294. **telescope**	명망원경	tele(먼)+scope(보다)-멀리 있는 것을 보는 망원경	®11676
2295. **temper**	명기질, 화	억지 쓰는 떼(te)를 퍼(mper)담 고 있는 기질	®6000
2296. **temperature**	명온도	땀보라죠(temperature)-온도가 높나보네	®2307
2297. **temple**	명절, 사원	t e m (암기상 damn으로 기억)+ ple(풀)-damn(저주)를 풀 수 있 는 곳은 절, 사원	®4136
2298. **tempo**	명속도 **temporal**-시간의, 일시적인 **temporarily**-일시적으로 **temporocentrism**-동시대 중심 주의	tempo(템포= 속도= 빠르기)는 우 리말처럼 사용	®14164
2299. **tempt**	동유혹하다 **temptation**-유혹	탐(temp)타(t)-이것만 하면 탐욕 을 탈수(얻을 수) 있다고 유혹하 다	®15642
2300. **tenant**	명임차인, 세입자	월세 안내면 보증금에서 떼이 는(tenant)사람	®3570

T

VOCA	뜻 / 기출 파생어	암기 ⓣip	원어민 사용빈도 (ⓡ / 86800)
2301. tend	동~하는 경향이 있다, 돌보다 tendency-경향	아이들은 닌 텐도(tend)좋아하는 경향이 있는	ⓡ1665
2302. tender	형부드러운	밀가루가 부드러워 수제비 잘 멘다(tender)	ⓡ4806
2303. tense	형긴장한 명시제 tension-긴장	합격자 발표 텐 세(tense)-열을 세면 발표되므로 긴장한	ⓡ5910
2304. term	명용어, 기간, 조건, 학기, 끝 terminal-터미널, 끝의, 단말기 terminate-끝내다	term(텀, 기간, 끝)은 우리말처럼 사용하나 여러 가지 뜻이 있으므로 정확히 숙지할 것	ⓡ788
2305. terrible	형끔찍한, 무서운, 지독한 terrific-훌륭한, 멋진, 양이 엄청난 (어원은 같지만 뜻이 다르니 조심)	때려 볼(terrible)-사람을 때리는 끔찍한	ⓡ2160
2306. terrify	동무섭게 하다 terrorist-테러 가하는 사람	terror(공포)+ify(동사어미, ~化 하다)	ⓡ37860
2307. tersely	부간결하게 terse-간결한	덜 쓰리(tersely)-전부 안 쓰고 간단히 쓰리	ⓡ26945
2308. testability	명검사가능성	test(검사)+ability(가능성)	ⓡ순위 외
2309. testimony	명증언, 증거, 입증 testimonial-증명서, 추천장, 검사장	테스트(test)해본 결과는 모니(mony)?-증거가 나왔지	ⓡ8660
2310. textbook	명교과서	text(글)+book(책)-글로 된 교과서	ⓡ13013

VOCA	뜻 / 기출 파생어	암기 ⓣip	원어민 사용빈도 (ⓡ / 86800)
2311. **texture**	몡질감(만졌을 때 느껴지는 감각)	벌을 만지면 딱쏘죠(texture)	ⓡ7386
2312. **theft**	몡절도 **thief**-도둑	쌔비다(theft)-'남의 것을 훔치다' 는 뜻의 은어	ⓡ4814
2313. **theme**	몡주제	한국 사람들이 테마(theme)라 고 하죠	ⓡ2585
2314. **theory**	몡이론 **theoretically**-이론적으로	내 이론이 무슨 이론이라 쓰이 오리(theory, 쓰일까)?	ⓡ748
2315. **therapy**	몡치료 **therapist**-치료사	서라! 피(therapy)-게 섯거라 피 야!▶피 안 나게 치료	ⓡ4468
2316. **thereafter**	뮝그 후	there(거기)+after(후)-그 후	ⓡ5471
2317. **therefore**	뮝그래서, 그러므로	대포(therefore)!그래서 발사준비 하라고?	ⓡ392
2318. **therein**	뮝그 안에	there(거기)+in(안에)-그 안에	ⓡ13908
2319. **thermometer**	몡온도계	thermo(열, 온도)+meter(측정)- 온도계	ⓡ23841
2320. **thickness**	몡두께 맨**thinness**-얇음	thick(두꺼운, 쉬운단어)+ness(명사 형어미)▶두께	ⓡ8911

VOCA	뜻 / 기출 파생어	암기 **T**ip	원어민 사용빈도 (**®** / 86800)
2321. **thigh**	몡허벅지	허벅지에 살이 쌓이(thigh)네	**®**8331
2322. **thirst**	몡목마름, 갈증 **thirsty**-목마른	수(水)를 샀다(thirst) 갈증 나서	**®**13909
2323. **thread**	몡실	실이다(thread)-나는 '실' 이라네	**®**7345
2324. **threat**	몡위협 **threaten**-위협하다 **thrill**-전율	이 자식들 다 쓸어(threat)버린 다고 위협	**®**1813
2325. **three dimensional**	휑3차원적인	t h r e e (3) + d i m e n s i o n (차 원)+al(형용사어미)-3차원적인	**®**순위 외
2326. **thrift**	몡절약	금연하여 재 떨이부터(thrift) 절 약	**®**20745
2327. **throat**	몡목구멍	음식들아 들어 왔! (throat)-목 구멍으로	**®**2996
2328. **throne**	몡왕좌 동왕좌에 앉다	세계 탁구를 휩 쓸어온(throne) 중국이 왕좌에 앉다	**®**6198
2329. **throughout**	젠내내(뒤에 시간 개념), 여기저기 (뒤에 장소개념) 뮈문미에 오면 모조리, 전부	through(통과하여)+out(밖으로)- 통과해서 밖으로▶여기저기, 내 내 *through-~을 통해	**®**798
2330. **thumb**	몡엄지	엄지 척! 하면 엄지가 위로 우뚝 섬(thumb)	**®**6487

VOCA	뜻 / 기출 파생어	암기 Tip	원어민 사용빈도 ([R] / 86800)
2331. **thump**	[동]탁 치다 **thumping**-탁 치는, 터무니없는, 엄청 큰, 대단히	쌈보(thump, 싸움꾼)가 사람을 탁 치다	**[R]16834**
2332. **thunder**	[명]천둥 **thunderstorm**-폭풍우	thun(소리聲=성)+der(떨)-하늘에서 소리가 떨어짐▶천둥	**[R]8236**
2333. **tickle**	[동]간지럼을 태우다	티끌(tickle)같이 작은 것으로 간지럼 태우다	**[R]23202**
2334. **tide**	[명]조수(바다면의 높이 변화). 흐름, 풍조	사람도 변화의 흐름을 잘 타야 돼(tide)	**[R]4724**
2335. **tie**	[명]넥타이, 연결, 끈, 동점 [동]묶다	넥 타이(tie)는 연결하는 끈	**[R]3248**
2336. **tight**	[형]꽉 조여 있는 **tightly**-단단히	옷이 타이트(tight)하다는 등 우리말처럼 사용	**[R]2861**
2337. **till**	[접][전]~까지=**until** [동]갈다, 경작하다 **tilling**-경작	till은 쉬운 단어라 다 아실 테고 뾰족하게 틜(till)곳을 갈아버리다	**[R]1831**
2338. **timber**	[명]목재	t(태산)+im(림-林)+ber(벌-伐)-태산같이 큰 나무(목재)를 자름	**[R]3912**
2339. **timekeeping**	[명]시간 엄수 **timepiece**-시계 **lunchtime**-점심 때	time(시간)+keeping(지키기)	**[R]47743**
2340. **tin**	[명]주석(금속원소), 깡통	금속이라 탄탄(tin)한 깡통	**[R]4255**

VOCA	뜻 / 기출 파생어	암기 **T**ip	원어민 사용빈도 (ⓡ / 86800)
2341. **tiny**	휑아주 작은	지금은 안 나오는 티코(tico) 라는 작은 자동차에 착안 ti(=tiny)+co(=cozy)-작고 아늑한 차	ⓡ1868
2342. **tip**	몡팁, 뾰족한 끝, 조언, 일각	팁(tip, 서비스 댓가,조언)주셔서 감사합니다	ⓡ3611
2343. **tolerate**	통관용하다, 참다 **tolerance**-관용, 인내 tolerable-참을 수 있는	딸 낳으랬대(tolerate)-딸 낳아도 옛날 시부모가 관용한대(오히려 딸이 더 좋은데)	ⓡ9706
2344. **tongue**	몡혀, 말, 언어	마더 텅(mother tongue, 모국어)이 라는 말 참고	ⓡ3680
2345. **tool**	몡도구, 툴, 수단 **toolkit**-연장세트, 단일 기능의 소프트웨어 도구 세트	툴(tool=도구)을 사용한다는 등 우리말처럼 사용 *toolmaker-도구제작자	ⓡ4006
2346. **torso**	몡몸통만 있는 조각상, 몸통	돌 소(torso)-돌로된 소 몸통 조각상(뉴욕에 있음)	ⓡ18297
2347. **toss**	통던지다 몡던지기	배구의 토스(toss, 공을 위로 던지는 것) 생각	ⓡ10843
2348. **totally**	휫완전히, 전적으로 **total**-합계, 전체의	total(전체, 완전한)+ly(부사형어미)-완전히	ⓡ1766
2349. **tough**	휑힘든, 어려운, 거친	터프(tough= 강하고 거친) 가이(guy), Calculus is really tough(미적분은 정말 어려워)	ⓡ2982
2350. **tourism**	몡관광 **tour**-유람하다 **tourist**-관광객	투어(tour, 유람하다)+ism(이론, 주장, 주의를 나타내는 명사형어미)	ⓡ5451

VOCA	뜻 / 기출 파생어	암기 Tip	원어민 사용빈도 (Ⓡ / 86800)
2351. **tournament**	명대회, 토너먼트(패자 제외 최종 두 팀이 승부)	토너먼트(tournament)는 우리말처럼 사용	Ⓡ4997
2352. **townie**	명도시 사람, 일반 주민	town(도심)+ie(이=사람, 어떤 이=어떤 사람)-도시 사람	Ⓡ순위 외
2353. **toxic**	형독성이 있는 **toxin**-독소	독 식(toxic)-독성이 있는 식사	Ⓡ6193
2354. **toy**	명장난감 동우롱하다, 가지고 놀다	또 이(toy,또래 어린이)가 가지고 노는 것-장난감	Ⓡ7202
2355. **trace**	명흔적, 자국 동추적하다	따라있어(trace)-흔적을 따라 다니고 (추적하고)있어	Ⓡ3956
2356. **track**	명선로, 궤도, 진로, 자국 동추적하다	육상의 트랙(track)생각해보면 선로를 따라 앞선 주자들을 따라가고 있죠	Ⓡ1676
2357. **trade off**	명거래, 교환 **trade**-거래, 무역	trade(거래)+off(제거, 박탈, 멀리)-거래해서 멀리 보냄▶교환, 거래	Ⓡ순위 외
2358. **tradition**	명전통 **traditional**-전통적인	각 나라가 밖에 안내놓고 들여두신(tradition, 보존하신) 전통	Ⓡ1989
2359. **tragedy**	명비극 **tragic**-비극적인	몸이 틀어져 뒤(tragedy)진 것은 비극	Ⓡ4654
2360. **trail**	명자국, 자취, 오솔길 동끌다, 끌리다, 추적하다	트레일러(trailer, 질질 끌고 가는 것, 이동 주택)가 질질 끌고 가면 자국이 남겠죠?	Ⓡ5638

T

VOCA	뜻 / 기출 파생어	암기 Tip	원어민 사용빈도 ([R] / 86800)
2361. **trait**	[명]특징, 특성	뚜렷(trait)한 특성	[R]15608
2362. **tranquil**	[명]고요, 평안 tranquility-고요, 평안	뜰 엔 길(tranquil)-우리 집 뒤뜰에 있는 고요하고 평안한 길	[R]15465
2363. **transaction**	[명]거래, 매매, 처리 **transnational**-초국가적인	trans(이쪽에서 저쪽으로, 초월, 변화)+action(행동)-이쪽과 저쪽의 동시행동▶거래	[R]3900
2364. **transcend**	[동]초월하다 **transcendence**-초월	tran(초월하여)+scend(오르다)-초월하여 넘어가 버리다	[R]22685
2365. **transfer**	[동]이동하다, 갈아타다	trans(이쪽에서 저쪽으로)+fer(나르다, ferry호 아시죠?)-이쪽에서 저쪽으로 나르다▶이동하다	[R]1493
2366. **transform**	[동]변형시키다	trans(이쪽에서 저쪽으로)+form(형태)-형태가 이쪽에서 저쪽으로 바뀌다▶변형시키다	[R]7373
2367. **transition**	[명]변화, 전환	trans(이쪽에서 저쪽으로)+tion(명사형어미)-이쪽에서 저쪽으로 전환	[R]3806
2368. **translate**	[동]번역하다, 해석하다	trans(이쪽에서 저쪽으로)+slate(쓰랬대)-이 말에서 저 말로 번역하다	[R]10134
2369. **transmit**	[동]전송하다	trans(이 쪽에서 저쪽으로)+mit(mis, 보내다)-전송하다	[R]14648
2370. **transport**	[동]운송하다 **transportation**-운송	trans(이 쪽에서 저쪽으로)+port(항구)-이쪽 항구에서 저쪽 항구로 운송하다	[R]1208

VOCA	뜻 / 기출 파생어	암기 Ⓣip	원어민 사용빈도 (Ⓡ / 86800)
2371. **trap**	명덫 동가두다	틀엡(trap, 틀에) 가두다	Ⓡ4865
2372. **trapezoid**	명사다리 꼴	줄이 틀어 퍼져있다(trapezoid)- 줄이 틀어지고 퍼져있다▶사다 리꼴	Ⓡ순위 외
2373. **trash**	명쓰레기	더러워씨(trash)-더러운 것은 쓰 레기	Ⓡ19141
2374. **trauma**	명정신적 충격 **traumatic**-외상의	트라우마(trauma)는 우리말처럼 사용	Ⓡ11002
2375. **treasure**	명보물 동소중히 여기다	보물은 틀어쥐어(treasure)-보물 은 꽉 틀어쥐어야	Ⓡ7205
2376. **treat**	동다루다, 치료하다 **treatment**-다루기, 치료, 대우	다루잇(treat)-다루다	Ⓡ2618
2377. **treetop**	명나무 꼭대기	tree(나무)+top(꼭대기)	Ⓡ순위 외
2378. **trek**	동오래 걷다, 오지여행하다 명트레킹(=trekking)	트레킹(trekking, 걷기여행)이라는 말 들으셨을 것	Ⓡ13449
2379. **tremble**	동떨다	떨림블(tremble)-떨다	Ⓡ16692
2380. **tremendous**	형엄청난, 대단한	트리 만 됐어(tremendous)-나무 가 만 그루 됐어▶엄청난	Ⓡ4307

T

VOCA	뜻 / 기출 파생어	암기 Ⓣip	원어민 사용빈도 (Ⓡ / 86800)
2381. **trial**	몡시도, 재판	try(시도하다)의 명사형, '재판'의 뜻도 있음	Ⓡ1599
2382. **tribe**	몡부족 **tribal**-종족의 **tribesmen**-부족구성원	tri(three, 3)+be-세 사람 무리를 한 부족으로 치던 것에서 유래	Ⓡ8710
2383. **trick**	몡묘기, 속임수 동속이다	트릭(trick 속임수)은 우리말로 사용	Ⓡ5147
2384. **trigger**	동유발하다 몡방아쇠	은행 털이가(trigger) 방아쇠를 당겨 사건을 유발하다	Ⓡ7717
2385. **trim**	동깎아서 다듬다	크리스마스 트리임(trim)-나무 깎아서 다듬어야 크리스마스 트리지!	Ⓡ8438
2386. **trip**	몡여행, 이동 동걸려 넘어지다, 경쾌하게 걷다	Have a good trip!(좋은 여행되세요) 쉬운 단어임	Ⓡ2204
2387. **triple**	혱3배의 동3배로 하다	tri(three=3)+ple(접다)-3배로 접다	Ⓡ9131
2388. **triumph**	몡승리 동이기다	둘 아이 엄프(triumph)-바둑왕전에서 더 이상 둘 아이 없어서 승리	Ⓡ4568
2389. **trivial**	혱사소한	둘이 비어(trivial) 한잔 하면서 사소한 이야기 나누다	Ⓡ7616
2390. **tropical**	혱열대의 **tropic**-열대 지방	터워 피갈(tropical)-더워서 피서갈 열대의 기후	Ⓡ4683

VOCA	뜻 / 기출 파생어	암기 Tip	원어민 사용빈도 ([R] / 86800)
2391. **trunk**	[명]트렁크, 코끼리 코, 줄기	트렁크(trunk)는 다 아시는 것이고 드렁 코라고 읽으면 코	[R]8122
2392. **trustworthy**	[형]신뢰할 수 있는 **trust**-신뢰하다 **truly**-정말로 **trustee**-신탁관리자	trust(신뢰)+worthy(가치가 있는)	[R]23149
2393. **tumble**	[동]구르다	텀블링(tumbling=구르기)생각	[R]14616
2394. **tune**	[명]곡 [동]조율하다, 주파수를 맞추다	연주위해 기타를 튜닝(tuning=조율)하다	[R]5130
2395. **turmoil**	[명]혼란, 소동	떨 모일(turmoil)-사람들이 떨면서 모일 혼란과 소동	[R]10684
2396. **turnaround**	[동]선회, 방향전환 **turn**-방향을 돌리다	turn(돌다)+around(방향을 바꾸어)-방향전환	[R]24647
2397. **turtle**	[명]거북이, 자라	걸음도 느린데 떠돌(turtle)아 다니지 말고 자라!	[R]17224
2398. **tutor**	[명]개인 교사	튜터(tutor)는 가정교사나 개인 교사로 우리말처럼 사용	[R]6584
2399. **twin**	[명]쌍둥이, 한 쌍 **twice**-두 번, 두 배로	투 인(two 人)-두 사람, 한 쌍, 쌍둥이	[R]4567
2400. **twinkle**	[동]반짝 반짝 빛나다	토인 칼(twinkle)-토인 칼이 반짝 반짝 빛나다, '트윙클. 트윙클 리틀 스타'라는 노래에도 twinkle이 나옵니다	[R]20724

T

VOCA	뜻 / 기출 파생어	암기 Tip	원어민 사용빈도 ([R] / 86800)
2401. **twisted**	[형]뒤틀린	춤 중에 트위스트(twist. 1960년대 등장한 춤)라고 있습니다. 몸을 비틀면서 추는 춤이라서 트위스트입니다	[R]5200
2402. **twofold**	[형]두 배의, 2중의 *dual-2중의	two(둘)+fold(벌다)-두 배 벌다▸두 배의	[R]19044
2403. **typical**	[형]전형적인 **typically**-전형적으로 **type**-유형, 종류	type(유형)+ical(형용사어미)-유형이 정해진▸전형적인	[R]2085
2404. **ultimate**	[형]궁극적인 **ultimately**-궁극적으로, 결국	UFC경기 보셨죠? Ultimate Fighting Championship을 줄인 말입니다	[R]3637
2405. **ultraviolet**	[형]자외선의 [명]자외선	ultra(초= 超,넘어섰다)+violet(자색)-자색 밖의 스펙트럼을 한자로 쓰면 자외선	[R]19086
2406. **unaided**	[형]도움을 받지 않은	un(부정어)+aided(도움 받은)-도움 받지 않은	[R]25277
2407. **unambiguous**	[형]명백한 **unambiguously**-명백히	un(부정어)+ambiguous(애매한, 앞부분 참조)-애매하지 않은	[R]15144
2408. **unanimous**	[형]만장일치의 **unanimously**-만장일치로	유 내 니 모았어(unanimous)!-유(너),내(나),니(니웃-이웃) 마음 모았어▸너나 내나 이웃이나 마음 모았으므로 만장일치의	[R]11914
2409. **unanticipated**	[형]예상치 못한	un(부정어)+anticipated(기대하던)-기대하지 않았던	[R]29050
2410. **unattractive**	[형]매력 없는	un(부정어)+attractive(매력적인)-매력 없는	[R]14468

VOCA	뜻 / 기출 파생어	암기 **T**ip	원어민 사용빈도 (ⓡ / 86800)
2411. **unavailable**	휑이용할 수 없는	un(부정어)+available(이용가능한)-이용할 수 없는	ⓡ13202
2412. **unavoidable**	휑피할 수 없는	un(부정어)+avoidable(피할 수 있는)-피할 수 없는	ⓡ13012
2413. **unaware**	휑알지 못하는	un(부정어)+aware(알고 있는)-알지 못하는	ⓡ6375
2414. **unbearable**	휑참을 수 없는	un(부정어)+bearable(참을 수 있는)	ⓡ13997
2415. **unborn**	휑아직 태어나지 않은	un(부정어)+born(태어난)	ⓡ18715
2416. **unburdening**	휑짐을 덜은	un(부정어)+burden(짐)+ing-짐 덜은	ⓡ79867
2417. **unceasing**	휑끊임없는	un(부정어)+ceasing(중지)-중단 없는	ⓡ41828
2418. **uncertain**	휑불확실한	un(부정어)+certain(확실한)	ⓡ4286
2419. **unchallenged**	휑도전받지 않는, 의심할 바 없는	un(부정어)+challenged(도전받는)	ⓡ18999
2420. **uncharacteristic**	휑특징이 없는	un(부정어)+characteristic(특징적인, 특성)	ⓡ25211

U

VOCA	뜻 / 기출 파생어	암기 Tip	원어민 사용빈도 ([R] / 86800)
2421. **uncomfortable**	[형]불편한	un(부정어)+comfortable(편안한)	**[R]5610**
2422. **uncommon**	[형]흔치 않은	un(부정어)+common(흔한)	**[R]9333**
2423. **uncomplaining**	[형]불평하지 않는	un(부정어)+complaining(불평하는)	**[R]57483**
2424. **uncomplicated**	[형]복잡하지 않은	un(부정어)+complicated(복잡한)	**[R]21167**
2425. **unconscious**	[형]무의식적인 **unconsciously**-무의식적으로	un(부정어)+conscious(의식적인)+ly(부사형어미)	**[R]5575**
2426. **uncontrollably**	[부]통제할 수 없게	un(부정어)+controllable(통제할 수 있는)+ly(부사형어미)	**[R]25782**
2427. **uncovered**	[형]폭로된, 노출된	un(부정어)+covered(뒤덮인)-뒤덮이지 않은▶노출된	**[R]9319**
2428. **uncurtained**	[형]막이 없는, 커튼이 없는	un(부정어)+curtained(커튼이 쳐진)	**[R]63702**
2429. **uncut**	[형]자르지 않은	un(부정어)+cut(베어낸)-베지 않은	**[R]33464**
2430. **undeniably**	[부]틀림없이 **uneaten**-먹지 않은, 먹다 남은	un(부정어)+deniable(부인할 수 있는)+ly(부사형어미)	**[R]22242**

VOCA	뜻 / 기출 파생어	암기 ⓣip	원어민 사용빈도 (ⓡ / 86800)
2431. **underdeveloped**	휑저 개발의, 발육이 부진한	under(아래의, 밑에)+developed (발전된)-발전되지 않은	ⓡ27125
2432. **undergo**	동겪다, 진행하다	under(아래로)+go(가다)-폭포수 아래로 지나가보다 ▶겪다. 경험하다	ⓡ9864
2433. **underground**	휑지하의 ♻지하에, 비밀히	under(아래)+ground(땅)-지하 의	ⓡ3848
2434. **undermine**	동~의 밑을 파다, 손상시키다	under(아래)+mine(파다)-아래를 자꾸 파면 기초를 손상시키다	ⓡ7794
2435. **underpin**	동주장을 뒷받침하다, 밑에서 떠 받치다	under(아래에서)+pin(핀으로 꽂 다)-밑에서 문제없이 떠받치다	ⓡ19815
2436. **underprivileged**	휑특권이 적은	under(아래)+privileged(특권 의)-특권이 한참 아래에 있으므 로 특권이 적은	ⓡ33878
2437. **undertake**	동떠맡다 **undertaken**-떠맡겨진	under(아래)+take(가져가다)-아래 에서 떠맡다	ⓡ4767
2438. **undervalue**	동실제보다 낮게 평가하다 **undervaluing**-낮게평가 하는	under(아래)+value(가치)-가치보 다 아래이다	ⓡ38904
2439. **undeserved**	휑~할 만한 가치가 없는	un(부정어)+deserved(~할만한 가 치가 있는)▶~할 만한 가치가 없 는	ⓡ36630
2440. **undesirable**	휑바람직하지 못한	un(부정어)+desirable(바람직한)	ⓡ9817

U

VOCA	뜻 / 기출 파생어	암기 Tip	원어민 사용빈도 (ⓡ / 86800)
2441. **undifferentiated**	휑획일적인, 다르지 않은	un(부정어)+differentiated(차별화된)	ⓡ27033
2442. **undoubtedly**	뮌의심할 여지 없이	un(부정어)+doubt(의심하다)+ly(부사형어미)-의심 못할	ⓡ3748
2443. **undressed**	휑옷을 입지 않은	un(부정어)+dressed(옷을 입은)	ⓡ19153
2444. **unease**	몡불안감	un(부정어)+ease(쉬움, 편안함)	ⓡ12483
2445. **unedited**	휑편집되지 않은	un(부정어)+edited(편집된)	ⓡ74753
2446. **unemployment**	몡실업	un(부정어)+employment(고용)	ⓡ1605
2447. **unequal**	휑불공평한	un(부정어)+equal(공평한)	ⓡ12360
2448. **unexpected**	휑예기치 않은 **unexpectedly**-예기치 않게	un(부정어)+expected(예상된)	ⓡ4165
2449. **unfair**	휑불공평한	un(부정어)+fair(공평한)	ⓡ4424
2450. **unfamiliar**	휑익숙지 않은	un(부정어)+familiar(친숙한)	ⓡ8046

VOCA	뜻 / 기출 파생어	암기 **T**ip	원어민 사용빈도 (**R** / 86800)
2451. **unfiltered**	휑여과되지 않은	un(부정어)+filtered(여과된)	**R**65124
2452. **unfinished**	휑완료되지 않은	un(부정어)+finished(완료된)	**R**13045
2453. **unfit**	휑부적당한	un(부정어)+fit(꼭맞는)	**R**13081
2454. **unfocused**	휑초점이 맞지 않은	un(부정어)+focused(초점을 맞춘)	**R**31785
2455. **unfortunate**	휑불행한 **unfortunately**-불행히도	un(부정어)+fortunate(운 좋은)	**R**5073
2456. **unhelpful**	휑도움이 되지 않는	un(부정어)+helpful(도움이 되는)	**R**17359
2457. **unhurried**	휑서두르지 않는	un(부정어)+hurried(서두르는)	**R**29245
2458. **unimaginable**	휑상상할 수 없는	un(부정어)+imaginable(상상할 수 있는)	**R**24458
2459. **unintended**	휑의도하지 않는	un(부정어)+intended(의도된)	**R**23580
2460. **uninterrupted**	휑중단되지 않은, 연속적인	un(부정어)+interrupted(가로막힌)	**R**20144

U

VOCA	뜻 / 기출 파생어	암기 ⓣip	원어민 사용빈도 (ⓡ / 86800)
2461. **union**	몡연합, 단결, 하나 됨 **unique**-독특한 **unit**-단위, 부대 **unite**-단결하다, 연합하다	uni(하나)-하나 됨=연합=단결 *united-연합한	ⓡ548
2462. **universe**	몡우주, 전 세계 **universal**-전 세계의, 보편적인 **university**-대학교	uni(하나)+verse(돌다, 돌아가다)- 하나로 돌아가는 우주 만물	ⓡ3490
2463. **unjust**	혱부당한 **unjustified**-정당하지 않은	un(부정어)+just(정당한)	ⓡ13184
2464. **unknown**	혱알려지지 않는	un(부정어)+known(알려진)	ⓡ2337
2465. **unlearned**	혱교육을 받지 않은	un(부정어)+learned(배운)	ⓡ75322
2466. **unless**	쩝만일 ~하지 않는다면	숙제하지 않는다면 엄마가 혼냈어(unless)	ⓡ917
2467. **unlike**	혱같지 않은 뮈~와 달리	un(부정어)+like(~와 같은)	ⓡ2164
2468. **unlock**	똥열다, 밝히다	un(부정어)+lock(잠그다)	ⓡ20538
2469. **unmanned**	혱사람이 타지 않은, 무인의	un(부정어)+manned(유인의)	ⓡ37089
2470. **unnecessary**	혱불필요한	un(부정어)+necessary(필요한)	ⓡ4569

VOCA	뜻 / 기출 파생어	암기 **T**ip	원어민 사용빈도 (**R** / 86800)
2471. **unnoticeably**	倶눈에 띄지 않게 **unnoticed**-눈에 띄지 않는	un(부정어)+noticeable(눈에 띄는)+ly(부사형어미)	**R**69979 unnoticeable
2472. **unopened**	휑개봉하지 않은	un(부정어)+opened(열린)	**R**26816
2473. **unpaid**	휑돈을 내지 않은	un(부정어)+paid(지불된)	**R**10088
2474. **unparalleled**	휑견줄 데가 없는	un(부정어)+paralleled(평행한)	**R**23167
2475. **unplayable**	휑경기(연주)할 수 없는	un(부정어)+playable(경기할 수 있는)	**R**50538
2476. **unpleasant**	휑불쾌한	un(부정어)+pleasant(유쾌한)	**R**5902
2477. **unpredictable**	휑예언할 수 없는	un(부정어)+predictable(예견할 수 있는)	**R**9189
2478. **unprepared**	휑준비가 안 된	un(부정어)+prepared(준비된)	**R**18781
2479. **unproductive**	휑비생산적인 **unrivaled**-경쟁자가 없는, 무적의	un(부정어)+productive(생산적인)	**R**18398
2480. **unreal**	휑실재하지 않는, 허위의	un(부정어)+real(진짜의)	**R**15473

U

VOCA	뜻 / 기출 파생어	암기 Ⓣip	원어민 사용빈도 (Ⓡ / 86800)
2481. **unrealized**	혱실현되지 않은	un(부정어)+realized(실현된)	Ⓡ45543
2482. **unresolved**	혱미해결의	un(부정어)+resolved(해결된, 결심한)	Ⓡ14372
2483. **unrest**	몡불안, 동요	un(부정어)+rest(휴식)	Ⓡ7544
2484. **unrestricted**	혱제한이 없는, 구속되지 않는	un(부정어)+restricted(제한된)	Ⓡ20183
2485. **unroll**	동풀다, 펼쳐지다	un(부정어)+roll(감다)	Ⓡ52948
2486. **unsatisfactory**	혱불만족스러운	un(부정어)+satisfactory(만족한)	Ⓡ8431
2487. **unscientific**	혱비과학적인	un(부정어)+scientific(과학적인)	Ⓡ30453
2488. **unskilled**	혱서투른 **unskillful**-서투른	un(부정어)+skilled(숙련된)	Ⓡ11752
2489. **unstable**	혱불안정한	un(부정어)+stable(안정적인)	Ⓡ8978
2490. **unsuitable**	혱부적당한, 어울리지 않은	un(부정어)+suitable(적당한)	Ⓡ8994

VOCA	뜻 / 기출 파생어	암기 Ⓣip	원어민 사용빈도 (Ⓡ / 86800)
2491. **unsuspecting**	휑의심하지 않는	un(부정어)+suspecting(의심하는)	Ⓡ21683
2492. **unsustainable**	휑지탱할 수 없는	un(부정어)+sustainable(지탱할 수 있는)	Ⓡ33282
2493. **untreated**	휑치료되지 않은	un(부정어)+treated(치료한)	Ⓡ17686
2494. **unusual**	휑특이한 **unusually**-비정상적으로 뺀**usual**-보통의	un(부정어)+usual(보통의)	Ⓡ2445
2495. **unwanted**	휑요구되지 않은 **untold**-말로 다할 수 없는	un(부정)+wanted(요구된)	Ⓡ8156
2496. **unwillingness**	휑마음이 내키지 않음	un(부정어)+willingness(의지)	Ⓡ16272
2497. **unwitnessed**	휑감지되지 않은, 목격되지 않은	un(부정어)+witnessed(목격된)	Ⓡ순위 외
2498. **uphold**	동~을 떠받치다, 지지하다 **upheld**-과거형	up(위로)+hold(떠받치다)	Ⓡ14920
2499. **upper**	휑더 위의 **upon=on**(~위에)	격투기에서 위로 올려치기 어퍼컷(uppercut)을 생각	Ⓡ1878
2500. **upright**	휑(위치, 자세)가 똑바른	up(위로)+right(똑바로)-몸을 숙이지 말고 위로 반듯이	Ⓡ6027

VOCA	뜻 / 기출 파생어	암기 Tip	원어민 사용빈도 ([R] / 86800)
2501. **uproot**	[동]~을 뿌리 채 뽑다	up(위로)+root(뿌리)-뿌리를 위로 들어 뽑다	[R]39963
2502. **upset**	[형]화난 [동]뒤집어엎다 [명]전복	저런 놈들 다 없앴(upset)!-없애 버리라고 화난	[R]2994
2503. **upward**	[부]위쪽으로	up(위)+ward(쪽으로)-위쪽으로	[R]8907
2504. **urban**	[형]도시의	얼반(urban)-얼굴이 반반한 도시의 (사람들)	[R]1861
2505. **urge**	[동]촉구하다	얼지(urge)?-얼른하지? 하며 촉구하다	[R]5720
2506. **urgent**	[형]긴급한	얼전(urgent)-얼른 전화해!▸긴급한	[R]4052
2507. **utility**	[명]유용성, 공공요금 ***utilitarian**-실용적인, 공리주의자	uti(=utilize, 사용하다)+ity(명사형어미)-유용성	[R]6846
2508. **utmost**	[형]최대한의, 극도의	ut(=out, 밖)+most(최고)-최고보다 더 바깥	[R]11063
2509. **vacation**	[명]방학, 휴가	vac(텅빈)+tion(명사형어미)-텅 비었으므로 휴가	[R]15516
2510. **vaccine**	[명]백신	백신(vaccine)은 컴퓨터 백신 등등 우리말처럼 사용	[R]13390

VOCA	뜻 / 기출 파생어	암기 **T**ip	원어민 사용빈도 (**R** / 86800)
2511. **vacuum**	똉진공, 공백 휑진공의	vac(텅 빈, vacuus에서 나온 말)-진공의, 텅빈	**R**7225
2512. **vague**	휑애매한, 모호한 **vaguely**-막연히 **vagueness**-애매함	애매한 일처리 보고 사장이 사원 비난하는 말- 일하는 거 봐 이거(vague)	**R**5308
2513. **valid**	휑유효한, 타당한 **validate**-유효하다	미국과의 조약이 발효다(valid)- 조약이 유효한	**R**3894
2514. **valuable**	휑가치 있는 **value**-가치	value(가치)+able(할 수 있는)-가치가 있는	**R**2573
2515. **vampire**	똉흡혈귀	뱀파이어(vampire)는 우리말처럼 씀	**R**23688
2516. **van**	똉유개 화차, 소형트럭	밴(van)도 자동차 용어로 많이 사용	**R**2359
2517. **vanguard**	똉선봉, 선두	아방(avant)+guard(가르드)에서 나온 말로 전투할 때 선봉부대	**R**14095
2518. **variance**	똉가변성, 다양성, 분산 **vary**-다양하다 **various**-다양한 **variety**-다양성	vary(別(별)이)+ance(명사형어미)-다를 별(다르다, 다양하다)+명사형어미 >다양성	**R**9680
2519. **vase**	똉꽃 병	비었스(vase)-꽃 병에 꽃이 비었어	**R**11366
2520. **vast**	휑광대한, 거대한 **vastly**-광대하게	배 섰다(vast)-거대한 배가 섰다	**R**2148

V

VOCA	뜻 / 기출 파생어	암기 Tip	원어민 사용빈도 ([R] / 86800)
2521. **vegetable**	[명]야채 **vegetarian**-채식주의자	베지(vegetable) 밀(milk) 생각하시면 됨-밭에서 난 우유	**[R]7181**
2522. **vehicle**	[명]차량, 탈 것	비클(vehicle)-비켜 클나! ▶차량 지나가잖아	**[R]2392**
2523. **veil**	[동]가리다 [명]면사포 **veiling**-가려있는	베일(veil)에 가려있다는 말처럼 우리말로 사용	**[R]11532**
2524. **ventilate**	[동]환기하다, 환기시키다	벤티레이트(ventilate)-빈터레이트로 생각하면 빈 터가 생겨 환기시키다로 기억	**[R]47787**
2525. **venture**	[명]모험, 모험적 사업	벤처(venture, 모험적 사업) 기업 생각하시면 됨	**[R]3783**
2526. **verbal**	[형]말의, 구두의	벙어리가 말을 하려고 버벅(verbal)댐-말의, 구두의	**[R]5238**
2527. **verdict**	[명]평결(평가하여 결정), 심판	ver(=true, 진실한)+dict(말하다)-진실을 말하다▶심판, 평결	**[R]5553**
2528. **vice versa**	[부]반대의 경우도 마찬가지	이 단어는 예문을 보고 기억하는 것이 좋음(I love her and vise versa, 나는 그녀를 사랑하고 반대로 그녀도 나를 사랑한다)	**[R]순위 외**
2529. **version**	[명]버전, 판	새 버전(version, 판)나왔니? 생각하면 될 듯	**[R]1272**
2530. **versus**	[전](경기나, 소송에서) ~대	한국 대 일본의 경기에서 지면 벌섰어(versus)	**[R]7161**

VOCA	뜻 / 기출 파생어	암기 ⓣip	원어민 사용빈도 (ⓡ / 86800)
2531. **vertical**	혱수직의	버티 칼(vertical)-칼이 버티고 서 있으려면 수직으로 있어야 함	ⓡ4607
2532. **vibrate**	동진동하다 **vibrant**-활기찬	노래 부를 때 바이브레이션(vibration,진동)들어 보셨을 거예요	ⓡ30604
2533. **vice**	몡범죄, 악 **vicious**-잔인한, 사악한	바이스(vice)-바이러스는 컴퓨터의 악	ⓡ6338
2534. **vicissitude**	몡우여곡절	빚 있어 튀어다(vicissitide)닌 우여곡절	ⓡ순위 외
2535. **victim**	몡피해자, 희생자	피튐(victim)-희생자들이 총에 맞아 피 튐	ⓡ2545
2536. **vigor**	몡활력, 박력, 힘	비아그라(Vigor+Niagara)-활력이 폭포처럼 넘친다는 뜻	ⓡ순위 외
2537. **villa**	몡대저택, 별장	빌라(villa)는 한국말처럼 쓰임	ⓡ4167
2538. **vineyard**	몡포도원 **vine**-포도나무	vine(어원이 wine, 포도나무)+ yard(뜰)-포도원	ⓡ19440
2539. **violation**	몡위반 **violent**-폭력적인 **violating**-위반하는	농구의 워킹 바이어레이션 (violation, 세 걸음 이상 걸으면 안 되는 규칙)생각하시면 됨	ⓡ11615
2540. **virtual**	몡(컴퓨터)가상의, 실질적인 **virtually**-사실상 **virtuality**-실제	실제로 영화배우를 봤지요 (virtual), 컴퓨터상에서는 영화 배우 보면 가짜지요	ⓡ7704

V

VOCA	뜻 / 기출 파생어	암기 Tip	원어민 사용빈도 (ⓡ / 86800)
2541. **virtue**	몡미덕	벌츄(virtue)-조상의 묘를 벌초 하는 것은 후손의 미덕	ⓡ4504
2542. **vision**	몡보는 것(=view) **visual**-시각의 **visible**-눈에 보이는	vis(보다)+sion(명사어미) *에) tele(먼)+vision(봄)-멀리 있는 것을 봄	ⓡ2382
2543. **vital**	혱중요한, 필수적인	병원가면 바이탈(vital-생명에 필 수적인 것)체크하라고 합니다	ⓡ2000
2544. **vivid**	혱살아있는, 생생한	클럽에서 춤추고 비비다(vivid)- 생생한	ⓡ6934
2545. **vocabulary**	몡어휘	보카(voca)는 우리말처럼 사용	ⓡ6159
2546. **volleyball**	몡배구	해변에서 비치 발리볼(volleyball) 하는 모습 연상	ⓡ31744
2547. **volunteer**	몡지원자 동자원하다, 봉사하다 **voluntary**-자발적인 **voluntarily**-자발적으로	자원봉사하려면 발로 뛰어(volunteer)!	ⓡ7462
2548. **vomit**	동토하다	보밑(vomit)-보고 밑을(밑을 보고) 토해라	ⓡ17953
2549. **vote**	동투표하다 몡투표 **voter**-투표자	한 표 라도 보태(vote)!	ⓡ1445
2550. **vulnerable**	혱취약한	야영가면 버너나 불(vulnerable) 에 취약한 야영객들	ⓡ3695

VOCA	뜻 / 기출 파생어	암기 ❶ip	원어민 사용빈도 (❶ / 86800)
2551. **waist**	몡허리	왜이리(wai)+살(s)+졌대(t)-허리를 보더니 하는 말	❶1517
2552. **wallet**	몡지갑(=billfold)	지갑 털어서 외상값 올(wall, 전부) 넷(let)-외상 값 전부 내	❶10082
2553. **wander**	동배회하다, 방랑하다	완달(wander)-완전히 건달이 주변을 배회하다	❶9079
2554. **ward**	몡병동, 구(區), 보호	당뇨가 와도(ward) 보호해주는 병실	❶2772
2555. **warehouse**	몡창고	ware(제품)+house(집)-제품 보관하는 곳▶창고	❶7132
2556. **warn**	동경고하다 **warning**-경고	까불면 완(warn)력 쓴다고 경고하다	❶6515
2557. **warrior**	몡군인, 전사	워(war=전쟁)+하리어(rior)-전쟁하리어▶군인, 전사	❶10383
2558. **wastebasket**	몡쓰레기통 **waste**-쓰레기. 낭비하다 **wasteful**-낭비적인 **wasteland**-황무지	waste(쓰레기)+basket(바구니, 통)-쓰레기 통	❶순위 외
2559. **watchdog**	몡감시인, 감시견	watch(지켜보다)+dog(개)-지켜보는 감시인 혹은 감시견	❶16060
2560. **waterway**	몡(수로)水路 **way**-길, 방법, 방식	water(물)+way(길)-물길을 한문으로 쓰면 수로	❶24957

W

VOCA	뜻 / 기출 파생어	암기 **T**ip	원어민 사용빈도 (**R** / 86800)
2561. **wayfarer**	명도보여행자, 일시투숙객	way(길)+farer(요금 내는 사람, 여행자)-길 떠나 여행하는 사람	**R**52665
2562. **weakness**	명허약함, 약점	weak(약한)+ness(명사형어미)	**R**4768
2563. **wealth**	명부유함(부). 재산	weal(웰)+th(써)?-왜 이렇게 돈을 많이 써? 재산이 많은가봐?	**R**2597
2564. **weapon**	명무기	왜 폰?(weapon)-왜 포는 무기로 가져왔어?	**R**4337
2565. **wear**	동입다, 신다, 끼다, 차다, 쓰다, 뿌리다, 매다, 꽂다, 달다, 닳다, 지치다 **wearing**-입고있는	캐주얼웨어(casual wear,가볍게 입는 옷)생각하시면 됨. wore(과거)-worn(과거분사)	**R**1980
2566. **weary**	형지친, 싫증나는	단어를 언제 다 외우리(weary)?-지치고 싫증난	**R**8985
2567. **weather**	명날씨	we(=wind)+a(=air)+ther(들)-바람과 공기들의 상태▶날씨	**R**1765
2568. **website**	명웹서비스 제공하는 곳 **web**-망	웹싸이트(website)는 우리말처럼 사용	**R**순위 외
2569. **weed**	명잡초, 마리화나 동잡초를 뽑다	we(우리)도 (풀)이다(ed)-잡초이긴 한데 자기들도 풀이라네	**R**11731
2570. **weight**	명무게 **weigh**-무게가 나가다	웨이트(weight)트레이닝(training)을 생각하면 됨	**R**1207

VOCA	뜻 / 기출 파생어	암기 [T]ip	원어민 사용빈도 ([R] / 86800)
2571. **welfare**	[명]복지, 행복	well(잘)+fare(가다)-인생의 길을 잘 가게 하는 것▸복지	[R]2098
2572. **wetland**	[명]습지 **wet**-젖은, 습한	wet(젖은)+land(땅)	[R]25104
2573. **whale**	[명]고래	해일(whale)에 쓸려 들어온 고래	[R]10195
2574. **wheelchair**	[명]휠체어 **wheel**-바퀴	휠체어(wheelchair)도 한국말처럼 사용	[R]9626
2575. **whereas**	[접]반하여, 반면에 **whereby**-그것에 의하여	where(거기에)+as(also=또)-거기에 비해 또 반면에	[R]1656
2576. **whisper**	[동]속삭이다	시끄럽게 말고 부드럽게 휘쓸(whisper)불어!-부드럽게 소리내다	[R]7859
2577. **whiz**	[동]윙윙하고 소리나다 [명]윙윙거리는 소리, 전문가, 찬성	윙윙(whi)소리를 지(z)르다	[R]49022
2578. **wholesaler**	[명]도매상인 **whole**-전체(의) **whole-hearted**: 충심으로부터의	whole(전체의)+saler(판매자)-대량판매자	[R]27435
2579. **widespread**	[형]널리 퍼진 **wide**-넓은	wide(널리)+spread(퍼진)	[R]2980
2580. **wildflower**	[명]야생화 **wildlife**-야생 생물	wild(야생의)+flower(꽃)	[R]60704

W

VOCA	뜻 / 기출 파생어	암기 ⓣip	원어민 사용빈도 (ⓡ / 86800)
2581. **willing**	휑기꺼이 ~하는	will(의지)+ing(진행)-의지를 가진▶기꺼이 ~하는	ⓡ2466
2582. **windshield**	몡방풍 유리	wind(바람)+shield(방패)-바람 막아주는 것	ⓡ52186
2583. **wingspan**	몡날개 폭	wing(날개)+span(범위)-날개가 도달하는 범위(폭)	ⓡ65111
2584. **wire**	몡전선(전화),철조망 *wirelessly-무선으로	와이어(wire)도 우리말처럼 사용	ⓡ3919
2585. **wisdom**	몡지혜 wise-현명한	쉬운 단어 wise(현명한)+dom(규정, 판단을 나타내는 명사형어미)	ⓡ5145
2586. **wit**	몡재치 witty-재치 있는	위트(wit, 재치)가 넘친다는 말은 우리말처럼 사용	ⓡ7923
2587. **withdraw**	통철수하다, 철회하다. 인출하다, 움츠리다	with(away,다른 데로)+draw(끌다)-원래 계획한 곳이 아니라 다른 곳으로 가다▶철수하다. 돈을 인출하다	ⓡ5192
2588. **witness**	통목격하다 몡목격자	영어는 독일어 계통이므로 w를 v로 읽으면 봤다니스 (witness)-목격하다	ⓡ3625
2589. **woeful**	휑비통한 woe(비통함)	woe(발음하면 어우~아파라=비통, 비애)+ful(full)	ⓡ49583
2590. **woodchuck**	몡우드척(북미산 다람쥐과의 마멋) woodland-삼림지 woodwork-목공품	발음대로 우드척이기 때문에 설치류 동물이라는 것을 아시면 됨	ⓡ순위 외

VOCA	뜻 / 기출 파생어	암기 Tip	원어민 사용빈도 ([R] / 86800)
2591. **wool**	[명]양털	울(wool=양털)도 우리말처럼 사용	[R]4702
2592. **workday**	[명]근무일 **workforce**-노동력 **workload**-작업량 **workplace**-직장 **workspace**-컴퓨터의 계산 작업(활용) 공간	work(일)+day(날)-일하는 날	[R]81506
2593. **worm**	[명]벌레 **bug**=벌레	기어 오름(worm)-벌레가	[R]10111
2594. **worryingly**	[부]걱정스럽게	쉬운 단어 worrying(걱정하는)+ly(부사형어미)-걱정스럽게	[R]39208
2595. **worse**	[형]더 악화된(bad, ill의 비교급)	원래(wor)보다 더 나빠졌스(se)	[R]1423
2596. **worship**	[명]숭배, 예배	wor(worthy를 줄인말)+ship(질, 상태, 조건을 나타내는 명사형어미)-가치있는 상태▶유일신 숭배가 가치 있는 일이라 여김	[R]5035
2597. **worth**	[명]가치, 가격 [형]가치 있는 **worthless**-가치없는 **worthwhile**-가치있는	월 쎄(worth, worse가 아니라 worth(쓰)인 것 주의)-1개월에(건물을) 쓰는 가치, 가격	[R]802
2598. **wound**	[명]상처, 부상 [동]상처를 입히다 *wind(동사로 감다)-wound(과거)+wound(과분)	상처입어서 운다(wound)	[R]4053
2599. **wrap**	[동]포장하다	비닐 랩(wrap)으로 음식 포장하는 것 생각	[R]9577
2600. **wreck**	[명]파손, 난파(선) [동]난파(파손)시키다 **ship wrecked**-난파한	wr(water= 물)+eck(neck, 목)-물에 목만 내놓고 있는 배▶난파선	[R]10441

W

VOCA	뜻 / 기출 파생어	암기 Tip	원어민 사용빈도 (ⓡ / 86800)
2601. wretched	형비참한	불쌍한 사람을 비참히 내치다 (wretched)	ⓡ10025
2602. wrist	명손목, 팔목	아저씨 손목이 비틀 리셨다 (wrist)	ⓡ6822
2603. yearbook	명연감, 연보	year(해)+book(책)-1년에 있었던 자료를 정리하는 책	ⓡ31404
2604. yell	동소리지리다	여덟, 아홉, 열(yell)하고 소리치다	ⓡ18106
2605. yet	부아직 접하지만, 그러나	숙제했니? 엣(yet)? 아직이요	ⓡ258
2606. yield	동생산하다, 양보하다, 굴복하다 명생산, 양보	일다(yield)-일을 다 했으면 생산품이 나오겠죠	ⓡ4125
2607. youthful	형젊은, 어린 young-어린, 젊은	youth(젊음)+ful(full=꽉 찬)-젊음이 꽉 차서 어린	ⓡ11003
2608. zeal	명열의, 열정 zealous-열광적인	제일(zeal)열심히 할 거야-열정	ⓡ14541
2609. zebra	명얼룩말	보통 말이 아니다. 난 얼룩말이야! 날 잡아라(zebra)	ⓡ18584
2610. zip	동지퍼로 잠그다, 비밀로 하다	지퍼(zipper, 잠그는 것)생각하시면 됨	ⓡ13558

VOCA	뜻 / 기출 파생어	암기 [T]ip	원어민 사용빈도 ([R] / 86800)
2611. **zone**	[명]지역, 지대	DMZ(비무장지대) 여기서 z가 zone(지대)줄인 말	[R]3582
2612. **zoology**	[명]동물학 **zoo**-동물원 **botany**-식물학	zoo(동물원)+logy(학문)-동물에 관한 학문이므로 동물학	[R]27332
2613. **zoomed**	[형]줌렌즈가 맞춰진, 급상승된	zoom(줌, 사진 찍을 때 물체를 당겨서 찍는 것)+ed(대개 과거분사나 과거 동사에 붙는 철자)	[R]36230

Z

VOCA(추가 어휘)	뜻 / 기출 파생어	암기 Tip	원어민 사용빈도 ([R] / 86800)
2614. **advisory**	[명]자문, 권고 advisor-고문 advice-조언	쉬운 단어 'advice'(조언)에서 파생된 말	[R]4970
2615. **alert**	[형]기민한, 깨어있는	얼른(alert)해-기민한, 빠릿해서 깨어있는	[R]5092
2616. **apocalypse**	[명]파멸, 세상의 종말	앞올 칼 입써(apocalypse)-앞으로 올 칼(무기)과 입을 잘못 써(입써) 세상은 파멸로	[R]24921
2617. **bully**	[동]괴롭히다 [명]괴롭히는 사람	친구들을 분리(bully)하므로 왕따시키다	[R]13456
2618. **decade**	[명]십년 간 **December**-12월	dec는 어원상 10이라는 뜻	[R]2650
2619. **discharge**	[동]짐을 내리다, 면제하다, 방전하다	dis(부정어)+charge(차지)-차지마! 라고 하는 것이니까 부담을 면제하다	[R]5246
2620. **dramatiz(s)ation**	[명]각색	drama(드라마)+tization-드라마화▸각색	[R]60975
2621. **exchange**	[동]교환하다	익수(ex)+바꾸다(change)-익수랑 체인지하고 바꾸다	[R]1167
2622. **harbor**	[명]항구	하(河=물) 볼-물을 볼 수 있는 항구	[R]33556

VOCA(추가 어휘)	뜻 / 기출 파생어	암기 ⓣip	원어민 사용빈도 (ⓡ / 86800)
2623. historic	휑역사적으로 중요한 historical-역사의	his(그의=조상의)+story(이야기)- 조상의 이야기이므로 역사	ⓡ3860
2624. humanity	명인류, 인간성	hum, hom(=흙)의 어원에서 나 온 human의 파생어	ⓡ6130
2625. humid	휑습한	이 집은 습기 차는게 흠이다 (humid)	ⓡ19201
2626. humiliate	동굴욕감을 주다 humiliation-굴욕	너! '흠이 밀려있다!(humiliate)' 라며 굴욕감을 주다	ⓡ26727
2627. iconic	휑상징적인	아이콘(icon=상징)에서 온 말	ⓡ47267
2628. impoverish	동가난해지다	임(님이) 밥버려서(impoverish) 가 난해지다	ⓡ63119
2629. liquid	명액체 휑액체의	니끼다(liquid,느끼하다)-느끼하 면 기름(액체)이 흐르는 것 같 은	ⓡ3651
2630. lyrics	명가사 lyric-서정시(의)	리릭=lyrics=노랙=노래 가사	ⓡ12390
2631. meat	명고기, 육류	미트(meat)볼은 고기로 만듦	ⓡ2731

추가

VOCA(추가 어휘)	뜻 / 기출 파생어	암기 **T**ip	원어민 사용빈도 (**R** / 86800)
2632. **Mercury**	몡水星(수성)	수(水)성이라 물을 먹으리 (Mercury)라고 생각했어	**R**6519
2633. **municipal**	혱市(시)의. 지방자치의	muni(=community=공동체)+ci(시 =市)+al(형용사어미)-시(市)공동체 의▶시(市)의	**R**7547
2634. **murder**	몡살인 동살해하다 **murderer**-살인자	죽였으니 묻어(murder)!	**R**1729
2635. **nautical**	혱해상의, 항해의	nau(=배,다른 예-navigate)+ical(형 용사어미)-항해의	**R**24654
2636. **nomination**	몡지명 nominator-지명자	nomi(=name=이름)+tion(명사형 어미)-이름을 부름	**R**10149
2637. **pillar**	몡기둥	필로티(pillotis=독립기둥)건물 아 시죠? 필로티와 비슷한 단어라 고 기억	**R**11482
2638. **rage**	몡격노	왜 이리 화를 내지?(rage)	**R**5880
2639. **ray**	몡광선 ultraviolet rays-자외선 Infrared rays-적외선	엑스레이(X-ray)생각	**R**4116
2640. **record**	몡기록, 음반 동기록하다	내꺼다(record)하고 써(기록해)놓 다	**R**657

VOCA(추가 어휘)	뜻 / 기출 파생어	암기 [T]ip	원어민 사용빈도 ([R] / 86800)
2641. **rode**	[동]탈것에 타다. 승마하다 horse riding-승마	ride의 과거, ride 해줄게 등 우리말처럼 사용	**[R]6553**
2642. **spike**	[명]못처럼 뾰족한 것, 배구의 스파이크 [동]못을 박다 spiking-못을 박은	배구의 스파이크(spike)생각. 신발 중 스파이크 (spike)운동화 생각	**[R]13413**
2643. **surrender**	[동]항복하다, 굴복하다	적장이 우리보고 똑바로 서랜다(surrender)-항복하다	**[R]6647**
2644. **territory**	[명]영토, 영역	terri(땅-어원 참조)+ory(=place, 장소)	**[R]3078**
2645. **tissue**	[명]세포들의 조직, 화장지	티슈(tissue)를 '화장지'라고 하는 건 아실 테고 '조직'이라는 뜻도 있어요. 조직검사하려면 조직 뗐슈?(tissue)	**[R]4221**
2646. **tomb**	[명]무덤	tom(둠)+b(body=시체)-시체를 둠▶무덤	**[R]9797**

추가

INDEX

T